本书得到国家自然科学基金项目（71263037）和
南昌大学江西发展升级推进长江经济带建设协同创新中心资助

资源型城市
现代服务业发展研究
—— 以赣州市为例

黄新建 杨海军 等著

中国社会科学出版社

图书在版编目（CIP）数据

资源型城市现代服务业发展研究：以赣州市为例/黄新建等著．—北京：中国社会科学出版社，2016.1
ISBN 978-7-5161-7323-7

Ⅰ.①资… Ⅱ.①黄… Ⅲ.①服务业—经济发展—研究—赣州市 Ⅳ.①F719

中国版本图书馆 CIP 数据核字（2015）第 300931 号

出 版 人	赵剑英
选题策划	卢小生
责任编辑	金　泓
责任校对	周晓东
责任印制	王　超
出　　版	中国社会科学出版社
社　　址	北京鼓楼西大街甲 158 号
邮　　编	100720
网　　址	http：//www.csspw.cn
发 行 部	010-84083685
门 市 部	010-84029450
经　　销	新华书店及其他书店
印　　刷	北京君升印刷有限公司
装　　订	廊坊市广阳区广增装订厂
版　　次	2016 年 1 月第 1 版
印　　次	2016 年 1 月第 1 次印刷
开　　本	710×1000　1/16
印　　张	15.25
插　　页	2
字　　数	258 千字
定　　价	58.00 元

凡购买中国社会科学出版社图书，如有质量问题请与本社营销中心联系调换
电话：010-84083683
版权所有　侵权必究

目　录

绪论　资源型城市产业转型与现代服务业发展 …………………… 1
　　一　我国资源型城市转型的实践 ………………………………… 3
　　二　国外资源型城市转型的实践 ………………………………… 10
　　三　对资源型城市转型模式的一般分析 ………………………… 12
　　四　资源型城市现代服务业发展 ………………………………… 15

第一章　资源型城市现代服务业发展理论 …………………………… 20
　　第一节　资源型城市概述 ………………………………………… 20
　　第二节　现代服务业发展相关理论概述 ………………………… 27

第二章　现代服务业发展经验 ………………………………………… 39
　　第一节　现代服务业概述 ………………………………………… 39
　　第二节　全球现代服务业发展趋势 ……………………………… 42
　　第三节　美国、欧盟、日本现代服务业发展 …………………… 44
　　第四节　中国部分城市现代服务业发展经验 …………………… 48

第三章　江西省现代服务业发展研究 ………………………………… 58
　　第一节　发展基础 ………………………………………………… 58
　　第二节　发展战略 ………………………………………………… 65
　　第三节　重点产业 ………………………………………………… 71

第四章　赣州市资源现状及特色 ……………………………………… 79
　　第一节　自然资源 ………………………………………………… 79
　　第二节　农业资源 ………………………………………………… 85

第三节　旅游资源 …………………………………………… 90

第五章　赣州市经济发展阶段判断 ………………………………… 96
　　第一节　经济发展阶段的划分 ………………………………… 96
　　第二节　经济发展进程指标 …………………………………… 99
　　第三节　赣州市经济发展阶段判断 …………………………… 101
　　第四节　赣州市经济发展阶段核心特征描述 ………………… 107

第六章　赣州市现代服务业发展预测 ……………………………… 110
　　第一节　时间序列预测理论及方法 …………………………… 111
　　第二节　赣州市现代服务业发展预测 ………………………… 116

第七章　赣州市发展服务业接续产业的选择分析 ………………… 122
　　第一节　接续产业的选择原则 ………………………………… 122
　　第二节　赣州市服务业接续产业的选择分析 ………………… 123
　　第三节　赣州市现代服务业发展策略选择与布局 …………… 126

第八章　赣州市现代服务业发展现状研究 ………………………… 134
　　第一节　发展基础 ……………………………………………… 134
　　第二节　有利条件 ……………………………………………… 137
　　第三节　面临挑战 ……………………………………………… 140

第九章　赣州市现代服务业发展顶层设计 ………………………… 146
　　第一节　发展思路 ……………………………………………… 146
　　第二节　发展原则 ……………………………………………… 147
　　第三节　发展目标 ……………………………………………… 149

第十章　赣州市现代服务业发展空间布局 ………………………… 151
　　第一节　理论基础 ……………………………………………… 151
　　第二节　战略定位与功能分区 ………………………………… 158
　　第三节　特色基地 ……………………………………………… 163

第十一章　赣州市现代服务业先导产业发展……………………167

　　第一节　现代物流业……………………………………………167
　　第二节　商务服务业……………………………………………177

第十二章　赣州市现代服务业支柱产业发展……………………188

　　第一节　现代金融业……………………………………………188
　　第二节　现代旅游业……………………………………………195
　　第三节　现代商贸会展业………………………………………207

第十三章　赣州市现代服务业新兴产业发展……………………214

　　第一节　文化创意产业…………………………………………215
　　第二节　信息和科技服务业……………………………………221
　　第三节　社区服务业……………………………………………228

参考文献……………………………………………………………234

后　　记……………………………………………………………239

绪论　资源型城市产业转型与现代服务业发展

自20世纪50年代开始，由于工业化大规模推进和经济快速发展的要求，导致对资源高强度的开发，一大批依托资源禀赋的资源型城市（Resource Dependent Cities）相继兴起，资源型城市的形成和发展已成为我国城市化进程的一个显著特点。20世纪80年代中期以来，我国一大批资源型城市的资源开采业相继进入成熟期和衰退期，可被开采的资源日趋衰竭，开采成本不断上升，支柱产业逐渐衰退，再加上资源型产品市场供求关系的变化和竞争环境的恶化，资源型城市生产难以继续，负担日益加重，财政日益陷入困境，出现了经济增长缓慢、下岗失业人员增多、生态环境恶化、基础设施建设落后、社会矛盾突出等一系列区域性和结构性的经济和社会问题。

西方发达国家在工业化建设的过程中，也曾出现资源型城市，多称为资源型城镇（Resource Dependent Towns）或资源型社区（Resource Dependent Communities）。由于其工业化进程较早，到20世纪80年代已经基本完成了资源型城市的转型，积累了丰富的经验和惨痛的教训。成功的例子如德国的鲁尔工业区、日本的九州等，失败的例子如苏联的巴库等。国外学者在对资源型城市的研究中，提出的建立早期转型预警系统、制订相关的法律、法规和规划，实施政府财政支持，对转岗工人进行培训等，对我国的资源型城市的转型实践有一定的参考价值。但是，由于国外资源型城镇规模较小、人口较少，其转型目的是解决资源衰退地区人口的安置，而不是资源型城镇的长远发展，而我国资源型城市规模较大、人口众多，拥有完整的以资源型产业为中心的产业群，城市功能完善，已成为支撑区域经济、促进我国国民经济发展的重要组成部分，其转型目的是维护资源型城市的可持续发展，使其在资源型产业衰退时依然能焕发出持久活力，为区域和国民经济发展继续贡献力量。由于国内外资源型城市所处的国情、历史阶段、人文环境、制度环境和发展水平不同,实际情况差别很大,完全参照国外成功的资源型城市转型模式是行不通的,需要中国学者、专家对资源型城市的转型问题进行一系列原创性的研究,找出适合具有特殊国情的中国资源型城市的转型出路。

资源型城市转型的社会经济系统是一个涉及经济发展、社会进步和环境保护等内部因素以及政府、市场和文化等外部因素非线性嵌套形成的一个非平衡巨系统,具有开放性、非平衡性和非线性的特征。产业结构的演替和优化是现代社会经济发展中的永恒主题,是国民经济发展的客观需要,是经济稳定增长和持续发展的必然趋势。资源型城市本身对资源禀赋的强依赖性,导致资源型城市经济对资源型产业的深度依赖,既造成了以国有大型企业占绝对优势的单一所有制结构,又造成了以采掘业和初级加工业为主的单一产业结构。而单一的产业结构,使资源型城市对采掘业与初级加工业依赖性很大,随着对资源的深度开发,大多数资源型城市的资源储备逐渐衰竭,资源型主导产业衰退,而接续产业和替代产业发展严重滞后,仅仅是依托矿产开采业的电力、建材、化工等产业得到了一定程度的发展,高科技产业和服务业等产业不发达,使得第一产业、第二产业和第三产业没有形成协调发展,造成严重的产业结构问题。另外,资源型产业属于资本密集型和劳动密集型产业,需要大量的具有简单技能和单一知识结构的劳动者,而且资源型产业的固定资产专用性强、移动性差,客观上使得资源型城市的产业调整难度加大。再者,资源型城市的环境污染严重,也制约着高新技术等新兴产业的发展。但是,面对市场经济体制的建立和全球经济一体化,进行资源型城市的产业演替优化已成为资源型城市必须要面对的问题,而且要上升到理论高度,采用定性和定量相结合的方法,设计一套完善的资源型城市的产业演替优化模型,形成系统的、操作性强的理论和实践体系,分析资源型城市产业演替优化的规律,指导资源型城市的主导产业和接续产业的选择、更替、调整、优化等一系列问题。显然,剖析资源型城市产业演替机理,研究资源型城市各个产业部门之间的非线性嵌套关系,立足于资源型城市产业部门间的主导产业和接续产业的选择,对于资源型城市的经济转型具有重要意义。

一 我国资源型城市转型的实践

产业是城市的经济支柱，资源型城市经济转型一般都是从产业结构调整开始的，这也是资源型城市转型的核心内容。我国的资源型城市转型也不例外，基本上也是围绕这个核心展开的。

(一) 以资源接续为主的城市转型

所谓资源接续，就是当一种资源枯竭之后，通过寻找和利用其他资源实现接续。资源接续是资源枯竭型城市转型的初级形式，也是资源枯竭型城市转型的一种常用战略。这里主要强调的是矿产资源开发接续，即矿产资源开发之间的相互替代。

1. 以资源接续为主的城市转型的主要特点

(1) 生产对象是类似的，都是不可再生的矿产资源，只不过是一种矿产资源耗竭了，用另一种矿产资源来接续。

(2) 生产过程是类似的，都是先挖掘，经过粗选、细选，然后焙烧、电解或冶炼等一系列物理或化学过程来生产出产品。从这个角度讲，即使实施资源接续，也只需要进行简单的技术改造，原来的设备等基本上都还可以使用，按照资产的专用性理论，不会产生大量的沉淀成本。

(3) 生产的组织形式是类似的，每种产品的生产都有自己的组织形式。一般来说，无论是何种矿产资源，开发的组织形式是大同小异，这样实施资源替代，生产组织不需要进行大的变动，有利于节省资源型企业的生产成本。

当然，实施资源接续也有其不足的方面，主要是劳动对象没有发生大的变化，只是一种简单的相互替代，对资源的"路径依赖"在这种转换中不仅没有削弱；相反，还极容易被强化。但在资源枯竭型城市转型中，由于资源接续战略简单而且容易操作，在还有接续资源的地方仍然被大量选用，也不失为一种实现快速转型的办法。

2. 资源型城市具有寻找接续资源的天然优势

按照矿产资源的生成原理，一般是只要发现了一种矿产，肯定还会有许多的伴生矿产资源。资源型城市在这方面具有得天独厚的优势。如甘肃省白银市，主要是铜矿，但伴生的还有白银、金等其他一些贵金属矿产，周边地区还有一些煤炭资源。还有甘肃省金昌市，主要是镍矿石，但也伴生有许多稀有金属矿产。之所以说资源型城市具有寻找接续资源的天然优势，还不仅仅在于资源型城市的所在区域可能有其他的矿产资源，更重要的是在我国传统体制下，资源型城市还具有其他独特的优势，主要表现在以下几个方面：

（1）资源枯竭型城市的空间区位优势。一般来说，资源型城市都地处偏远，按照工业区位理论，这些地方远离市场，区位条件并不好，但资源型城市经过多年的发展，已经形成了比较完备的矿产资源加工体系，相对于那些新开发和即将开发的区域来说，这些城市的区位条件无疑是十分优越的。因为待开发的新区域，生产设施和生活设施都不完备，如果进行大规模的矿产资源开发，还需要进行大量投入，而且投入大、回收期长，矿山开发企业的资金利润率无疑会大打折扣。如果能够依托现有的资源型城市进行开发，这些成本都可以节省，且现有的城市公用设施也会吸引人才流入。

（2）资源型城市具有现成的人才优势。由于我国的资源型城市绝大多数是在计划经济条件下形成的，当时按照生产的纵向规律，在资源型城市中的勘探、建设、生产、研发机构是非常健全的，也聚集了各方面的专门人才。如果依托资源枯竭型城市进行新的矿产资源开发，这些机构和人才都可以现成借用，不需要或只需要从外部引进少量的专业人才，沉淀的人力资本的作用就可以得到充分利用。

（3）资源型城市具有现成的体制优势。资源型城市的缺点在于有"路径依赖"的倾向，但如果仅仅从矿产资源开发的角度讲，这种劣势无疑又是一种优势。因为经过多年的磨合，已经形成了矿产资源开发的内在体制优势。按照劳动分工和专业化的规律，人们熟悉矿产资源开发的规则，各机构之间配合默契，内部人员相互熟悉，形成了一种内部知识，进而成为一种体制优势，在实施资源接续中，这种内在的体制劣势就转化成了体制优势。

3. 以资源接续为主的资源型城市转型目的是要建立复合型的产业结构

资源型城市转型，主要是由于过于依赖矿产资源，产业单一，链条过短，后向产业发展不足，资源性产业占工业增加值的比重过高，财政收入主要依赖矿产开发，城市人口在矿产资源开发和加工行业就业的比重过大。要实现资源接续，就必须加快资源枯竭型城市产业结构的重构，建立复合型的产业结构。

所谓复合型的产业结构，就是资源型城市要建立以矿产资源开发为依托，矿产资源深加工为主，潜导产业为导向的多层次的产业结构。以矿产资源开发为依托，就是资源枯竭型城市实施资源接续，但没有转变城市的经济性质，也没有摆脱对矿产资源的依赖，同时资源接续又可以给资源型城市转型一定的缓冲期，有利于使资源型城市从容实现经济转型。以矿产资源深加工为主，就是要改变资源枯竭型城市过于单一的产业结构，拉伸产业链条，由过度依赖矿产资源开发转变到矿产品的深加工上来，提升矿产品的附加值。这种以矿产品深加工为主的产业结构，可以使资源枯竭型城市的产业结构提升一个层次，在矿产资源枯竭时，即使外购原料也可以进行生产，使城市的产业结构向复合化前进一步。以潜导产业为导向，就是实施资源接续的资源型城市一定要有潜导产业，潜导产业实际上就是未来资源型城市的支柱产业。要把有没有潜导产业，作为资源枯竭型城市能否实现成功转型的标准。

复合型的产业结构可从三个层次来考虑：一是要适当顺延原有的城市产业，延长其生命周期，尽量减少转型中的震动。二是充分利用矿产品，加快发展深加工，提升附加值，加快产业工人从初级加工领域向深加工和制造业的转移，实现资源型城市的产业重构。三是加快培育潜导产业。这些产业可以与原来的产业相关联，也可以与原来的产业无关，但一定要有发展前途，能够成为未来城市经济的新支柱。只有这样，资源枯竭型城市转型才能有希望，也才能获得成功。

这方面的典型是大庆市，他们提出"稳石油，兴化工，大力发展替代性产业和地方工业"的战略，把工业经济摆到了更加突出的地位，大力发展以石油资源为基础的一系列替代性产业，集中精力搞好项目开发建设，培育壮大优势产业。为此，他们主要抓了三个方面的工作：第一，狠抓城市规划。就是对城市进行重新定位，按照新的发展需要对城市空间进行重新划分功能区。第二，对城市产业进行调整。主要是狠抓项目，通过争取国家投资、引进外来投资、发挥民间资本的作用，对传统产业进行改造升级，积极发展技术含量高的关联产业，通过技术创新培育高新技术产业，在这些产业中重新选择培育支柱产业和潜导产业。第三，将开发区的建设放到更加重要的位置，为新企业和新产业引进人才营造更加良好的政策环境和建设环境，同时注重城市管理体制的创新，不断提升城市的管理和服务水平。通过这些措施，使我国的石油老工业基地又开始重新焕发新的生机。

（二）以资源替代为主的城市转型

资源替代，是指要改变城市原有的资源依托，从原来主要依托矿产资源开发转换为依托其他资源发展。换句话说，就是资源型城市不可再生的矿产资源枯竭了，又没有可以替代的其他矿产资源，只能重新寻找城市优势，发现和利用可以再生的资源。资源替代是资源型城市转型的高级形式。

1. 以资源替代为主的城市转型的主要特点

（1）开发对象的改变。由原来依靠矿产资源开发转变为利用其他资源。比如，以土地生产的农产品替代接近枯竭的矿产资源，以旅游资源替代矿产资源，以人力资源开发替代矿产资源，等等。

（2）城市依托产业的根本改变。由于原来赖以生存的矿产资源已经衰竭，原来的产业也就失去了工业原料，这样，城市的微观经济主体也就需要重新培育，城市产业也就发生了根本的变化。

（3）城市优势的重新培育。说到底，资源替代的根本在于城市优势的重新培育。资源型城市在资源枯竭后之所以发生经济的崩塌和陷落，主要原因就在于原有的依托优势没有了，资源替代就在于重新寻找城市经济发展的新优势。每个城市的成长，有其自然的历史的过程，即使是矿业城市也概莫能外。但也并非说，随便选择哪种资源就能够成为资源枯竭型城市的依托资源，必须寻找确实能够作为依托的资源，或者说必须选择哪些人无我有、人有我优的资源，才能实现资源替代。

以资源替代为主的资源型城市转型是与以资源接续为主的城市转型是完全不同的，需要付出巨大的经济代价和社会代价，也是资源枯竭型城市转型中的一个难点问题，如果说以资源接续为主的城市转型是一个渐变过程，那么以资源替代为主的城市转型就是一个突变的过程。

2. 以资源替代为主的城市转型的核心在于重新选择优势

工业化的历史表明，经济发展的过程实际上是不断发现和选择资源进行开发利用的过程。资源型城市在资源枯竭后实现转型的核心，就在于重新选择发展优势。在我国资源型城市转型中，就是要针对各个资源型城市的不同情况，进行具体问题具体分析，重新寻找和发现优势，比如采取互补、组合、拉伸、再造等方式，推进城市的产业转型。有的资源型城市一种资源枯竭了，并不代表所有的资源枯竭了，可以重新发现新的资源；有的可能是过去对资源的初级开发比重过高，而目前主导产业的地位下降了，但可以通过拉伸产业链的办法，搞深加工，延长产业链条；有的确实是自身原有的资源优势已经丧失殆尽，可以采取异地资源来料加工的方式，同时伴以产业结构的适当调整；即使上述所有的情况都不符合，还可以根据城市所在的区位、城市的其他资源发展现代农业、旅游产业、房地产业等，推进城市的产业转型。

3. 以资源替代为主的城市的成功转型取决于其自然条件

资源替代作为资源型城市转型的高级形式，本质上是城市内部的产业结构调整。但转型能否成功，资源型城市的自然条件不可小视。

(1) 资源枯竭型城市的区位。资源枯竭型城市的区位，决定了城市转型难度的大小，位于沙漠中的城市肯定与位于大平原城市群中的资源枯竭型城市转型的难度不一样，孤岛型的城市经济和位于市场中心的城市经济转型的难度也不一样。

(2) 资源枯竭型城市的经济融合度。城市必然是以周边的广大腹地为支撑的。体现到城市经济中，就是城市经济与地方经济的融合度。换句话说，就是割裂的二元经济结构还是融为一体的结构。如果周边有大量的中小企业，即使城市中的资源型企业实施转型，也不会对就业产生太大的影响，如果经济融合度太低，大量的城市人口无业可就，就必然会给城市带来巨大的就业压力。

(3) 资源枯竭型城市的自然禀赋。除了矿产资源以外，其他自然条件的优劣对资源枯竭型城市转型产生重要影响。气候条件、土地条件、光热资源等等，在矿产资源作用下降的同时，这些自然禀赋的作用就会上升。如果具有较好的自然条件，城市转型就会顺利实现，如果自然条件恶劣，城市转型也就会步履维艰。像美国的拉斯维加斯，地处沙漠，如果没有胡佛大坝的建设，就没有充足的水源和电力供应，这个绿洲城市也就根本不会出现。

这方面的典型是辽宁省阜新市，归纳他们近年来的实践，主要做法有这样几点：在发展战略上，他们因地制宜，将发展现代农业作为重点，大力调整产业结构，通过发展特色产业建成了一批农业园区，大大加快了城市的经济转型步伐；在技术创新上，注重科技支撑对城市转型的作用，通过开发和应用一批实用技术，兴建了阜新国家农业科技园区；在营造宜居城市方面，通过投巨资治理本地恶化了的环境，通过治理污水、植树造林、人工种草种树、发展生态农业，使城市生态正在向好的方向转化；在矿区经济转型上，通过实施项目带动，不仅新开辟了大量的就业岗位，推动了沉陷区的治理，而且还新建了一批安置工程。这些措施的实施，有力地推动了阜新市的城市转型。还有，辽宁省抚顺市弃煤而选择石油，发展基于石油资源的替代产业，现已形成以石油、化工、电力、冶金、机械、电子等重工业为主的产业结构，成为辽中南的综合性重工业城市。

总之，实施资源替代是资源型城市的根本出路，也是"惊险的一跃"。但不可否认，并不是所有的资源型城市在资源枯竭后都能够实现成功转型，也有极少数城市由于其他资源的匮乏无法实现成功转型，而被最终废弃。

（三）以可持续发展为主的城市转型

可持续发展是近年来我国经济转型中使用频率最高的一个词语。在我国的资源型城市转型中，越来越多的城市不仅开始树立可持续发展的理念，更为重要的是将其运用到了实践当中。谋求资源开发与生态环境有机结合，谋求生态与经济的协调发展是可持续发展的核心内容。近年来，越来越多的资源型城市以实现可持续发展为方向，进行了城市转型的新探索。概括起来，主要有以下几种类型。

1. 以承接产业梯度转移为主要特点的城市转型

陕西省铜川市，自 2003 年以来，通过合理规划、积极引进、重点扶持、大胆承接其他产业，经过几年时间的建设，已形成一定规模。他们的主要做法有以下几个方面：一是通过引进华能电厂、秦岭水泥、耀州陶瓷等项目，不仅带来了大量的资金，而且带来了技术、管理等要素；二是按照资源—产品—再生资源—再生产品的模式规划发展战略，通过技术改造提升传统产业；三是发挥煤炭、铝业、水泥等铜川的资源优势，煤炭产业沿着煤—电—铝的途径发展，铝业通过承接铝型材加工企业发展深加工，水泥产业依托大集团进行产业重组，发展特种产品和深加工产品。铜川转型的效果是比较明显的，2010—2014 年，第一产业、第二产业和第三产业的比重发生了明显变化，分别由 11.0%、56.1% 和 32.9% 转变为 8.8%、54.8% 和 36.4%，第二产业总产出增加了 51.48%，更为重要的是二次产业内部结构发生了变化，由原来主要依托资源产业转向了电力能源、建筑材料、铝型材加工、机械制造、食品加工、生物制药和休闲旅游

7个支柱产业。

2. 通过利用高新技术提升改造传统产业的城市转型

辽宁省辽源市，原来以煤炭工业为主，为推进城市经济转型，他们提出以发展新材料产业为战略重点的产业格局。其具体做法主要有：一是注重发挥原有优势，大力发展具有比较优势的新材料产业，努力提升城市的产业层次；二是坚持以国际化、产业化、集团化为目标，以市场为导向，着力推进科技创新、机制创新、管理创新，充分挖掘资源型城市转型的原动力。三是山东省枣庄市通过加快利用高新技术和适用技术改造传统产业，拉伸"煤—焦—化、煤—电—化"产业链，提升建材、纺织、食品和造纸等传统产业的科技含量，改变了单一的资源性产业结构。

3. 以优势产业为主发展生态城市

安徽省淮北市，提出建设绿色家园工程，以淮北市采煤塌陷区复垦、复绿为基础，在塌陷区土地上规划建设六大经济板块，即现代化工业园区、现代化新城区、现代化高科技园区、现代化休闲旅游区、现代化商贸物流中心和高科技观光旅游区。河北省唐山市从20世纪90年代起，结合自己的实际，一方面通过实施项目带动，重点做大名牌产品和培育支柱产业，培育了一批新的经济增长点，推动了经济的结构调整和产业升级；另一方面根据城市生产力布局的需要，兴建了自己的港口，打通了走向世界的海上通道，兴建了海港开发区和南堡开发区。通过上述措施，突破了原来单一开发资源的发展模式，实现了唐山的经济转型。

4. 以发展循环经济为主要特点的城市转型

在环境保护中有一句名言，所谓废物，就是放错了地方的资源。近年来，一些资源型城市围绕发展环保产业和循环经济，展开了新一轮的转型实践探索。比如河南省焦作市，在"九五"后期随着矿产资源的枯竭，焦作煤业集团作为城市的主体企业，陷入了发展的困境。在这种情况下，采取了以下几项措施：一是制定出台了一批扶持科技创新的政策措施，同时依托原来的产品大力发展深加工，培育了一批新兴产业大力扶持高新技术产业的发展；二是通过投入巨资进行技术改造，使原来的潜导产业上升为了主导产业，实现了城市依托产业的转换，原来的主导产业也实现了升级；三是因地制宜，充分挖掘城市自身的优势，从地下资源转向地上资源，发挥特有的山水人文和粮食产区的优势，大力发展旅游业和现代农业；四是扩大开放，借助外力推进产业转型，外来资金成为推进焦作市经济转型的强大后盾,同时创新城市管理,通过"效能革命"加强了服务型政府建设;五是投入巨资加强城市基础设施建设和治理生态环境,关停了一批污染严重的企业,加大了空气等环境治理力度,实现了焦作由工矿城市向山水园林城市的根本转变。

二　国外资源型城市转型的实践

(一) 美国、加拿大、澳大利亚资源型城市转型

美国、加拿大和澳大利亚三国地域辽阔、人口稀少、资源丰富,其资源型城市主要是煤铁矿区和石油产区,一般只有几千人到几万人的较小规模,转型难度较小。主要由企业按照市场需要自主决定转型,政府主要负责解决资源型企业迁移后留下的人员安置问题。根据有关资料,一般会采用如下措施:建立预警系统、建立社区赔偿基金和专项保险机制、实施区域规划、对搬迁转产职工培训等。

(二) 日本资源型城市转型

日本是个岛国,矿产资源匮乏,人口密度很大,人均资源占有量很低,所以日本对资源型产业非常重视。日本的资源型产业主要是煤炭产业。20世纪60年代,由于受石油危机的冲击,煤炭产量大幅度下降,煤矿数目急剧减少,日本煤炭产业面临着巨大的压力。为振兴煤炭产业,日本政府采取了许多有效的措施。1961年日本政府在对产煤地域的现状与存在问题进行全面认识的基础上,颁布了《产煤地域振兴临时措施法》,并指出振兴对策的具体方向和振兴目标。1962—1991年,日本制定了九次煤炭政策,阶段性地缩小国内煤炭生产。同时加强产煤地域基础设施的建设,采取了产煤地域地方财政支援对策,并积极进行培育引进替代产业、寻求煤炭产区经济结构多元化,实现产煤地域的振兴。

(三) 欧盟国家资源型城市转型

由于工业化进程较早,自然资源开发的时间长,生产成本高,城市历史较长,使得欧盟国家资源型城市转型要求迫切,难度也较大,这就造成必须由政府参与资源型城市的转型。20世纪60年代以后,由于廉价石油的竞争,使欧盟国家先后爆发了煤业危机,引发了一系列严重的社会问题,使地区经济受到很大的影响。各国政府纷纷采取政府补贴、进口配额

等措施保护本国急剧衰退的资源型产业,但这些并未从根本上解决资源型产业的出路问题。法国的洛林地区和德国的鲁尔地区是典型的煤铁基地和重工业区,曾经是当地的骄傲,但原有的以煤炭、钢铁、煤化工、重型机械等为主的单一的重型工业经济结构日益显露弊端。为此,政府成立了专门的委员会负责产业转型,制定了一系列的措施,如用高技术改造资源型产业,发展新兴的替代产业,通过职业培训和个人创业等方式帮助下岗人员再就业等。就法国洛林来说,1963年法国政府成立了国家整治与地区行动领导办公室,洛林被确定为优先整治地区;1984年成立了洛林工业促进与发展协会,专门负责转型与规划问题,法国政府每年投入约30亿法郎,欧盟每年投入约20亿法郎用于洛林地区的转型。再以德国鲁尔区为例,联邦和州政府对矿区实施一项三年期的特殊政策:一是通过德国联邦协调银行提供9亿马克的低息贷款;二是每创造一个就业岗位,就给企业5万马克补贴;三是工人转岗培训费完全由政府支付。

(四) 苏联和委内瑞拉资源型城市转型

苏联巴库是随着石油开采而迅速发展起来的城市。19世纪70年代,巴库开始工业性采油,其累计原始探明储量为15亿吨。1940年,巴库油田的生产达到了顶峰,产量占苏联总产量的71.5%。但是,巴库的在鼎盛时期仅仅建立了石油加工业,而没有进行多元化经营,以至于随着石油的开采,20世纪50年代以后,石油储量日益枯竭,产量迅速下降,结果完全依赖其石油资源的石油加工业也开始萎缩,导致整个城市发展减缓。后来随着伏尔加——乌拉尔油田的发现和开发使得巴库的资源危机变得更加严重,只是凭借其雄厚的经济基础,才勉强保持住了占全苏10%左右的原油加工能力和仅次于乌法和古比雪夫的全苏第三大炼油中心地位。目前巴库市处于"维持缓慢增长"的停滞状态。

委内瑞拉的玻利瓦尔油田发现于1917年,由拉克尼利、巴查罗、蒂亚湖阿纳、卡尔马斯等若干大油田组成。1976年顶峰时,石油产量高达14925万吨。此后,产量急剧下降,1986年跌至6082万吨。玻利瓦尔油田除了开采石油外,其他产业包括石油加工业都没有形成。油田区基本上没有发育成城市,只是形成了一些为矿区服务的地方型商业中心,最大的一个市镇是卡尔马斯。这种完全依赖石油采掘业的城镇,当石油产量下降,油田资源萎缩枯竭之后,卡尔马斯的衰退就不可避免了。

综上所述,美国、加拿大和澳大利亚三国可以概括为市场选择为主导的模式，这与其资源丰富、地广人稀的自然环境有关。同时由于三国的矿业产业完全依赖于市场经济，因而，矿业产业自发转型也实施较早，困难较小。日本和欧盟的转型是政府主导型的转型模式。这与二者地域狭小、人口稠密有关，没有足够的国土及矿产接续资源消化转型的产业和人员，而且矿业城市不能放弃，靠资源型城市自身、靠市场来调节，城市只会枯萎，不可能实现转型。因此，日本和欧盟都采取了政府主导的转型模式。苏联、委内瑞拉是自由放任的模式，因为几乎没有采取什么转型措施，苏联是计划经济体制，如果政府不参与转型，资源型城市只能停滞发展。

三　对资源型城市转型模式的一般分析

从上述中国资源性城市转型的实践我们可以看出，一般而言，资源型城市转型都以产业转型为核心内容，分三个层面展开。

（一）重新发现和培育资源型城市的优势

资源型城市形成的基础是资源，在其成长的过程中主要依赖的也是资源，长久以往，在其经济增长的机制上也就形成了"路径依赖"。其转型的过程也是重新发现和培育资源的过程，只不过由开发矿产资源转向了其他的可再生资源。从资源型城市的转型实践来看，转型就是要摆脱对矿产资源的依赖，重新发现城市自身的优势，并通过城市的管理体制和运行机制的创新，寻找城市转型所需要的支撑力量，为资源型城市转型提供强大的动力支持。

资源型城市转型优势的培育主要可分为以下几类：

1. 实施优势延续

其主要是围绕原来资源型城市的资源来进行，不改变原来资源型城市的依托资源，而是改变其管理方式，借助技术创新，提高资源的利用效率，实现资源的综合利用，延长资源的开采年限，延缓资源枯竭的步伐，从而使资源型城市的优势得以保持。

2. 实施优势共享

其主要特点是对资源型城市的资源与其周边的优势资源进行有效组合，从而形成新的产业，实现从原来的资源开发向产业开发的转变。例如煤炭城市由单一的煤炭开采向煤电联营、煤电铝联营或者煤炭化工产业的发展就属于这种情况,其根本目的是通过优化组合,提升资源的组合效率。

3. 实施优势互补

其主要特点是充分利用资源型城市所拥有的资源优势,通过与异地、异质资源的结合,生成资源型城市的整体优势。这方面,像一些钢铁城市,要么有煤炭资源,要么有铁矿资源,但由于其强大的加工能力,实现了有关联的两种资源的联合开发,从而形成自己的竞争优势。

4. 实施优势扩大

其主要依托仍然是资源型城市所拥有的自然资源。其独特的地方在于它是在产业层次上的一种扩展,或说是产业链条的拉伸。主要通过发展前后向产业和关联产业,或发展深加工产业,培育资源型城市的产业优势或城市的综合优势。

5. 实施优势转移

其主要特点是资源型城市的依托资源开始枯竭,但为了使城市持续地发展下去,在发展中开始将资金的增量投入新的产业,但在短期内资源型城市的原来依托产业并没有发生变化。

6. 实施优势深化

这种情况适用于资源已经枯竭的资源型城市的转型。主要的特点在于资源型城市原来的资源优势已经丧失,这就需要重新挖掘城市的其他优势,培育资源型城市新的市场优势和竞争优势,逐步转向一般城市的过程。

7. 实施优势递进

这是资源型城市转型的高级过程。一个城市的发展可以依托自然资源,也可以依托其他资源,如广阔的市场、便利的交通、发达的金融、强大的制造业等,或者是上述几种因素的综合。随着现代城市的发展,信息也变成了一种资源,但无论是哪一个城市,它所依托的资源总有一种或几种占优,在这种情况下,资源型城市也就可以实现优势的转换。

(二) 以矿产资源为依托的企业发展模式的转换

以资源为依托的企业发展模式的转换,因企业规模的大小不同而不同。从我国的实践来看,可以分为两类:

1. 大型资源型企业

这类企业由于体量巨大,实现华丽的转身殊为不易。在依托的资源枯竭以后，可以选择"专、精、尖"的专业化发展方向，但由于沉淀成本的影响，会造成巨大阵痛；同时也可以借助自己先进的技术、加工方式和专业人才优势，转向依托外来的资源发展。

2. 中小型资源型企业

对中小型资源型企业来说，可以选择走深加工或者联合发展的方向。所谓走深加工的路子，实际上是向专业化方向发展，因为依托资源的优势已经失去，但由于体量较小，完全可以及早考虑，借助熟悉的行业，开发利用资源产品，发展精深加工。有的企业也可以走横向发展的道路，即寻找有资源的企业，进行联合。而对一些小型企业来说，实施关闭也不失为一种好的选择，这样做对小企业来说损失并不大。

（三）资源型城市转型中的产业代谢

资源型城市转型问题是世界各国面临的一个普遍难题。资源型城市转型包括的问题很多，但产业转换始终是资源型城市转型的核心问题。从资源型城市产业转换的路径来讲，主要有以下几种：

1. 对资源型城市的产业结构进行改造

采取这种形式主要是利用先进技术和适用技术提升现有资源型城市的产业层次，推进产业结构升级。缺点是不改变资源型城市的产业构成，只是对技术层次和生产方式的改变，资源型城市的产品结构也没有明显的变化。

2. 对资源型城市的产业实施延伸

这种形式是对产业改造的延伸，是在依托自然资源不变的基础上，对产业结构的纵向发展，也就是说，大力发展后向产业，拉伸产业链条，发展产品的深加工，继续发挥原来资源性产业的优势。但其缺点也是突出的，关键在于仍然没有突破某一领域，而且产业结构在一定程度上讲仍然呈现为一定的刚性，不利于资源枯竭后资源型城市产业的根本转型。

3. 对资源型城市的产业实施救助

这种形式适用于正处于转型期的资源型城市，由于这类城市的资源已经或接近枯竭，必须由国家采取一些特殊的政策给予扶持，才能帮助这类城市渡过难关。给予这些特殊的政策，目的就是帮助这类城市重新构建新的产业结构，加强产业能力的建设。

4. 采取产业联盟的形式，支持资源型城市中资源性产业的发展

采取这种形式，主要目的是为了保护资源性产业的健康发展。为了抵

御市场风险,在市场价格波动激烈的情况下,可以将资源型企业与区内的加工企业实施互动,相互保护。

5. 采取产业替代的方式,推进资源型城市的产业转型

这种方式有利于推进资源型城市的经济转型,因为从根本上改变了资源型城市的产业结构,它着眼于培育资源型城市新的产业结构,形成城市新的市场竞争优势。但实现这种根本的产业结构的转换,需要引入大量的外来资本。

6. 通过产业替换的方式,更新资源型城市的产业结构

采取这种形式是一种计划退出,需要国家的大量投资,好处在于资源型城市中的传统产业全部退出,进而用新的产业来置换,由于关闭企业的计划性,不会造成社会的剧烈波动或者不稳定,但缺点是需要国家拿出大量的资金,代价过于昂贵。

四 资源型城市现代服务业发展

(一) 资源型城市与生产性服务业发展

1. 生产性服务业促进资源型城市产业结构转型升级

生产性服务业(The Productive Service)是指那些主要为满足中间需求,向外部企业和其他组织的生产活动提供中间投入服务,用于进行商业活动和更进一步的生产而非主要用于满足最终直接消费和个人需要的行业。在工业化后期阶段,随着社会分工专业化的不断深化,生产性服务业比重也将不断上升,发展生产性服务业成为产业结构调整的重心。在一些发达国家,生产性服务业的增长已远远超出服务业的平均增长水平。

现代制造业中各个价值链环节所创造价值的不平衡性表现为"微笑曲线"的特征。"微笑曲线"两端代表的是附加价值和盈利率高的生产性服务业,即上端的研发、设计,下端的品牌、营销、制造服务,而中端则是生产加工、组装等传统制造行业,属于附加价值和盈利率低的环节。向价值链两端延伸,发展高端生产性服务业,能够强化价值链的核心环节,实现产出的服务功能,提高产业的创新能力和附加价值,获得差异化竞争力,从而增强制造业的核心竞争力。这是产业升级的本质要求和关键步骤。作为现代服务业的重要组成部分,生产性服务业的发展,一方面可以

通过提高服务业供给水平，进一步增加第三产业在整个国民经济中的比重，带来整体产业结构的转型升级；另一方面，随着生产性服务业比重的上升，经济增长将明显减少对高投资和高资本积累的依赖，生产性服务业中针对环保治理、节能降耗等新技术研发和推广应用的高新技术服务业，可以为制造业实现由粗放型向集约型生产转化提供技术支撑，从而使资源型城市转向资源消耗低、环境污染少、人力资源优势得以充分发挥的"新型工业化道路"。所以，生产性服务业通过自身发展促进服务业内部结构升级实现经济结构转型。因此，资源型城市可依托传统产业优势，剥离支柱产业在生产、管理和技术中优势服务环节，发展科技服务、商务服务、金融、物流等生产性服务，延长产业价值链促使产业升级，实现产业集聚发展，培育核心竞争优势。

2. 生产性服务业增强资源型城市创新能力

技术创新与生产企业的生存和发展有着密切关系，同时也是城市产业结构高级化的根本动力，生产性服务业涵盖科研产业这一创新的关键源泉，它占据着创新过程的高端位置。生产性服务业中所包括的科技服务业、信息服务业等是高知识、高技术型行业，通过研究和开发部门、高新技术产业、高附加值产品的生产和高端的服务业向发达的中心地区集聚，实现科技人才等要素的聚集以及创新要素的知识的生产、传播和整合，能够较强地提升城市的创新能力。发展科技服务业有利于科学研究和技术创新，发展信息服务业有利于信息技术对各产业的渗入与改造，发展现代物流、金融保险和商务服务业则对制度创新及交易成本的降低起到了重要作用。

另外，发达的生产性服务业促进产业集群形成，产业集群带来的研发比较优势将更好地吸引国内外创新机构和创新团队的集聚，成为推进创新活动的主体，有利于提升资源转型城市的创新功能，提高自主创新能力，增强城市生机和活力。

3. 生产性服务业加速资源型城市城市化

城市化是指以第一产业为主的传统乡村社会向以第二、第三产业为主的现代城市社会逐渐转变的过程。因此，工业和服务业的发展及集聚是城市化进程的重要动力。随着工业化的推进，服务业将成为城市聚集经济效用发挥的主要产业载体。现阶段我国已处于工业化加速发展时期，为加快城市化进程，应更多地依靠服务业的发展。

作为现代服务业的重要组成部分，生产性服务业的发展不仅加快城市化的速度，更有利于提升资源转型城市的经济功能。城市化水平的提升不仅是各种经济要素向城市集中的过程，更要体现出城市内涵素质与功能的提高。服务业尤其是现代生产性服务业，大部分是知识和技术密集型行业，信息密集和高技术密集两种功能的结合将使城市成为现代产业集中区，能够创造巨大的就业需求和实现人才、资金、技术、信息的集聚，从而提升城市形象、强化城市功能，提高人民的生活水平。从全球范围来看，全球生产服务体系与世界城市体系表现出高度统一，生产者服务尤其是高等级生产者服务，集中于一些大城市和区域中心城市，最高等级的生产者服务高度聚集于少数的世界城市，如纽约、伦敦和东京等。

基于分工的角度，科学合理地规划城市的服务业发展定位与空间布局，是城市化未来发展空间与应有的服务功能定位的重要前提。资源型城市在转型中依托主导产业发展生产性服务业，生产性服务业在城市中心的集聚，制造业从中心退出，使得城市日益成为信息和服务中心。以信息软件、咨询服务、商务服务、金融、物流服务等现代生产性服务业的发展，促进城市化的空间集聚和城市功能的完善。

（二）资源型城市与现代服务业发展

1. 资源禀赋形成独特的城市空间布局为服务业发展提供了空间基础

资源型城市是我国重要的城市类型，一般指依托于矿产资源、森林资源等自然资源，并以资源的开采和初加工为支柱产业的具有专业性职能的城市，有矿业城市、工矿城市、石油城市等。特殊的自然条件如资源分布、地形、气候等因素使资源型城市在发展过程中大多呈现人口分布分散、基础设施分散、产业布局分散的城市空间结构。

目前，城市空间结构的布局主要趋向于构建多中心、紧凑型的城市空间结构模式，资源型城市依然遵循此规律。建设资源型链条加工产业基地和相关多元化接续替代产业，是资源型城市目前选择的发展道路。这会引起人口、资金等生产要素在地域上的聚集趋势，资源型城市空间发展将逐步趋向相对聚集的发展模式。

服务的生产和消费带有鲜明的时空限制，服务业的发展离不开城市这一空间环境。工业产业基地和相关多元化接续替代产业引导着资源型城市地域增长极的出现，这正是服务业发展的空间基础。罗纳德·肯特·谢尔普（Ronald Kent Shelp, 1984）通过构造一个"经济部门交互作用模型"，描绘了服务在分工经济中的独特作用："农业、采掘业和制造业是经济发展的砖块，而服务业则是把它们黏合起来的灰泥。"而且是整个社会经济的心脏，服务业是促进其他部门增长的过程产业，服务业是经济的黏合剂，是便于一切经济交易的产业，是刺激商品生产的推动力。现代服务业应该可以成为目前资源城市发展格局中最有生命力的增长点。

2. 资源衰竭速度加快，实现产业转型刻不容缓

资源衰竭速度加快，实现产业转型刻不容缓。按照国际资源型城市发展的规律，随着资源的递减，城市的发展都存有寻求外部市场、向外发展的趋向。趋向首先表现为相关链条产业的出现和发展。

目前，我国资源型城市存在的普遍问题就是产业结构存在明显的刚性，培养后续替代主导产业的能力不强，这是影响资源型城市可持续发展的核心问题。各城市案例研究中均在分析自身优势的基础上选择主导产业，而资源加工型产业一般作为首选，其他主导产业包括高新技术产业、旅游业、商贸业等第三产业，部分城市还选择第一产业作为主导产业。由单一专业化向经济多元化转化，由资源型城市向综合性城市转变、由原料生产基地向地区经济增长中心转变，结构合理、功能完善、特色明显、竞争力强的新型工业化城市是目前资源型城市转型方向的主流观点。

按照瑞典著名经济学家冈纳·缪尔达尔的循环累积因果理论，在一个动态的社会过程中，社会经济各因素之间存在着循环累积的因果关系。区域内有生命力的增长点的出现，会通过乘数效应而逐步扩展，并创造出新增长点或扩大增长中心。这个过程循环不已，一旦启动，就像滚雪球一样越滚越大，引致区域经济的快速发展。资源型城市产业转型的核心可以是服务业的强大增长极。

从目前发展趋势看，要提高资源型城市产业层次，尽快建成经济结构合理、产业门类众多的新兴城市，迅速构建现代服务业发展体系是当务之急。

3. 资源型城市对生产要素具有较强的吸纳力

分散格局导致多数城市的公用设施、基础设施不健全，服务产业配套程度低，第三产业不发达，不能为居民创造多种就业机会。

从生活的要求、社会的组织、居民点体系的效率等角度分析都要求资源型城市大力开展基础设施建设。在目前集中精力实现城市可持续性建设过程中，各个城市都已经在集中有限的资金，吸引优势产业发展，这其中带动着基础设施的大规模建设。均衡发展理论的"动态平衡"认为，发

展不是一开始就强调各整体的协调统一，而是尽力发挥各自的优势，之后在此基础上，采用最小的调整和投入实现整体的协同。

目前的资源型城市的发展基本遵循基础设施带动服务体系而后急速膨胀规模的轨迹运行。这个轨迹正是生产要素的吸纳路径。根据经济发展理论，城市是各种基础设施的积聚地，城市化过程就是以各种基础设施为基础的各种经济要素不断向城市集中的过程，此过程使城市具有聚集经济和规模经济的特性，能带来较高的要素收益。集聚经济的形成离不开服务业的黏合，服务业是城市发挥聚集效应的重要凝聚力量，尤其是生产服务和公共服务，它们的逐步完善将吸纳聚集倍数增长的生产要素，这将为整个城市的发展提供活力来源。

4. 居民人均收入水平相对较高使服务业进入快速发展时期

资源优势使资源型城市无论人均 GDP、人均可支配收入、人均消费水平都高于其他城市。赣州市在 2010 年时人均 GDP 已超过 6000 美元。按照美国学者丹尼尔·贝尔的社会发展三阶段理论。第一阶段是前工业社会，即在传统制度下构建起来的农业社会，人均收入水平为 50—200 美元。第二阶段是工业社会，人均收入水平为 200—4000 美元。第三阶段是后工业社会，这个社会的基础是服务，财富的来源不再是体力、能源，而是以信息、知识性服务业和公共服务业为主，人均收入水平为 4000—20000 美元。世界经济发展一般规律也显示，一个国家或地区人均 GDP 达到 1000—3000 美元阶段，服务业的加快发展就成为此阶段经济社会发展的必然趋势。

目前我国资源型城市无论从人均 GDP 还是人均收入水平判断，经济社会发展已经处于服务业的加快发展阶段。收入水平高，对服务对象的消费能力拉动力大。如现代餐饮、批发零售、现代旅游和房地产业等。这些产业同时带动其他相关行业的快速发展。服务业的快速发展是大势所趋，也是此阶段社会经济的现实选择。

第一章 资源型城市现代服务业发展理论

第一节 资源型城市概述

一 资源型城市定义

资源型城市是随着能源、矿产、森林、水电、旅游等自然资源的开发利用而兴起,并且因采掘这些资源形成的相关产业在地区社会经济中占有主导地位的城市。资源型城市既有一般城市的集聚、带动、辐射功能,成为区域社会经济发展的中心,又由于城市对资源的依赖性强而受资源量耗竭性和生态环境脆弱性的制约,表现出独特的城市发展规律。因此,资源型城市与一般城市功能的共同点是城市,个性点是资源产业。从城市产生和发展来看,通常将城市划分为三种类型:一是商品农业与中心地方城市;二是转运港口、区际贸易和交通运输型城市;三是专门化职能型城市。资源型城市属于专门化职能城市的一种,是指伴随资源开发而兴起的城市(无依托型资源城市),或者在其发展过程中,由于资源开发促使其再度繁荣的城市(有依托型资源城市)。广义的资源型城市涵盖范围较广,既包括自然资源,也包括人文资源;狭义的资源型城市仅包括自然资源。本书对资源型城市作狭义理解,即天赋资源群聚集并以自然资源型产品的开发利用为支柱产业的城市。不难看出,狭义资源型城市的产生和发展强烈地依赖某种天赋的资源和人类对资源的某种特殊的需要,它属于以输出能源和原材料为特征的资源型经济区,其职能较单一,对外联系范围虽广,但联系内容单一;发展历史一般较短,发展速度较快,并可能有较大的起伏性。

按狭义的资源型城市定义来看,资源型城市不仅仅限于矿业城市,还有大量的森工城市、水电城市、旅游城市等。根据开采资源的不同又分为油城、煤城、钢城、有色金属城、森林城、旅游城等不同类型。在我国典型的资源型城市中，油城有大庆、玉门等；煤城有鸡西、阜新、大同、淮南、淮北等；钢城有唐山、攀枝花、鞍山等；有色金属城有白银、金昌、招远、灵宝等；非金属城有景德镇、钟祥等；森林城有牙克石、伊春等；旅游城有五大连池、井冈山等。

对一般的城市存在不同理解，对资源型城市的认识也很不一致，特别是矿业城市在名称上就有工矿城市、矿山城市、资源型城市、矿业城市等不同的称谓。工矿城市、矿山城市只能表示这类城市具有工业或矿业的性质和功能，资源型城市的概念较为广泛，土地、矿产、森林、水利、旅游、海洋、港口等都是资源，但它们却有着不同的特点，其中矿产和森林是与资源和环境密切相关的资源，它们所代表的资源型城市也具有特殊性。

二　资源型城市的成因机制

（一）资源禀赋和资源产业是资源型城市形成的依托

资源型城市的形成，首先是建立在一定的资源基础之上。地理学家雅各布斯这样解释资源型城市的起源：城市的形成同矿业活动密切相关；矿产品、原材料与农产品的交易形成了稳定市场，并进一步促使在具有矿物资源的地方集聚矿产品和原材料的加工工业，由此形成了城市。[①]

1. 资源禀赋理论

矿产资源不是普遍存在的资源，在地质构造复杂，地层发育良好充分，岩浆活动频繁，具有优越成矿条件的地方才可能发育成矿产资源。矿从成因上大致分为外生、内生和变质三类，分别由沉积作用、岩浆活动、岩浆侵入变质等作用形成。矿石的分布则受成矿条件和地质条件的双重作用。因此，矿产资源的空间分布、矿种、有用组分含量及数量、矿石开发利用难易程度，均与地质作用的关系密切。此外地质条件还影响区域矿产资源总量及其潜在价值、矿产资源可靠程度和质量特征、矿产资源集中程度、区域开发利用条件、开采技术条件和选冶加工条件等。

资源型城市的形成，并非在每一区域都能发生，只有在资源储藏的地方，并且有资源产业活动，才可能逐渐形成城市。那些原本属于偏僻荒原的地方，因为资源的发现、开发及加工利用，而崛起了一座座现代资源型

---

① 简·雅各布斯（Jane Jacobs, 1972）指出，"多样性是城市的天性"，她认为，城市需要尽可能错综复杂等相互支持的功用的多样性，来满足人们的生活需求。

城市；也有许多原来属于传统产业的一般性城市，因附近地区资源勘查与开发逐步发展成为城市。

2. 资源产业是增长极

区域经济学认为，城市的形成是由一个极点（可以是行业或空间）开始的，城市其他经济空间的成长总是围绕该增长极核进行的，这就是F. 佩罗克斯提出的增长极理论。[①] 该理论有三个关键概念：主导产业与推进产业、极化效应和扩展效应。矿业成为主导产业是由资源禀赋和区内外经济要求所决定的，它具有关键技术、广阔市场潜力以及较高区际需求弹性，矿业产业与一系列推进产业之间在技术、生产、经济等方面的密切联系决定了区域面貌；复杂的产业链聚合最终形成生产地域综合体，并出现了集聚经济，它使围绕在原布局点周围的其他地方产生极化效应；辐射和带动周边地区，形成区域的不平衡发展。

3. 资源产品链和资源产业的关联效应

矿业产品链，使得矿业产业在发展的同时，通过矿业的前向、后向关联效应刺激相关产业的发展。所谓前向关联效应，是指矿产资源的开采通过供给联系，诱发并促进其他部门的发展；后向关联效应是通过需求联系造成市场压力，从而对其他部门发生作用。如煤炭开采的前向关联效应是提供燃料和原材料并带动电力、冶金和化工等部门的发展，后向关联效应是促使采煤机械加工设备、矿井采掘设备、巷道通风给排水设备、仪表电缆器材、煤加工筛选设备等企业发展。

4. 集聚经济效应

矿产资源的开发，不仅带动与之相关的产业（上游产业和下游产业）的发展形成矿业经济，而且由于矿业经济发展，促使其他与矿业经济息息相关的通信交通、生活服务等第三产业发展。围绕矿产资源的开发和利用，矿业企业逐渐增多。别的企业出于降低生产成本，增强与市场联系的考虑，集聚在矿业企业的周围，共用交通设施、基础设施、生产服务设施、生活服务设施。另外，企业的增多又促使更多的城市公用设施的完善。这样，原来的矿业生产地因为矿业企业的刺激和衍生而逐步发展形成功能完善的城市经济综合体。

---

① F. 佩罗克斯（F. Perroux, 1950）认为，一个国家要实现平衡发展只是一种理想，在现实中不可能实现，经济增长通常是从一个或数个"增长中心"逐渐向其他部门或地区传导。即应选择特定的地理空间作为增长极带动经济发展。

(二) 区位是资源型城市形成的依托

区位是一个具有特定位置的空间，它从空间的观点，来确定地理现象位置距离、规模和结构的合理性。古典区位论源于18世纪末至19世纪初的西方国家，形成了一批有代表性的区位理论，比如，杜能（J. H. Thunen）的农业区位论、韦伯（A. Weber）的工业区位论、克里斯塔勒（W. Christaller）的城市区位论、廖什（A. Losch）的市场区位论、胡佛（E. M. Hoover）的经济区位论等，其中影响力较大的是韦伯的工业区位论。

韦伯的工业区位论通过对德国鲁尔区的研究得出，它揭示了工业布局中以最小运费支出获得最大经济效益的思想。韦伯理论的实质是最低成本，其目标是：以运输的观点在原料和市场关系中，寻找工业生产成本费用的最低点，作为工业企业布局的理想区位。任何产业部门的布局都要满足特定的条件，如较为低廉的原料、燃料、劳动力等生产要素，还要考虑市场和交通等成本要素。

交通是资源型城市形成的重要区位因子，它通过运输费用、通达度等影响矿点的布局；在交通网密集或枢纽的地方更容易吸引工业区位。交通是矿业城市形成不可缺少的重要因素。大量的采出矿石，如铁矿石和大量的能源与原材料，如煤炭等，需要通过一定通量的运输通道，才能成功地运出产品、运进原材料，顺利实现矿业生产的全过程。特别是铁路干线的开通，对沿线矿产资源的开发和社会经济发展起到巨大的带动作用。

沿海、河岸也容易发育成资源型城市。因为沿海河岸地处优良的港湾或口岸拥有丰富的水资源，水—陆便捷的运输，陆上腹地和港口城市群市场，利于矿产资源的开发、加工、利用和转移。因此沿海河岸集中了"大通道、大水量、高能量"资源开发的关键因素，易形成强大的密集型沿海、河岸产业带和城市群。

(三) 城市化是资源型城市形成的途径

关于城市的起源，传统城市经济学认为，农业的引进和游牧生活的结束，使建立一个永久、稳定的居住地成为强烈的需求；劳动力的增加和商业活动的扩展使乡村规模越来越大，经济分工日益明确；生产的动力驱使工业和熟练工人集聚并自我强化、经济驱动的过程促使乡村变成了城市。[①]

[①] Sjoberg（1967）认为，城市是达到了一定的规模和人口密集的、聚集了各种非农业生产者和文化精英的集聚地。

城市化的过程通过农村农业人口向城市迁徙，并转换成非农业人口来实现。

人口从乡村向城镇迁移的规模和速度受两种基本力的控制，一是城镇的吸力，二是乡村的推力。城镇的吸力主要来自工业建设和生产规模的扩大对劳动力的需求；与工业发展相应的其他非农业活动对劳动力的需求；城市相对于农村在就业、工资文化生活、发财致富、社会地位等物质和精神方面的优越地位所产生的不可抗拒的诱惑力。

乡村的推力来源于农业人口的增长超过土地开发的速率，使人均的生产对象——土地的拥有量绝对下降；农业技术尤其是农业机械和农业服务社会化提高了农业生产率，造成农业劳动力的剩余；因种种原因造成的农村破产，迫使贫穷的农民背井离乡；随着时代的变迁在逐渐开放的条件下，世代祖居乡村的农民寻求理想"乐土"的精神推力。

三　资源型城市的基本特征

（一）对资源的依赖程度高

资源型城市对资源的高度依赖性主要表现在两个方面：一是资源是城市得以形成与发展的必要条件。二是资源的储量、品位和禀赋直接影响着资源型城市的企业效益与城市生命周期。如果资源的品位高、储量大，主导企业的利润就高，效益就好。

（二）资源性企业对城市发展具有重大的影响

资源型城市中，资源的勘探、开采、冶炼、加工、销售等在城市发展中占有举足轻重的地位，影响着整个城市经济的运行。这些主导企业绝大部分由国家投资，资金、人力、物力有保证，兴起较快，可在短短的几年内形成庞大的规模。由于这些主导企业的发展，改变了当地交通、电力落后的状况，为地区经济发展和交流创造了条件；主导企业吸纳的大批农村劳动力，改变了劳动力的知识、技术结构；主导企业的发展需要相关的原材料和物资供应，带动其他产业的兴起和产业结构的调整，很多邻近主导矿业企业的农村已从过去单纯的农村转向了工业城市。在城市发展过程中，主导企业为城市的发展提供了大量的资金，是城市财政收入的主要来源，对城市的发展起了巨大的推动作用。

（三）城市空间结构分散

资源型城市的布局一般都存在"点多、线长、面广"的特点，实际建成区小，不少城市中夹杂着良田、菜地等非城市景观，集聚度低。即使是相对集中的地域也由于条块分割等原因存在各单位画地为牢，各自为政的问题，使相对集中区域也形成松散的结构。这不仅增加了配套服务设施建设的费用，而且浪费了土地，增加了经营费用，无论从现实还是从长远看，均是弊大于利。

（四）城市具有双重功能属性

资源型城市作为生产力的一种空间存在形式，有着城市与基地的双重属性，它既具备一般城市的共同属性，即地区行政中心、经济中心、文化中心、科技中心、交通中心和信息中心，又具有特殊属性，即一种或数种资源与产品优势，主导产业在城市经济总量中的高比重及其在国民经济中的战略地位，使资源型城市又成为国家的重要工业基地。这种共性与个性相统一的属性，必然派生出双重功能：一是城市经济社会的综合服务功能；二是发展工业的产业支柱功能。弱化任何一种功能都会导致经济社会发展的失调。

（五）主导企业功能的二元性

资源型城市中主导企业办社会的情况很严重，大中型企业集生产、生活、服务、科教文卫、治安消防及至组织领导、社区管理于一体，成为一个超级"庄园式"小社会。这样，就派生出两个城市功能主体，一是以市政地方为主体经济社会运行的城市功能圈；二是以大中型企业为主体经济社会运行的企业功能圈。企业办社会虽不合理，现阶段又不能马上废除，已成为国有大中型企业制度改革的羁绊。近几年来，一些矿业企业为适应市场经济体制的需要，大刀阔斧地改革内部管理体制，对非矿业生产系统实行大面积剥离：一是分离辅助部门，重组生产要素，开辟新的经济增长领域；二是分离生活服务后勤部门，发展第三产业，面向社会，开拓经营；三是强化主体，提高效率、增强市场竞争能力。

四　资源型城市转型中存在的主要问题

（一）资源接续难以解决

矿产资源为非再生资源，随着矿业持续发展，资源系统必将面临枯竭，城市可能出现矿竭城衰，这是矿业城市发展的资源持续性障碍。我国绝大多数矿业城市都存在不同程度的资源耗竭问题，今后乃至相当长时期内，如何保证这些矿业城市避免因资源耗竭而衰亡的结局，值得深入研究。美国阿巴拉契亚、苏联巴库曾因煤炭或石油资源枯竭而成为废弃的"鬼城"，需引以为戒，但前者依托流域的综合开发，经济得到了繁荣和发展。我国著名石油城市——大庆市也将出现主力油田油气衰减；近年来，部分煤炭矿业城市因煤炭资源逐步枯竭也开始出现工业增长不景气。因此，资源耗竭性矿业城市应尽早选择优势转换战略，摆脱衰退困境、实现城市转型与发展。

（二）经济转型难度大

城市经济过分依赖于采矿及矿产品加工业，产业转换难，经济系统稳定性差。资源型城市产业结构关联度大，依赖性强，资源产业是城市的经济支柱，作为主导产业与配套产业形成了一条紧密的产业链，城市与资源产业构筑成"牵一发而动全身"的纽带关系，因此，研究资源型城市的经济系统的结构特征、产业演进方向及转换对策等，十分必要。在西方国家出现的"荷兰病"（Dutch disease），就是因为过分依赖某一特定商品（如矿产品）造成经济实力整体恶化。

（三）生态环境亟待治理

矿业开发对城市及所在区域的环境影响大，生态系统脆弱。不同类型矿业城市，其矿业对城市生态和环境造成的影响各不相同。矿业开发对环境的主要影响是采矿遗弃的废渣、废水和废气对城市生态平衡和生物繁衍，以及人类生存带来巨大威胁。特别是大宗矿产如铁、煤等资源开发，所遗弃的废渣数量大。因此，生态环境系统的好坏是制约矿业城市持续繁荣的重要因素，迫切需要针对矿业城市发展的可持续性，进行不同类型矿业城市生态环境优化的设计与转换。

（四）社会矛盾复杂

矿业开发影响城市的社会结构和服务功能，社会系统矛盾复杂。矿业城市既具有骨干作用强、主导产业地位高的工矿基地属性与功能，又具有一般城市的行政、经济文化、科技、交通和信息交流属性与功能。但是，矿业城市多数依矿山而建，地处偏远，区位偏离，这是影响矿业城市发展的客观制约因素。地理环境闭塞，阻隔了城市与重要交通干线、工商业发达地区，以及国内和国外市场之间的联系。同时，矿业城市往往基础设施落后，交通干线密度低，邮电通信设备落后，导致交通不畅、信息不灵，投资环境差。因此，完善城市社会功能，发展第三产业，建立健全的社会保障体系，是创造矿业城市良好社会环境的关键。

（五）管理体制不合理

矿业企业与矿业城市之间存在壁垒，管理体制不合理。我国矿业城市是传统计划经济体制的产物，严重的体制束缚导致矿业城市面临着高度集中与复杂的企地关系。即矿务部门与城市政府部门实行政企合一的管理体制，而在市场机制的新形势下，政府既难以参与企业生产要素的合理配置，企业又难以发挥对城市的辐射与带动功能，从而使资源赋存的城市与勘探开发的企业在发展目标和利益行为上的"双向错位"，由此导致城市的综合服务功能缺损和企业的整体效益低下。因而，矿业城市必须深化改革，引入新机制，协调企地关系。

（六）资源价格扭曲

矿业城市的资源产品与消费产品价格扭曲，不利于城市经济发展。长期以来，矿地只是作为国家投资、为国家或区外输出资源的场所，而城市生活的各种消费产品只靠从外部输入。诚然，矿产资源的开发为带动矿业城市的发展起了巨大的作用，但传统的"产品高价、原料低价、资源无价"的扭曲关系，使得矿业城市在输出大量资源或低价原料的同时，从外部输入了高价的轻工产品，造成了城市的"双重利益"损失，也阻碍了城市的经济发展。为此，除了理顺资源、原料及加工产品的价格关系外，立足非矿资源优势，调整城市经济结构，发展非矿产业，十分必要。

第二节 现代服务业发展相关理论概述

一 现代服务业的含义

"现代服务业"是我国特有的提法，在我国，现代服务业一词最早出现在1997年9月中国共产党第十五次全国代表大会的报告中，然而，目前理论界还未对现代服务业的准确概念和范围取得一致认识。现有文献对现代服务业有以下两种代表性的观点。

现代服务业是在工业化比较发达的阶段产生的，主要指依托信息技术和现代化理念发展起来的信息和知识相对密集的服务业。它与传统服务业相比，更突出了高科技知识和技术密集的特点。现代服务业既包括新兴服务业，也包括对传统服务业的技术改造和升级，其本质是实现服务业的现代化。

生产者服务业是指为生产、商务活动和政府管理而非直接为最终消费提供的服务。狭义论分为两类：第一类认为，现代服务业主要指依托信息技术、现代化科学技术和技能发展起来的服务产业，信息、知识和技能相对密集的服务业，即依托信息技术发展起来的新兴服务业；第二类认为，现代服务业又可称为"现代生产性服务业"，是从传统制造业的部分环节中分化而来的，是为现代生产过程服务的生产者服务业。

二 现代服务业发展相关理论

（一）经济增长理论

本书首先从分工和交易的发展角度解释服务业与经济增长之间的关系。

分工即生产过程的专业化。人类社会生产力发展的历程是分工不断深化、专业化水平不断提高的过程。盛洪根据专业化程度和出现的先后顺序，将社会分工划分为五种形态的分工和专业化：（1）部门专业化，即马克思所说的一般分工，如早期的农业、手工业和商业的分工；（2）产品专业化，即以完整的最终产品为对象的专业化，如汽车、电视机等的生产；（3）零部件专业化，即个人或企业仅生产某种最终产品的一部分，如汽车工业中，某些企业只生产发动机，甚至只生产发动机的一个零部件；（4）工艺专业化，即专门进行产品或零部件生产的一个工艺过程，如专门进行铸造、锻造、热处理、电镀等工艺过程；（5）生产服务专业化，即在直接生产过程之外但又为生产过程服务的那些职能的专业化，如专门进行工具及其他工艺装备准备、维修设备、运输等服务。

新古典经济学理论认为，由于分工将大大降低社会用于学习的时间和费用，使专业化水平提高，因此，分工后的综合生产能力得到提高。杨格认为，劳动分工的水平决定了当时的经济增长率。劳动分工的演进扩大了市场规模，而市场规模的扩大又反过来促进劳动分工的演进。只要劳动分工演进并保持在一定的水平上，并保持进一步分工的潜力，经济增长率就能不断提高。

服务业的产生和发展是适应社会分工的结果。有了分工和专业化之后，人们就在专业化所带来的好处和交易费用之间进行选择，如果专业化带来的好处大于交易费用，人们选择分工，反之选择自给自足。这种选择过程不断推动着分工向更专业化的方向发展，不断选择更有效率的交易组织形式。随着分工的演进，分工的领域逐渐拓展，生产规模不断扩大，交易的种类和频率不断增加。并且，分工越细、迂回生产的链条越长，中间产品的种类越多；交易的品种越多、交易的次数越频繁，商贸业发展越快。同时，商贸业的迅速发展直接带动了交通运输仓储业、餐饮旅馆业、通信、银行业等服务行业的发展。服务业的产生和发展正是适应这种过程并在这一过程中得到发展的，并且超过一定阶段之后，服务业的发展将随着这一过程而加速发展。

从分工的角度看，服务业是基于专业化经济的劳动分工基础上的一种产业分工。产业分工的前提是产品的复杂程度高到使单一企业无法完成，以及成本分摊。服务业的发展，尤其是工业化革命以来服务业的迅速发展的重要原因之一是社会分工深化和交易网络扩展。一方面，社会分工使得一些行业或部门从其他行业或部门中分化出来，独立成为服务业部门，专业化带来的内生技术优势促进了这些独立行业的迅速发展；另一方面，随着分工的加速深化，用于协调分工、减少交易费用的部门将内生于分工和交易而迅速发展，并且分工越发达、交易频率越高，这些服务业行业发展越迅速。

服务业的发展又进一步提高了社会分工的水平，加快了产业的专业化、一体化和社会化，消减了专业化所衍生的交易费用，为产业分工的进一步深化开辟了道路。交易的效率和集中程度以及分工水平之间是相互影响和相互作用的。分工函数内交易效率决定，只有交易效率达到一定程度，分工经济才能出现。分工水平随着交易效率的提高而快速提高。服务对经济增长的促进作用通过服务业提高，迂回生产过程中其他生产环节的生产效率而实现。

同时，随着分工的深化、迂回生产链条的延长、交易网络的扩展、交易的频率和种类等日益增加，交易对象所包含的信息量也日益复杂，信息不对称问题也会越来越突出，信息量掌握程度的大小成为交易主体能否成功实现自己意愿的关键。面对繁杂而又瞬息万变的信息，如果每个交易者都自己搜集信息，其交易费用显然很高，更多的是不可能的。这时，专门从事信息搜集、整理和发布的服务行业便应运而生并迅速发展。例如，寻找合适交易对象的广告业和中介服务机构，提供专门信息的咨询机构、评估机构和代理机构等都已成为现代服务业中的重要部门。更重要的是，以信息传播为主要业务的通信业也因专业化和交易网络的复杂化而得到了快速的发展，成为现代服务业的支柱部门。因此，以信息披露和传播为主要业务的服务行业的发展因信息不对称而内生于分工的发展，反过来又极大地提高了交易效率，进而促进了分工的进一步发展。可以预料，随着分工的进一步发展和交易网络的日益复杂化，信息传播会被摆在越来越重要的位置上，与信息传播有关的服务业也将得到快速发展。

综上可知，服务业主要通过提高经济运行效率和延长产业链条来促进经济增长。信息技术的应用解决了分工细化与交易成本上升这一传统经济增长中难以克服的矛盾。交易成本中最主要的是信息成本，而信息技术的发展和应用极大地促进了信息获取的便捷性、及时性，大大拓展了交易时空，改善了信息不对称的状况，并因此大幅度降低了交易成本。因此，即使市场分工不断深化、分工参与者之间的交易次数不断增多、交易范围不断扩大、交易组织复杂程度不断提高，交易成本也因主要依托信息技术的现代服务业而得到有效降低，从而整体提高了社会分工水平。现代服务业对经济增长的作用机制如图1-1所示。

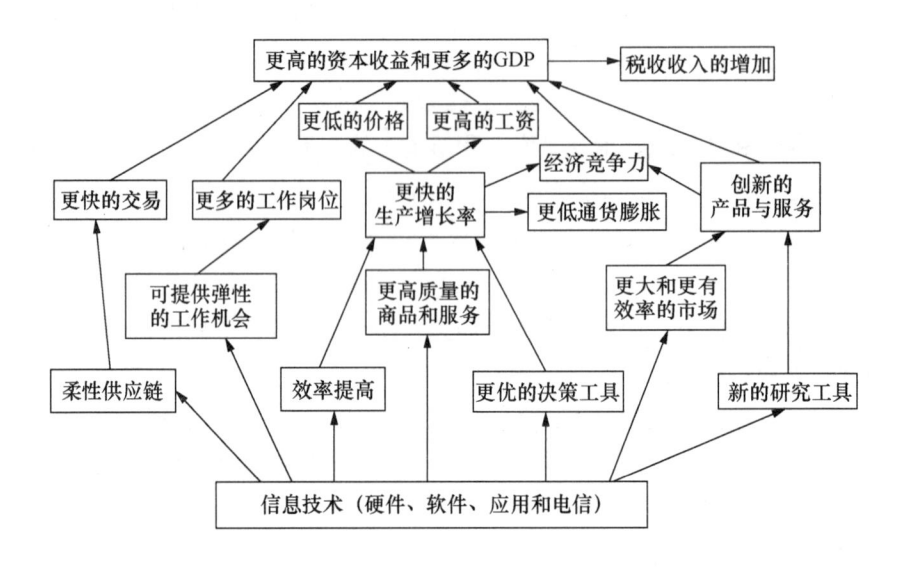

图1-1 现代服务业对经济增长的作用机制

(二) 现代服务业的竞争优势理论

认知现代服务业的竞争优势，首先要对现代服务业的竞争力进行研究。现代服务业竞争力的四阶段理论，根据服务传递的特点将现代服务业竞争力划分为四个阶段：服务提供阶段、学习阶段、能力出众阶段和提供世界一流服务阶段，具体如表1-1所示。

表1-1　　　　　　　现代服务业竞争力划分为四个阶段

	服务提供阶段	学习阶段	能力出众阶段	提供世界一流服务阶段
顾客	对服务的需求	不会对服务业企业提出过高的要求,获取服务机会较多	顾客不惜搜寻成本寻找企业	品牌代表服务水平,服务不仅让顾客满意,而且能提高顾客的期望值;品牌代表价值
员工	给顾客提供基本服务,技术含量低	从培训、教育中获取技术,服务能力提高,服务范围开始扩大	有替代和挑选的能力	有创造性,创新性;有能力设计出新的流程
服务内部	组织基本协调计划	管理严格,流程规范	顾客选择,服务分类细化	服务流程再造,价值链扩大
服务外部	和服务内部的计划一致	选择有利环境,稳定顾客群	大量宣传核心服务,逐步开拓品牌市场	拓展市场,划分顾客群,配合多元化流程体系

目前,对产业竞争优势研究最具影响力的理论是波特于1990年在《国家的竞争优势》中提出的竞争优势理论。他认为,一个国家能够经济繁荣的根本原因是该国在国际市场中具有竞争优势,这种竞争优势来源于该国的主导产业的竞争优势,而主导产业的竞争优势又根源于企业因规模效应和创新机制提高的生产效率。因此,国家的竞争优势在于企业、行业的竞争优势,其竞争力取决于一国的产业发展水平和创新能力的高低。由此,波特将决定国家产业竞争优势的因素归纳为生产要素、需求因素、相关和支撑产业以及企业战略、结构和竞争状态四类。另外,还有两个重要的辅助因素:机遇和政府。这六大要素相互整合构成一个完整的系统,即所谓的"钻石模型",如图1-2所示。

现代服务业可以从两个方面应用波特的"钻石模型"。

(1)"钻石模型"强调各区域的产业应遵循"优胜劣汰"法则,这同样适用于现代服务业,即区域现代服务业应同其他产业升级一样,紧密依托其产业基础与资源优势,遵循产业升级规律,不断细化和更新区域主导产业,有选择地发展具有区域特色和较强辐射带动作用的高端服务业,注重新型产业业态的培育。图1-3为硅谷产业发展的路线示意图。

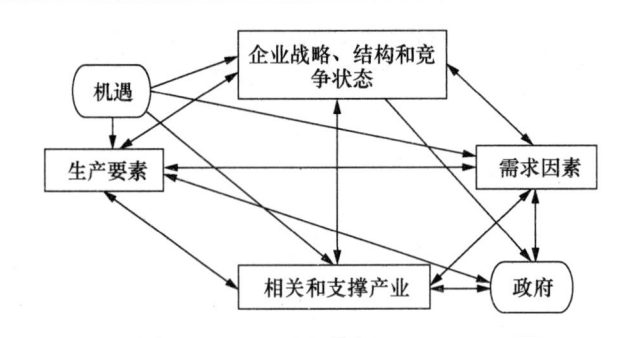

图 1-2 波特的"钻石模型"

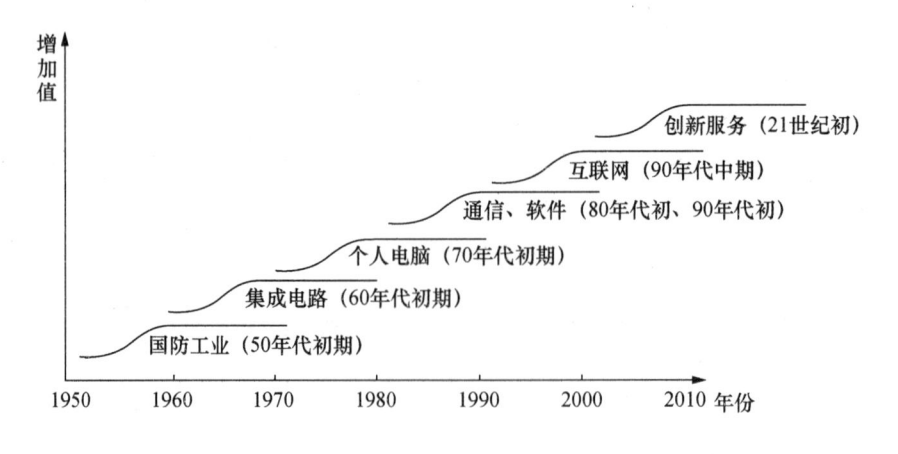

图 1-3 硅谷产业发展的路线示意图

(2)"钻石模型"为现代服务业细分行业竞争力的分析提供了一个较好的框架。现代服务业中不同细分行业对生产要素、需求因素、相关和支撑产业以及企业战略、结构和竞争状态四类要素的具体依赖内容也不一样,如表1-2所示。"钻石模型"将生产要素分为基本生产要素和高级生产要素,前者主要包括自然资源和简单劳动力,后者包括现代化通信的基础设施、高科技人才、高校研究中心、科研设施及专门的技术知识等。

(三)现代服务业的国际贸易理论

目前,传统的国际贸易理论是否适用于服务业仍然存在很大争论。然而,尽管服务具有无形性、不可分离性和不可储存性,但其仍像商品一样成为国际贸易的重要对象,也具有可贸易性的特点。根据现代服务业中不同细分行业的特点,其可贸易程度也有所区别。

表1-2　　　　　现代服务业对"钻石模型"四要素的依赖分析

行业	生产要素	需求因素	相关和支撑产业	企业战略、结构和竞争状态
电信服务	高级生意要素	需求规模大、需求层次与人群有很大关系	电信设备制造业、内容与服务提供行业	企业数量少、国有企业主导、竞争尚不充分
基于互联网的服务业	高级生产要素	需求规模较大、需求层次高	通信服务业、文化产业	企业数量多、多为中小企业、竞争较为充分
物流	基本生产要素、部分高级生产要素	需求规模大、需求层次不高	运输行业、信息技术行业、金融支付行业	企业数量多、大企业占主导、竞争尚不充分
金融	高级生产要素	需求规模大、需求层次与人群有很大关系	信息技术行业	企业数量少、国有企业主导、竞争尚不充分
电子商务	高级生产要素	需求规模大、需求层次高	物流行业、信息技术行业	企业数量多、多为中小企业、竞争较为充分
软件与外包	部分基本生产要素、高级生产要素	需求规模大、需求层次不高	信息技术行业、文化产业	企业数量多、多为中小企业、竞争较为充分
医疗	高级生产要素	需求规模很大、需求层次不高	医疗器械生产行业、信息技术行业	企业数量少、大医院主导、竞争尚不充分
数字内容	高级生产要素	需求规模尚有限、需求层次较高	信息技术行业、文化产业	企业数量多、多为中小企业、竞争较为充分
旅游	基本生产要素	需求规模大、需求层次不高	现代农业、交通运输行业	企业数量多、大企业占主导、竞争尚不充分

作为国际贸易中的一个重要理论，弗农的产品生命周期理论反映了在产品生命周期的不同阶段各国的不同行业化国际贸易中的地位。该理论认为，由于技术的创新和扩散，制成品和生物一样，也具有生命周期。制成品的生命周期大致可划分为引入期、成长期、成熟期、销售下降期和衰亡期五个阶段。现代服务业中不同细分行业目前所处的生命周期阶段也不同。

国家贸易的另一个重要理论是产业转移理论，其中包括小岛清的边际产业理论。产业转移理论表明，投资国往往会把在本国已经处于或即将处于劣势的产业转移到东道国。目前，一些发达国家已经开始将一部分现代服务业向发展中国家转移，转移的程度因行业的不同而有所区别，具体如表1-3所示。

表1-3　　　　　　　　现代服务业的国家贸易理论分析

行业	可贸易程度	产业生命周期阶段	产业从发达国家的转移性
电信服务	中	成熟期	中
基于互联网的服务业	高	成长期	高
物流	高	成长期	高
金融	高	成熟期	高
电子商务	高	成长期	高
软件与外包	高	成长期	高
医疗	低	成熟期	低
数字内容	高	引入期	高
旅游	低	成熟期	低

（四）现代服务业的产业布局理论

有多个经典理论对产业布局进行了深入研究，如以马歇尔理论、韦伯的集聚理论、增长极理论等构成的产业集聚理论，以中心地理理论、地租理论和聚集理论等构成的区位选择理论等。这些经典理论的衍生很大程度上能解释现代服务业发展中的许多现象。但是，我们深入分析这些经典理论后发现,其产业布局研究的基础都是分析产业发展的要素。因此,我们可以从要素禀赋角度来研究现代服务业的区域布局规律。

产业布局通常由两类要素决定:(1)先天要素,包括环境要素、人文要素和地理要素;(2)后天要素,包括基础设施、技术条件和市场环境。但是,现代服务业不同于一般的加工制造业,它更依赖后天要素和先天要素中的人文要素。因为资金、技术、人才、信息、政策等人文社会资源是现代服务业发展的关键性战略因素,区域人文社会资源的丰裕程度很大程度上决定着现代服务业的战略定位与区域分工。具体如图1-4所示。

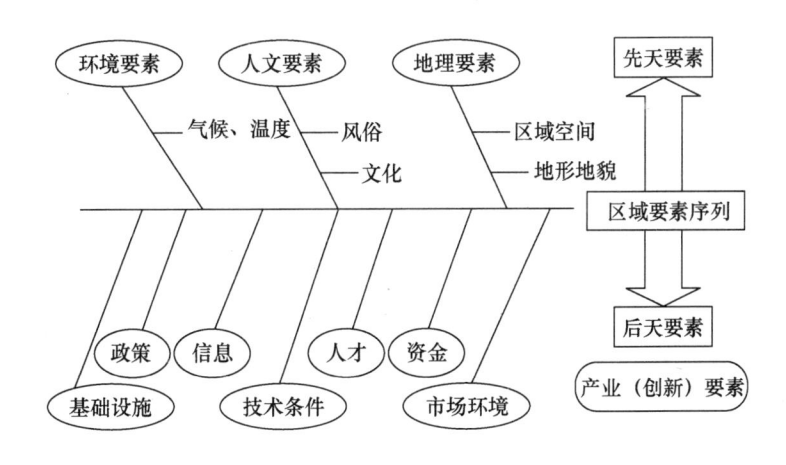

图1-4 产业布局的一般性要素

现代服务根据对要素资源依赖特点的不同,可以分为三类:(1)与自然资源禀赋紧密相关的现代服务业,主要包括交通运输业、物流业、旅游业等,它们与区域自然资源禀赋条件紧密相关,且这类自然资源具有不可移动性,具备其他区域难以复制、效仿的独特优势,区域功能定位与产业发展特色鲜明。(2)与社会人文资源禀赋紧密相关的现代服务业,主要包括研发产业、信息咨询产业、创意设计产业等,它们与区域的人力资源、技术资源、历史文化资源、产业资源、资本资源等紧密相关,产业聚集区大多产生于经济产业积淀丰富、科研院所集中、社会公共设施完善的发达城市的中心区或周边地区。(3)与最适合地区市场需求的现代服务业,主要包括现代商业、金融业、医疗卫生、文化教育等,这类产业以满足本地区的市场需求为主要目标,属于公共型、基础型产业,一般呈现出均匀化、网络化的分布格局。

现代服务业对后天要素的依赖详细阐释如图1-5所示。

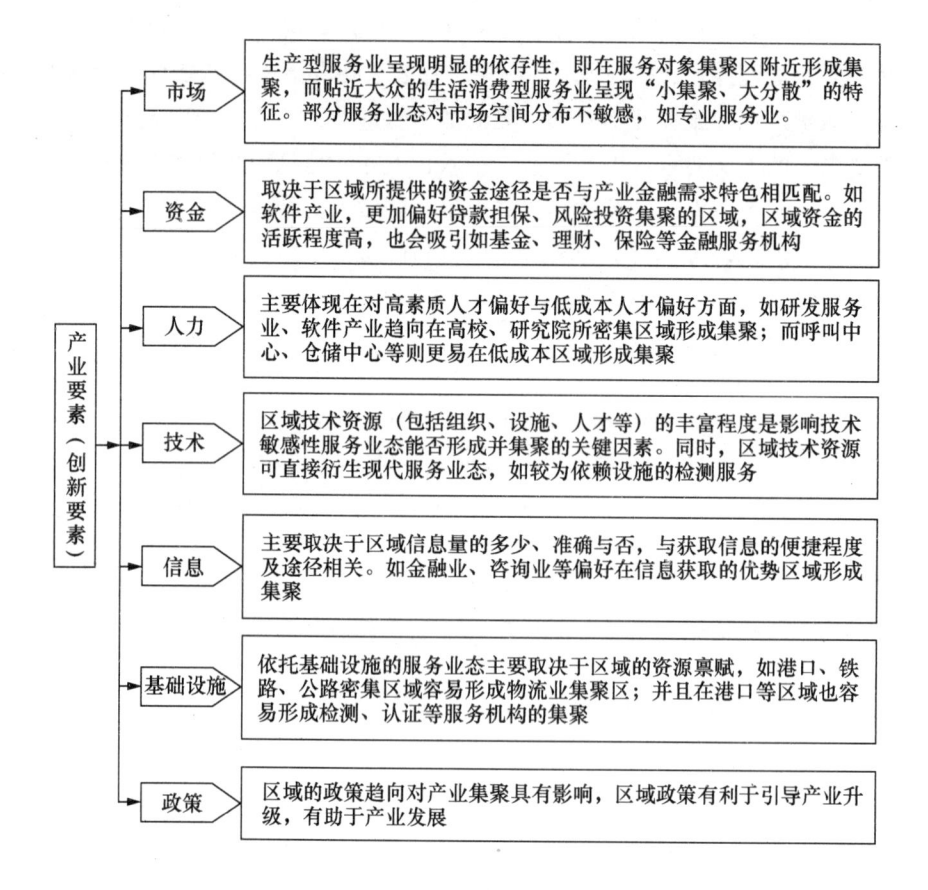

```
                    ┌─────┐   生产型服务业呈现明显的依存性,即在服务对象集聚区附近形成集
                    │ 市场│── 聚,而贴近大众的生活消费型服务业呈现"小集聚、大分散"的特
                    └─────┘   征。部分服务业态对市场空间分布不敏感,如专业服务业。

                    ┌─────┐   取决于区域所提供的资金途径是否与产业金融需求特色相匹配。如
                    │ 资金│── 软件产业,更加偏好贷款担保、风险投资集聚的区域,区域资金的
                    └─────┘   活跃程度高,也会吸引如基金、理财、保险等金融服务机构

  产业                ┌─────┐   主要体现在对高素质人才偏好与低成本人才偏好方面,如研发服务
  要素                │ 人力│── 业、软件产业趋向在高校、研究院所密集区域形成集聚;而呼叫中
 (创新               └─────┘   心、仓储中心等则更易在低成本区域形成集聚
  要素)
                    ┌─────┐   区域技术资源(包括组织、设施、人才等)的丰富程度是影响技术
                    │ 技术│── 敏感性服务业态能否形成并集聚的关键因素。同时,区域技术资源
                    └─────┘   可直接衍生现代服务业态,如较为依赖设施的检测服务

                    ┌─────┐   主要取决于区域信息量的多少、准确与否,与获取信息的便捷程度
                    │ 信息│── 及途径相关。如金融业、咨询业等偏好在信息获取的优势区域形成
                    └─────┘   集聚

                    ┌──────┐  依托基础设施的服务业态主要取决于区域的资源禀赋,如港口、铁
                    │基础设施│─ 路、公路密集区域容易形成物流业集聚区;并且在港口等区域也容
                    └──────┘  易形成检测、认证等服务机构的集聚

                    ┌─────┐   区域的政策趋向对产业集聚具有影响,区域政策有利于引导产业升
                    │ 政策│── 级,有助于产业发展
                    └─────┘
```

图1-5 影响现代服务业产业布局的要素

现代服务业中的不同细分行业在区域分布选择时,对先天要素和后天要素的关注点也不尽相同,如表1-4所示。

表1-4　　　　现代服务业对区域要素禀赋的关注点

行业	关注的重点要素
电信服务	市场、人力、技术、信息、政策
基于互联网的服务业	人力、技术、信息、政策
物流	环境要素、地理要素、基础设施
金融	市场、资金、人力、信息

续表

行业	关注的重点要素
电子商务	人力、技术、信息、政策
软件与外包	人力、技术、信息、政策
医疗	市场、政策
数字内容	人力、技术、信息、政策
旅游	环境要素、地理要素

三 其他现代服务业理论

（一）服务外包理论

服务外包已经成为经济全球化的一大特征，是国际经济学界和管理学界关注的热点领域。近年来，国内外对服务外包理论的探讨从经济和管理多方位展开，比如，国际分工角度的比较优势理论和资源禀赋理论，交易成本角度的交易费用理论、规模经济等，企业管理角度的核心能力的理论、供应链及价值链理论等。

服务外包作为企业的一种经营战略，是企业在内部资源有限的情况下，将部分非核心业务流程或职能外包给专业服务提供商，简化自身的职能结构，以此降低间接生产成本；服务提供商专营某项业务，可以获得规模经济效应，成本更低，使企业可能以更低价格购买更专业的服务。企业业务外包结构模型如图1-6所示。

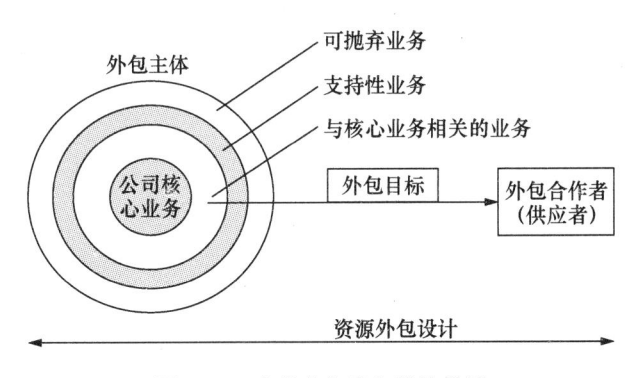

图1-6 企业业务外包结构模型

（二）长尾理论

"长尾"一词由美国《连线》杂志总编辑克里斯·安德森（Chris Anderson）提出，他在2004年给《连线》杂志的文章中首次使用"长尾"

(Long Tail) 一词,用以描述某种经济模式,如 Amazon.com 或 Netflix。长尾术语也普遍使用于统计学,如对财富分布或词汇应用的统计。长尾理论描述的是,当商品储存流通展示的场地和渠道足够宽广,商品生产成本急剧下降以至于个人都可以进行生产,并且商品的销售成本急剧降低时,几乎任何以前看似需求极低的产品,只要有人卖,就会有人买。这些需求和销量不同的产品所占据的共同市场份额,可以和主流产品的市场份额相媲美,甚至更大(见图 1-7)。

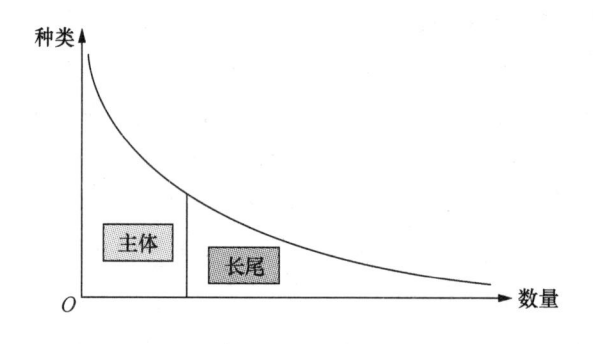

图 1-7 "长尾理论"模型

长尾理论中"尾巴"的作用是不能忽视的,经营者不应该只关注头部的作用。长尾理论已经成为一种新型的经济模式,被成功应用于网络经济领域。例如,谷歌(Google)有效地利用了长尾策略,其 AdWords 广告使得无数中小企业都能自如投放网络广告,而传统的网络广告投放只有大企业才能涉足;Adsense 广告使大批中小网站都能自动获得广告商投放的广告。因此 AdWords 和 Adsense 汇聚成千上万的中小企业和中小网站,其产生的巨大价值和市场能量足以抗衡传统网络广告市场。

第二章 现代服务业发展经验

第一节 现代服务业概述

现代服务业大体相当于现代第三产业。国家统计局在1985年《关于建立第三产业统计的报告》中，将第三产业分为四个层次：第一层次是流通部门，包括交通运输业、邮电通信业、商业饮食业、物资供销和仓储业；第二层次是为生产和生活服务的部门，包括金融业、保险业、公用事业、居民服务业、旅游业、咨询信息服务业和各类技术服务业等；第三层次是为提高科学文化水平和居民素质服务的部门，包括教育、文化、广播电视、科研、生活福利等；第四个层次是为社会公共需要服务的部门，包括国家机关、社会团体以及军队和警察等。

一 服务业发展的一般规律

根据英国经济学家克拉克和美国经济学家库兹涅茨的研究成果，产业结构的演变大致可以分为三个阶段：第一阶段，生产活动以单一的农业为主的阶段，农业劳动力在就业总数中占绝对优势；第二阶段是工业化阶段，其标志是第二产业大规模发展，工业实现的收入在整个国民经济中的比重不断上升，劳动力逐步从第一产业向第二产业和第三产业转移；第三阶段是后工业化阶段，其标志是工业特别是制造业在国民经济中的地位由快速上升逐步转为下降，第三产业则经历上升、徘徊、再上升的发展过程，最终成为国民经济中最大的产业。

对照工业化阶段规律，服务业结构演变同样具有规律性。一般来讲，在初级产品生产阶段，以发展住宿、餐饮等个人和家庭服务等传统生活性服务业为主；在工业化社会，与商品生产有关的生产性服务迅速发展，其中在工业化初期，以发展商业、交通运输、通信业为主，在工业化中期，金融、保险和流通服务业得到发展，在工业化后期，服务业内部结构调整加快，新型业态开始出现，广告、咨询等中介服务业、房地产、旅游、娱乐等服务业发展较快，生产和生活服务业互动发展。在后工业化社会，金融、保险、商务服务业等进一步发展，科研、信息、教育等现代知识型服务业崛起为主流业态，而且发展前景广阔、潜力巨大。

二 现代服务业的概念

现代服务业是在工业化较发达阶段产生的，主要依托电子信息等高技术和现代管理理念、经营方式和组织形式而发展起来的服务部门。它有别于商贸、住宿、餐饮、仓储、交通运输等传统服务业，以金融保险业、信息传输和计算机软件业、租赁和商务服务业、科研技术服务和地质勘查业、文化体育和娱乐业、房地产业及居民社区服务业等为代表。

"现代服务业"的提法最早出现在1997年9月党的十五大报告中，2000年中央经济工作会议提出："既要改造和提高传统服务业，又要发展旅游、信息、会计、咨询、法律服务等新兴服务业"。

三 "现代服务业"的内涵

伴随着信息技术和知识经济的产生发展，用现代化的新技术、新业态和新服务方式改造传统服务业，创造需求，引导消费，向社会提供高附加值、高层次、知识型的生产服务和生活服务成为现代服务业内涵。

现代服务业的发展来自社会进步、经济发展、社会分工的专业化等需求。具有智力要素密集度高、产出附加值高、资源消耗少、环境污染少等特点。现代服务业，既包括新兴服务业，也包括对传统服务业的技术改造和升级，其本质是实现服务业的现代化。

四 现代服务业的分类

（1）基础服务，包括通信服务和信息服务；

（2）生产和市场服务，包括金融、物流、批发、电子商务、农业支撑服务以及中介和咨询等专业服务；

（3）个人消费服务，包括教育、医疗保健、住宿、餐饮、文化娱乐、旅游、房地产、商品零售等；

（4）公共服务，包括政府的公共管理服务、基础教育、公共卫生、医疗以及公益性信息服务等。

现代服务业是相对于传统服务业而言的，是适应现代人和现代城市发展的需求而产生和发展起来的具有高技术含量和高文化含量的服务业。

五　现代服务业的时代特征

一是新服务领域：适应现代城市和现代产业的发展需求，突破了消费性服务业领域，形成了新的生产性服务业、智力（知识）型服务业和公共服务业的新领域。

二是新服务模式：通过服务功能换代和服务模式创新而产生新的服务业态。

三是高：高文化品位和高技术含量；高增值服务；高素质、高智力的人力资源结构；高感情体验、高精神享受的消费服务质量。

四是集群性。现代服务业在发展过程中呈现集群性特点，主要表现在行业集群和空间上的集群。

现代服务业最初发展于工业革命到第二次世界大战期间，确立于20世纪80年代。关于现代服务业，使用较多的一种定义是："现代服务业是伴随着信息技术和知识经济的发展产生，用现代化的新技术、新业态和新服务方式改造传统服务业，创造需求，引导消费，向社会提供高附加值、高层次、知识型的生产服务和生活服务的服务业。"

世界贸易组织的服务业分类标准界定了现代服务业的九大分类，即：商业服务，电信服务，建筑及有关工程服务，教育服务，环境服务，金融服务，健康与社会服务，与旅游有关的服务，娱乐、文化与体育服务。当前，国内许多城市的现代服务业，如沈阳市正在迅速崛起，现代服务业增加值占沈阳市第三产业增加值的比重持续提高，到2006年达到47.3%。2007年，国务院发布了《关于加快发展服务业的若干意见》（国发［2007］7号），对加快发展现代服务业起到了政策支持和促进作用。

六　现代服务业与先进制造业融合的三种形态

（一）结合型融合

结合型融合，是指在制造业产品生产过程中，中间投入品中服务投入所占的比例越来越大，如在产品中市场调研、产品研发、员工培训、管理咨询和销售服务的投入日益增加；同时，在服务业最终产品的提供过程中，中间投入品中制造业产品投入所占比重也是越来越大，如在移动通信、互联网、金融等服务提供过程中无不依赖大量的制造业"硬件"投入。这些作为中间投入的制造业或制造业产品，往往不出现在最终的服务或产品中，而是在服务或产品的生产过程中与之结合为一体。近年来，发展迅猛的生产性服务业，正是服务业与制造业结合型融合的产物，服务作为一种软性生产资料正越来越多进入生产领域，导致制造业生产过程的"软化"，并对提高经济效率和竞争力产生重要影响。

(二) 绑定型融合

绑定型融合，是指越来越多的制造业实体产品必须与相应的服务业产品绑定在一起使用，才能使消费者获得完整的功能体验。消费者对制造业的需求不仅仅是有形产品，而是从产品购买、使用、维修到报废、回收全生命周期的服务保证，产品的内涵已经从单一的实体，扩展到为末用功能提供全面的解决方案。很多制造业的产品就是为了提供某种服务而生产，如通信产品与家电等；部分制造业企业还将技术服务与产品一同出售，如电脑与操作系统软件等。在绑定型融合过程中，服务正在引导制造业部门的技术变革和产品创新，服务的需求与供给指引着制造业的技术进步和产品开发方向，如对拍照、发电邮、听音乐等服务的需求，推动了由功能单一的普通手机向功能更丰富的多媒体手机的升级。

(三) 延伸型融合

延伸型融合，是指以体育文化产业、娱乐产业为代表的服务业引致周边衍生产品的生产需求，从而带动相关制造产业的共同发展。电影、动漫、体育赛事等能够带来大量的衍生品消费，包括服装、食品、玩具、装饰品、音像制品、工艺纪念品等实体产品，这些产品在文化、体育和娱乐产业周围构成一个庞大的产业链，这个产业链在为服务业供应上带来丰厚利润的同时，也给相关制造产业带来了巨大的商机，从而把服务业同制造业紧密结合在一起，推动着整个连带产业共同向前发展。有资料显示，电影产业比较发达的国家如美国等，票房收入一般只占电影收入的1/3，其余则来自相关的电影衍生产品。发达国家的经验表明，在整个动漫游戏的庞大产业链中，有70%—80%的利润是靠周边产品来实现的。

第二节 全球现代服务业发展趋势

一 现代服务经济成为国家核心竞争力

首先，现代服务业的发展大大加快了信息流、资金流、技术流、人才流和物流，对提高国家经济整体运行效率和质量，增强国家创新能力，转变经济增长方式起到了关键作用。

其次，现代服务业是拉动经济增长的支柱。目前，发达国家服务业对GDP和就业贡献的增长主要源于金融、保险、房地产、商务服务业、专业服务业和信息服务业等，具有较高的生产率。而部分发展中国家，如印度连续数年经济增长率在8%以上，成为仅次于中国的最有活力的经济体，也主要得力于区域信息服务业、金融、贸易等现代服务业的发展。

最后，现代服务业是推动产业结构升级的关键。现代服务业的发展，推动了技术、新生产模式在产业中的渗透。随着现代服务业成为服务业经济时代的支柱产业，产业结构实现了向技术密集型的转变，产品结构也呈现高技术化和高附加值化，产业组织在经历了工业时代跨国化后，在服务业经济时代正在出现全球化、网络化、虚拟化、协作化的新趋势。

二 国际化大都市成为现代服务业发展的"领头羊"

国际大都市在国际社会生活中占有重要地位，具有一个或多个突出功能，其影响力和辐射功能超越地区、国界，波及全球。就产业发展而言，国际大都市在各个国家都扮演着关键角色。世界不少城市，如纽约、伦敦、东京、巴黎等在20世纪70年代或以前就完成了由制造型经济向服务型经济的转变过程。尤其是在这些区域制造业衰败过程中高端服务业的快速发展，使国际化大都市成为现代服务业的"领头羊"；并且，由于现代服务业的发展，进一步扩大了这些区域的辐射半径，其辐射力和影响力变得越来越强大。

三 新技术与行业共同发展，促进产业不断提速

以信息技术为主导的高新技术的发展是现代服务业得以不断成长的重要因素。一方面，技术的发展使现代服务业新行业不断涌现；另一方面，高新技术不断向传统服务业渗透，传统产业不断改造升级。基于新技术、新模式的现代服务业不断发展，如商务服务、健康、咨询、教育、法律、创意等新兴知识服务业、专业服务业发展迅速；运输、旅游等传统服务业与新技术不断结合，被赋予新的内涵，开发出更广阔的市场，如与电子商务、电子银行结合，实现了时空的拓展。同时，现代服务业的发展又成为推动科技进步的助推器，特别是在网络技术、基础计算环境、智能终端等方面，现代服务业正在成为新技术的拓展方向和支撑平台。

四 服务贸易、外包蓬勃发展，成为全球发展热点

服务贸易日渐成为世界各国获取外汇收入、改善本国在国际经济贸易交往中地位的重要途径，并在很大程度上决定着国家在国际竞争中的地

位。另外，全球的服务外包市场也一直保持快速增长势头，2013年全球服务外包市场规模已经达到13000亿美元，相当于2009年8099.1亿美元的1.6倍。据AMR和加特纳（Gartner）的调查和预测，未来两年全球服务外包市场将以年均5%的速度增长。2011年，全球离岸服务外包市场为1026亿美元，而据麦肯锡预测，到2020年，全球离岸服务外包市场将增长到约5000亿美元，而据联合国贸易会议估计，未来5—10年，全球服务外包市场将以30%—40%的速度递增。这些数据表明，服务外包正以其不可替代的优势成为国际商务活动的新宠。

第三节 美国、欧盟、日本现代服务业发展

一 美国现代服务业发展

美国现代服务业增长快、总量高，居世界领先地位。2014年，美国服务业的增加量达到GDP总量的75.6%。2010—2014年，美国金融服务业增长26.5%，教育和健康产业增长17%，均超过了服务业的平均增长率。目前美国现代服务业中的信息服务业、金融服务业、教育培训业、专业服务业、商务支持产业的总值已经超过4万亿美元，占美国经济总量的32%，接近服务业总体规模的一半。

形成良性循环的区域产业链是美国现代服务业得以发展的重要因素。纽约服装产业，好莱坞电影业，硅谷电子产业都在区域内形成了良好运转的产业链结构，研发、设计与制造形成一体化运作，保障了产业的稳定发展。纽约服装产业注重人才培养、服装设计、服装生产、商业运作等各个环节的紧密协作，形成服装设计、生产、销售的产业链；好莱坞电影业是集制片、后期制作、院线发行及动漫、游戏、小说、音像制品等周边产品为一体的产业集群；而硅谷区域内的创新环境，形成了高端电子产业环节与以风险投资、软件开发、研发设计为主的现代服务业紧密结合的产业链结构。

都市区成为美国现代服务业的核心载体。都市区是美国的产业核心区和人口聚集区。美国现有都市区361个，其中百万人口以上的有50个，居住人口1.6亿，占据美国总人口一半以上；美国都市区贡献了全国GDP的85%，提供了全国就业机会的84%和工作收入的88%。都市区在地区

内形成劳动力、资金、信息的集聚，还拥有较好的交通网络系统，为各产业的发展提供了基础。随着城市化进程的发展，都市中心区中的一些制造业开始向外围转移，中心城区形成的"空腹地带"吸引了金融、科技中介服务、创意产业等知识型服务业的集中发展。

二 欧盟现代服务业发展

目前，欧盟是全球最大的服务贸易经济区，也是仅次于美国的世界第二大服务经济体。2012年，欧盟服务贸易增加值达到1730万亿欧元，占全球的25.2%。根据世界贸易组织的统计数据，2013年，欧盟服务贸易占全球服务贸易总额的40%。从产业构成看，伦敦是世界第二大金融中心，巴黎是国际知名的时尚之都，鹿特丹是欧洲第一大港口城市，法兰克福则是世界著名的航空城市，另外芬兰的基础电信，瑞典的现代旅游，瑞士的金融服务等都十分具有特色。

构建核心区域，形成产业集群是欧盟各大都市的主要发展策略。伦敦金融城在1.4平方公里的范围内云集了500家银行，180多个证券交易中心，每日外汇交易量达6300亿美元，是华尔街的两倍。目前，伦敦是世界三大金融中心之一，是全球最大的国际保险市场，场外金融交易市场，基金管理中心和外汇交易市场；另外，在金融城周边的内伦敦地区，形成了英国的商业中心、行政中心，拥有商业建筑面积160多万平方米，仅零售销售额就达到年均50.5亿英镑。巴黎形成了"一主两辅"的现代服务业布局，巴黎市区是城市主中心，集聚了巴黎70%的金融机构，60%以上的企业服务业，15%的商业中心。拉德芳斯是巴黎重要的企业集聚区和商务中心区，集聚了1600多家企业，包括法国最大的20个财团和20%的世界100强企业；马尔纳—拉瓦莱地区是研发服务及商业服务企业的集聚区，同时也是休闲产业的集聚区，世界知名的迪士尼就位于该区域内。

发挥区域优势，打造特色服务，形成区域核心竞争力。欧洲经济的快速发展，尤其是区域一体化进程加速，区域产业转型，城市化与信息化不断发展。许多区域发挥自身区域优势，努力打造特色服务，形成区域核心竞争力，从而引领地方产业走向高端，并形成带动区域经济发展的动力。如德国的法兰克福已成为整个欧洲的立体交通枢纽，拥有全球领先的航运设施，并建成了欧洲最大的现代化的机场，法兰克福机场一直位居全球前十名。另外，法兰克福的金融业、会展业等也得到快速发展，成为德国的重要的金融中心，国际著名的"会展之都"。与之类似的还有荷兰鹿特丹的港口物流业、瑞士的旅游业等。

三 日本现代服务业发展

目前第三产业占日本GDP的比重已经达到63%以上。从第三产业的贡献度看,批发零售、租赁与汽车服务、信息与通信业占据前三位。根据2005年日本《第三产业发展指数》,批发零售业在日本第三产业中占到了25.77%,位于各行业之首;个人与商业服务业所占比重为20.32%,位居第二;排在第三和第四的是情报通信与金融保险业,分别占到9.06%和8.90%。

东京现代服务业"一核"独大格局。2004年,东京服务业的总收入达到41.22万亿日元,不但在日本城市服务业中排名第一,并且比排名第二的大阪高出18个百分点。大阪、神奈川和爱知三大地区的服务业收入总和仍比东京少9.37万亿日元。东京服务业的企业平均规模为17051万日元,是日本服务企业平均规模的2.1倍。另外,东京服务业的就业人数为日本全国的16.87%,劳动力报酬总额为日本全国的22.13%,薪资水平达到了全国服务业平均值的1.31倍。

高端要素的高度集聚造就了东京现代服务业强势地位。东京GDP一直占日本GDP的30%左右,全日本资产超过10亿日元的大公司有近一半在东京,45%以上的上市企业也集聚于此;信息发布占到全国的1/3以上,网络服务的集中度高达80%;银行在东京所发放的贷款占其融资总额的41%,证券交易更是占到86%,是日本的金融和管理中心,是日本最大的商业、服务业中心,同时也是世界第三大金融中心,第三产业占地区GDP的比重达到80%以上。

四 国外现代服务业促进政策借鉴

随着全球经济由工业经济向服务经济转型的趋势进一步加快,尤其是现代服务业成为各国竞争力的关键因素。美国、英国、日本等国政府均出台了相关政策措施,推动区域现代服务业发展。政策涉及推动产业发展、税收优惠减免、优化基础环境、开放服务业市场等各个方面,对我国发展现代服务业具有一定的借鉴意义。

(一)产业发展政策

美国芝加哥市政府于1989年提出"以服务业为中心的多元化经济",大力推动区域高技术产业发展,吸引企业集聚。到20世纪90年代后期,芝加哥吸引了摩托罗拉、朗讯等一批IT企业落户,区域高技术产业得以飞速发展。英国曼彻斯特市政府于2006年提出以巩固服务经济、迈入知识经济时代为首要目标的经济加速战略，大力推动商务、文化等现代服务业发展，着力构建产业适宜的发展环境，并努力协助企业培育人才。日本政府2006年颁布"新经济成长战略"提出服务业与制造业双引擎带动日本经济实现可持续发展的新战略，提出重点发展商务服务业、内容产业、健康服务业、旅游业等现代服务业，并将提高生活质量和商业运营效率作为服务业的发展目标。

（二）税收优惠减免

通过税收减免扶持产业发展是各国政府采用较多的措施。"9·11"恐怖事件之后，纽约为振兴下曼哈顿地区商务服务业等现代服务业发展，出台了一项包括商业振兴项目和下曼哈顿地区能源项目的经济振兴计划。提出对下曼哈顿地区符合条件的商务楼宇，给予房地产税和商业租税的减免优惠，并且为下曼哈顿地区的商业企业和高技术企业提供最长达12年的电力成本折扣优惠，最多可为业主节省约40%的电力费用。韩国政府也制定了强化服务产业竞争力的相关措施，并通过税收减免支持服务业发展。规定尤其对属于现代服务业的中小企业给予了大力支持，扩大减免税种，并增加特别税额扣除。另外，为支持服务业企业进驻产业园区，对服务业企业的财产税和综合土地税给予减免50%的状态等。

（三）优化基础环境

在推进区域现代服务业发展过程中，各国政府都十分重视营造良好的发展环境。英国曼彻斯特市政府着力解决住房、公共运输、土地供应等直接影响服务业企业发展的环境问题，积极促进经济与服务业的可持续发展。日本政府在"新经济成长战略"中提出，建立服务业研究中心，完善服务业统计体系，协助拓展服务业领域和国际市场，扩大服务业需求，制定政策措施推动人力资源培训、信息技术利用等，提高服务业生产效率和服务质量。

（四）开放服务业市场

美国大力促进《服务贸易总协定》、《金融服务协议》、《基础电信协议》等文件的签署。不仅积极推进北美自由贸易协议和亚太经合组织贸易自由化进程，还与加拿大、墨西哥、智利、新加坡、澳大利亚等签订双边贸易协定，为服务业出口市场提供支持。另外，美国以信息技术为基础，建立全球共享信息通信网络，创造了一个全球性的信息市场，有力支撑了本国通信产业的发展。日本为推进本国现代服务业发展，自20世纪90年代以来，不断消除服务业相关的行业进入壁垒，推进会计准则国际化，努力接轨国际市场。2005年6月，日本政府制定了新的公司法，降低了公司设立门槛，减少了对公司经营活动的限制，提高了并购对价形式的灵活性。另外，日本政府还对民营企业开放了学校、医疗等公共服务领域，允许外国企业参与，并且在出入境和居住制度方面，延长技术人员居留期限，扩大国际相互承认信息处理技术人员资格等。

第四节 中国部分城市现代服务业发展经验

一 长三角地区发展现代服务业的经验总结

近年来，服务业特别是现代服务业的重要性日渐凸显，已经成为城市现代化的重要产业基础和服务功能的重要载体，成为经济增长的重要动力和衡量地区综合竞争力与现代化水平的重要标志。为学习和借鉴国内发展现代服务业的经验，推进长三角地区现代服务业发展，我们开展了《长三角地区发展现代服务业的经验借鉴与促进我区现代服务业发展的思考》研究。

现代服务业是在工业化高度发展阶段产生的，主要是依托电子信息等高新技术和现代管理理念、经营方式和组织形式发展起来的创造需求、引导消费、向社会提供高附加值、高层次、知识性的生产与生活服务产业。简单讲，现代服务业包括建立在信息基础上的新兴服务业和一部分经过改造"再现青春活力"的传统服务业两部分。参照国际产业划分标准，现代服务业可划分为四大类：一是基础服务，包括通信服务和信息服务；二是生产和市场服务，包括金融、物流、批发、电子商务、农业支撑服务以及中介和咨询等专业服务；三是个人消费服务，包括教育、医疗保健、住宿、餐饮、文化娱乐、旅游、房地产、商品零售等；四是公共服务，包括政府的公共管理服务、基础教育、公共卫生、医疗以及公益性信息服务等，涵盖现代金融、社会服务、现代物流、会展、房地产、教育培训等行业。

现代服务业的特征是"三个高、三个新"。"三个高"，就是高人力资本含量、高技术含量和高附加值，这是现代服务业不同于传统服务业的地方。"三个新",第一是指新技术,主要是指具有时代特征的新技术、网络技术以及在它们基础上形成的现代服务业运作的信息平台;第二是指新业态,是指由于高新技术作用和市场因素的影响,不断演化出来的新兴服务业态,他们不仅是新的经济增长点,而且对提高产业的素质和老百姓生活水平有很大的作用;第三是指新的增长方式,宏观解释是高人力资本的增长方式,这一方面是产业结构升级的产物,另一方面是现代服务业高附加值、低资源消耗、低环境代价的结果;微观解释就是新的服务方式,服务提供者在技术创新、制度创新和管理创新的基础上产生的服务自身的一种创新。

在国内,现代服务业培育和发展较好的地方要数"长三角"地区。近年来,"长三角"地区的上海、杭州、南京等地服务业发展迅速。据了解,以上城市以及所在的省份,对现代服务业的重视已经跟第一、第二产业一样,各类社会资本开始进入,政府政策也在陆续出台,发展呈现持续强劲态势,服务业产值占GDP比重已经接近甚至超过了50%,经济运行效率大大提高。

(一)上海:推进"两个坚持"、"两个优先"的产业发展战略,促进服务经济快速发展

上海一直是全国最重要的经济中心和工业制造中心,在20世纪80年代,上海第二产业占全部生产总值的比重高达70%左右,有的年份甚至接近80%。从20世纪90年代中期上海纺织业"压锭"开始,上海就宣布要退出低端制造业的竞争,力争在高端制造业领域形成新的产业优势。进入21世纪后,上海一方面认识到不能完全抛弃重化工业的发展,另一方面认识到加快发展现代服务业的重要性,明确提出了"两个坚持"、"两个优先"的产业发展战略,即:坚持第三、第二、第一产业发展方针,坚持第二、第三产业共同推动经济发展;优先发展现代服务业,优先发展先进制造业,加快产业结构优化升级,提高经济的整体素质和国际竞争力。统计数据表明,上海经济已连续13年保持了GDP两位数的高增长,产业规模不断扩大,第二、第三产业共同推动经济稳步增长的格局基本形成,新型产业体系框架基本确立。2014年,上海GDP已经达到23560.94亿元,其中,第三产业增加值8164.79亿元,占上海GDP的比重已经达到64.8%,以服务经济为特征的现代服务业正逐步成为上海经济发展的新的增长点。

上海值得借鉴的经验是：

（1）以筹办2010年世博会和国家实施APEC为契机，分层次、有重点地推进现代服务业发展。选择发展潜力大、产业关联度高、面临良好发展机遇的金融保险业、文化服务业、现代物流业、信息服务业、会展旅游业、中介服务业六大重点领域，实施政策聚焦、集中突破，以点带面，带动上海现代服务业的快速发展和能级提升。

（2）依托区位优势，加强布局规划，聚焦强势行业，形成若干特色鲜明的现代服务业集聚带、集聚区，不断优化上海现代服务业空间布局。进一步强化金融、信息、中介、商贸、会展等功能，重点构筑以黄浦江、苏州河沿岸、延安路—世纪大道为轴线的三大现代服务业集聚带；按照"一区一业，一业特强"的总体思路，着力打造一批各具特色的中心城区现代服务业集聚区。共有：外滩及陆家嘴金融贸易区、浦东世博—花木国际会展集聚区、张江高科技创意文化和信息服务业集聚区、西藏路环人民广场现代商务区、淮河中路国际时尚商务区、南京西路专业服务商务区、徐家汇知识文化综合商务区、虹桥涉外商务区等12个商务区。而对这些集聚区，政府给予分类指导。如提出"聚焦张江"战略，明确该区科技创新的中长期发展方向、重大项目支撑及空间发展布局，推进发展自主创新能力，不断聚焦创新资源，走特色鲜明、优势突出的发展之路。张江的集成电路、软件和生物医药等重要产业保持了全国领先地位，成为我国重要的高新技术产业高地，2004年实现工业总产值215.69亿元，同比增长62.4%。上海构筑功能各异的集聚带、集聚区，为城市注入了活力，增添了发展后劲，使之汇集最具规模的高端服务业，尽显城市繁华景象，散发新型时尚魅力。

（3）依托培育研发服务集聚区、嘉定新城汽车文化服务集聚区等，集生产性服务业、现代物流、休闲度假旅游、特色商贸于一体。

（二）杭州：大力发展八大服务业，推进现代服务业发展

杭州是中国综合经济实力最强的10个城市之一。目前杭州正处于工业化中后期、城市化加速期。在新的发展阶段，围绕把杭州建设成为浙江省现代服务业中心城市、长三角现代服务业次中心城市，最终成为国际风景旅游城市和"东方休闲之都"的目标。2005年，杭州提出，大力发展八大服务业，包括大旅游产业、大文化产业、商贸物流业、金融服务业、信息服务和软件业、房地产业、中介服务业和社区服务业，并在资金投

入、政策保障等方面力推现代服务业提速发展。2014年，全市实现第三产业增加值5067.9亿元，比上年同期增长8.5%，第三产业占GDP的比重由2005年的43.8%提高为55.1%。第三产业增加值总量全省排列第一，在全国15个副省级城市中仅次于广州、深圳，而居第3位。

杭州现代服务业快车高速驰骋，以下做法值得借鉴：

(1)"政府保姆"贴心到位。在"二三一"产业结构向"三二一"产业结构转型的关键时期，杭州市设立了扶持现代服务业发展的基金。除了市里建立每年扶持发展基金5.4亿元之外，各区、县（市）也相应建立扶持基金，并在2005年年初层层兑现扶持奖励办法。同时，杭州市专门出台了100多条扶持政策，内容涵盖了服务业的8大门类。其中主要包括：允许各类人才以商标、品牌、技术、科研成果、个人声誉等无形资产评估作价出资组建文化企业；对获得国家承认的国外硕士以上留学回国人员，带高新技术成果项目来杭实施转化或从事高新技术项目研发的，可获20万元以下一次性创业资助资金等，优惠政策驱动了杭州经济快速发展。

(2)大项目提升服务档次。今年以来，杭州把项目带动作为推进服务业大市建设的重中之重，着力抓好一大批重点项目的开工建设。如萧山"一湖三园"、沃尔玛、杭州农副产品物流中心、西湖文化广场地下商城等，以带动各地服务业发展，提升了服务业的功能和档次。

(3)引进投资注意产业导向。通过政策配套鼓励内外资投向现代商业、金融、旅游、中介等现代服务业。2005年，杭州市就已建立了5.475亿元的市级现代服务业专项资金，并陆续出台12个相配套的政策措施，从技术创新，开放带动，营造环境，法制保障，品牌引领，人才支撑等方面来加以保障和支持。在市场准入方面，坚持"非禁即入"，除国家有特殊规定的以外，所有投资领域，各类资本均可进入。

(三) 常州：一年跨三步，打造"长三角"动漫产业高地

动漫产业被认为是现代服务业中附加值含金量最高的产业之一。常州以打造"长三角"动漫产业高地作为产业转型的突破口，成立了由市长挂帅，13个职能部门为成员的常州动画产业发展领导小组，制定了常州动画产业的发展规划；政府专门出台优惠政策进行招商引资，各类院校开设动漫专业等，基本形成了依托园区、招商引资、政府推动、企业主体、衍生产业的发展格局。铁本事件发生不久，2004年12月，常州影视动画产业有限公司被批准为我国首批九个国家影视动画产业基地之一，常州市

成为长三角乃至全国率先启动卡通动画产业的地级市。2005年6月13日常州国家动画产业基地正式挂牌。9月27日，2005中国国际卡通·数码艺术周在常州开幕。而从挂牌到此次展会的召开，不到一年时间，常州动漫产业连跨三大步，集聚了来自全国各地的二十多家动画专业机构，注册资本总额达1.5亿元。

在此次产业转型中，常州市成功地抓住了三个关键点：

首先，抓住了中央政府对常州新的产业规划的重视与支持。当地政府充分认识到，在把铁本事件变成一个产业发展的反面典型之后，中央政府一定会给常州一个新的方向，而动漫产业，无疑是今后极为提倡的行业。

其次，发挥了政府在发展动漫产业中的主导推动作用。在常州成立的市发展动画产业工作领导小组中，市委书记和代市长亲自担任组长，并专门召开民营企业家座谈会，鼓励民资进入卡通动画业。市委、市政府把发展卡通动画产业作为常州调整优化产业结构的重要举措来抓，作为发展现代服务业的重点工作来抓。

最后，抓住了传统产业与新的产业的良性衔接。常州市把城市原来所有传统产业都看作是动漫产业可以借用的平台。除了动漫卡通基地成为一个原创产品的制作中心外，常州的纺织服装业和玩具业都已被纳入了常州动漫衍生产品的生产基地。而常州现有的高职教育，正是当前动漫产业所最缺乏的人才资源库。另外，常州中华恐龙园已经名声在外，成为动漫产业一个很好的传播平台。

（四）苏州：以生产性服务业为突破口促进现代服务业跨越发展

生产性服务业被称作"二点五"产业，介于第二、第三产业之间，既是制造业的延伸，又是服务业的组成部分，包括制造业的分销、决策、研发中试、设计及物流等环节。

苏州立足以制造业为主的产业结构和生产服务业已有的发展基础，围绕为制造业基地建设提供完善的配套服务，将工业企业"退城进区"置换的土地优先用于生产服务业项目，苏州的主要做法是：

（1）完善规划，优化生产服务业发展布局。在发展定位上，实施与上海"错位发展"的战略，积极发展以生产服务业为主的承接型、延伸型、互补型服务业，力求形成自己的特色和优势。在总体规划上，苏州从城市定位、区位条件和产业特色出发，把现代服务业尤其是生产服务业放到优先发展的位置，加速扩容、放量、增效，积极为建设现代制造业基地提供完善的配套服务，促进服务业与制造业相互支撑、协调发展。在空间布局上，沿江突出发展现代物流业等，沿沪宁线突出发展信息咨询业、技术服务业等，中心城区突出发展金融保险业、信息服务业等，促进生产服务业合理分工。

（2）突出重点，明确生产服务业优先发展的领域。苏州立足以制造业为主的产业结构和生产服务业已有的发展基础，围绕为制造业基地建设提供完善的配套服务，着眼于把苏州建成区域性物流中心，加强苏州港特别是太仓港区的建设，完善市域高速公路网，搞好工业园区保税物流中心和张家港保税区"区港联动"物流园区试点，加快建设各类专业物流园区和专业市场，增强物流业的聚散能力。大力发展电子商务、智能通信、软件开发、系统集成，推进各行业和企业的信息化，加快建设科技创业园区和企业研发中心、设计中心、技术中心、检测中心，为制造业发展提供多元化的信息服务和技术服务。

（3）构建载体，提升生产服务业发展水平。以推进城市化和城市现代化为抓手，在中心城区规划建设中央商务区，在苏州工业园区建设动漫产业园，在县级市、城郊区抓好生产服务业载体功能开发，将工业企业"退城进区"置换的土地优先用于生产服务业项目，开工建设了以保税物流中心为依托的大型电子元器件和电子产品交易市场，努力提高生产服务业的承载能力。加强与境外服务业企业在物流、中介等领域的合资合作，吸引境内外大公司特别是跨国公司总部及其研发中心、采购中心等分支机构和国外市场中介机构落户苏州。

（4）制定政策，营造促进生产服务业发展的良好环境。近年来，苏州市委、市政府先后出台了一系列文件，强调要像抓制造业一样抓生产服务业的发展，在市场准入、税费、就业、融资、用地、价格、产权变更等方面加大扶持力度。建立服务业发展引导资金，把生产服务业作为扶持的重点。鼓励民间资本进入生产服务业领域。

（5）招才引智，抓好生产服务业人才队伍建设。创新吸引人才机制，对生产服务业中研发、设计、创意、物流等十多个方面的紧缺人才，从收入、户口、住房、培训、子女入学等各个方面予以倾斜。加强生产服务业人才的培养，加大在职培训力度，为生产服务业发展输送合格的一线人才。

（五）南京：按照"突出重点、分类推进"的原则，重点在"六大领域"突破发展

（1）现代物流业。以提高物流产业的竞争能力和区域物流辐射强度为重点，培育具有扩张能力和充满活力的长三角国际物流副中心、长江流域区域物流转换中心、南京都市圈物流配送中心。

（2）商贸流通业。进一步巩固商贸流通业在南京都市圈的中心地位，实现"大市场、大流通、大贸易"，建成辐射力较强的区域商贸中心。

（3）旅游会展业。实现从"旅游大市"向"旅游强市"的跨越，形成发达的会展经济，努力构建辐射华东、影响全国、具有国际水平的旅游会展中心。

（4）金融保险。建设成为完善的区域金融中心。

（5）信息服务业。围绕建设"智能南京"，把信息服务和科技研发业培育成为国民经济的先导产业，打造信息化水平居全国领先地位的区域信息服务中心。

（6）其他发展潜力大的服务行业。把文化体育、房地产、社区服务、教育卫生等市场需求潜力大的服务行业，作为新的经济增长点加以大力发展。

南京依托制造业的基础，高起点规划、大手笔投入，推进现代服务业的发展取得明显成效。2014年，南京服务业增加值4925.3亿元，同比增长11.55%，服务业占GDP的比重达55.8%，使其成为江苏全省首个服务业超第一、第二产业的城市。同时，南京充分发挥集聚优势，注重金融、电子商务等高端服务业的发展。目前，有逾400家金融机构集聚，金融交易额超500亿元，而电子商务发展迅猛。2014年，全市实现电子交易额达665672元，同比增长27%，而京东、阿里巴巴的"菜鸟"的电商物流项目的加入，加速了南京跨进电子商务的发展，极大地提高了南京服务业的发展。2014年，南京在现代服务业与先进制造业的强力拉动下，经济增速高于全省和苏南平均水平。

（六）南通市：坚持"抓三产促二产、以二产带三产"，一手抓现代制造业，一手抓现代服务业，实现了发展服务业与推进工业化的互动双赢

（1）着力打造大港口大物流，为发展现代制造业提供有力支撑。滨江临海是南通的独特优势，南通根据现代制造业对生产服务业的强烈需求，充分发挥港口在吞吐、接卸中转、运输等方面的超强能力，以提供更

高质量、更低成本的服务，促进制造业在更宽领域、更高层次上的发展。2003—2005 年，南通市共投资近 20 亿元，倾力建设大港口。2014 年，沿江八大港区货物吞吐量达到 2.2 亿吨，比上年增长 7.4%。港口物流业的发展，有力地促进了临港工业的发展。

（2）着力培育大市场，为做大特色工业板块增强拉动力。在全力推进工业化的过程中，南通始终把市场作为一个重要抓手。2005 年，全市就有各类专业市场 610 个，年成交额 627 亿元，其中超亿元市场 84 个，超 10 亿元市场 9 个。依托一批在全省、全国有较大知名度的生产要素专业市场，全市形成了家纺、电动工具、不锈钢、缝纫机针、医药化工等 22 个初具规模的特色经济板块，集聚了 3000 多家工业生产企业，销售收入占全市工业总量的 1/3 以上。

（3）着力完善城市服务功能，为推进工业化构建新平台。南通以完善城市服务功能为突破口，把加快发展服务业与实施工业化、城市化战略结合起来，通过发展服务业完善城市功能，实现城市发展的转型和服务业的升级。近三年是南通城市建设力度最强、投入最多、变化最快的时期。以服务工业为主体的科技、金融、会展等新兴服务业也正在加快发展。

二 香港特区发展现代服务业的经验

根据香港特区政府统计署统计，目前，香港特区 GDP 的 90% 是服务业创造的，这个比例在世界所有经济体中是最高的。香港特区贸发局总裁林天福指出，由于服务业提供的多是知识型的白领职位，服务业比重的上升也提高了香港特区的工资水平。记者就此采访了香港特区经济界有关人士，他们普遍认为，2014 年，香港特区能成为人均 GDP 约 3.8 万美元的世界第 25 大经济体，服务业特别是高端服务业可谓功不可没。

（一）香港特区政府全力推动服务业的发展

香港特区服务业地位的不断上升，除了经济发展规律使然，香港特区政府的推动作用不可低估。

由于服务业的发展要素决定了它对资金和土地的要求不是很高，而更多依赖的是人才和市场空间，而人的才能的发挥程度和市场空间的大小，与外部环境提供的条件密切相关。多年来，香港特区政府在优化服务业发展环境上一直不遗余力。2005 年，香港特区的教育支出已达到 580 亿港元，是最庞大的政府单向开支，占政府开支的 23.5%。目前，香港特区提供九年免费普及教育，有18%的适龄青年能够修读学位课程，若加上在港就读非学位课程及在外地求学的学生，其高等教育入学率已接近30%。另外，香港特区作为国际化大都市，也吸引了来自世界各地的人才。

更重要的是，香港特区政府致力于市场经济制度的完善，发挥"无形之手"的作用。政府从中介、码头、金融等领域退出，为民间资本提供发展空间，不再与民争利。努力营造公开的商业环境和开明的经济政策，进行适度的监管，提供公正的法律制度。市场之为市场，绝不是哪一个大城市要打造就打造得到，而要有制度上的硬件。目前，全球资本在香港特区的营运与在伦敦、纽约没有分别，股票市场、法律体系、公司管治、中介服务、会计制度以及人才软件，香港特区一应俱全，完全是国际化的市场。由大企业到中小企业所要求的融资服务，只要公司符合条件，不管中外，只需根据自己的要求，问价钱而付费，完全体现自由市场之下的交易选择。

（二）交易成本的降低促进了服务业的发展

香港特区贸发局一位专家指出，经济总成本是由生产成本和交易成本两部分构成的，而且随着分工的深化，交易就越频繁，范围就越来越大，交易成本所占比重越来越大。如果交易成本居高不下，社会的负担就很沉重。而服务业的发展有一个作用，这个作用就是降低交易成本。服务业主要是处理交易的，所以它的发展能够降低交易成本。

根据香港的经验，在服务业的发展过程中，政府的角色不能太多，否则会产生角色冲突。现在内地存在一个问题，即生产成本很低，交易成本非常高。当然，这不光是指流通，还有包括政府公共服务、社会的诚信等问题，所以交易成本非常高。如果说人们要花很多时间来辨别服务提供者的好坏真伪，那对整个经济发展都是一种严重的伤害。

（三）香港三大经验值得内地借鉴

香港特区服务业中的物流、金融及电信服务等产业在全球都占据着重要的地位。香港特区在吸收外资推动服务业发展方面所采取的一些促进措施对内地具有一定的借鉴意义。

一是实行低税率的自由贸易政策和投资政策。通过低税率的自由贸易政策和投资政策，大力发展转口贸易，进而带动本地运输、仓储、金融、商业、咨询等服务业的发展。

二是推进"前店后厂"式发展战略。APEC实施以来，香港特区大力推进"前店后厂"式发展模式,将增加值较低的生产工序迁移至内地和发展中国家,而专注于管理及相关生产支持性服务,在贸易、航运、融资和其他专业服务方面创造了大量需求,提升了香港特区的服务业层次和竞争力水平。

三是构建完善的法律法规体系。一般不通过经济或行政手段直接干预服务业市场发展,而是依靠法制化、规范化管理和众多行业协会、同业组织,来引导和监督服务业进行自我约束和自我管理。

第三章 江西省现代服务业发展研究

第一节 发展基础

一 取得的成就

（一）服务业总量规模持续扩大，服务业成为推动经济增长、扩大就业、提高人民收入的重要经济部门

从服务业产出来看，到2009年年末，江西省服务业实现生产总值2605亿元，服务业增加值占全省当年GDP的比重约为34.3%。按可比价格计算，与2005年年末相比，年均增长率达到13.83%。

从城镇固定资产投资情况来看，"十一五"时期江西省第三产业城镇固定资产投资额大体上以年均26.37%的增长幅度保持了线性的上升态势，到2009年年末，其规模超过2300亿元。

从就业情况来看，"十一五"时期服务业就业人员数也保持了持续增长态势，到2009年年末就业人员数达到940.4万人，比2005年年末增加260万人，占江西省全部就业人员总数的比重上升至37.5%，比2005年年末上升1.6个百分点。

"十一五"时期，江西省服务业在岗职工人年均工资水平翻了一番，由期初的11544元增加至23305元，共计增长101.87%，比全省制造业在职职工人均工资多出5662元，工资增长率高出18.59个百分点，显示出服务业在人均工资方面具有高收入、高增长特征。

（二）新兴现代服务业加快发展，服务业结构不断优化

"十一五"时期，金融、房地产、信息与科研技术服务、现代物流服务、商务服务和居民服务等为代表的现代服务业的生产总值年均增长率达到46.38%，其中，与2005年年末相比，2009年年末，这类服务业更是

增长了85%，高增长导致它们在第三产业生产总值中的比重上升至48.85%。到"十一五"期末，现代服务业总价值已超过传统服务业的增加值。

另外，在岗职工不断由传统服务部门向新兴现代服务部门转移，也反映了服务业行业结构的优化进程。2009年年末，交通运输仓储与邮政业、批发零售业和住宿餐饮业的在岗职工人数分别比2005年末减少6032人、14148人和4863人，减少了3.96%、16.73%和21.05%，服务业职工在在岗职工总人数中的比重分别降低了0.58、1.05和0.35个百分点；与此相反，租赁和商务服务业职工人数增加了2万多人，金融业、信息服务类行业、环境与公共设施管理业等部门的职工人数也都有不同程度的增加，所占比重有所上升。

(三) 部分服务业经济实力逐步增强，经济效益提升，行业发展势头良好

近几年来，随着江西省经济的较快增长、人口素质提升、城市化进程加快、人均收入水平提高和对内对外开放步伐的加快，以信息、专业技术服务业和文化创意产业为代表的高知识、高技术、高附加值行业和企业的经营状况不断改善，房地产企业的经济实力和市场竞争力显著提高，旅游和金融业保持了稳定发展态势，运输、商贸等传统行业的现代化进程也不断加快。

（1）高技术、高知识含量服务类企业数量和资产总量不断增加，经营业绩持续提升。全国第二次经济普查数据显示，"十一五"时期，信息、计算机和软件服务业企业法人单位数增加709个，资产总计增长了8.89倍，营业收入和营业利润分别增长了13.11倍和38.29倍，企业经济实力和经济效益显著提升。

（2）现代旅游服务业持续增长，旅游产业链不断延伸，成为推动公路交通、住宿、餐饮、购物、邮电通信等传统服务行业发展的重要动力。"十一五"期末，江西省实现旅游总收入659.38亿元，平均每年增长速度达到14.2%。

（3）现代物流业发展迅速，经济实力增强。至"十一五"期末，江西省交通运输、仓储和邮政业企业法人单位2858个，从业人员22.77万人，企业法人单位资产总计728.33亿元，实现营业利润137.35亿元，分别比"十五"期末增长90.66%、72.34%、111.5%和148.8%，在保持

总量增长的同时，户均资产总量、户均利润水平和人均经济效益指标都明显上升，资产回报率也显著提高。

（4）现代金融业发展迅速，经济实力增强。2009年年末，江西省银行业金融机构资产总额11104.17亿元，较2005年年末增长1.19倍，四年实现了翻一番；江西省金融机构人民币各项存款余额为9296.39亿元，较2005年末增长了1.09倍，四年实现了翻一番，比同期江西经济增长速度快7.78个百分点。江西省金融机构人民币各项贷款余额为6346.99亿元，较2005年末增长了1.1倍，也翻了一番，年均增长20.41%，比同期江西经济增长速度快7.94个百分点，贷款规模占全国的比重和位次也显著前移。保险业市场规模快速发展，2009年保险业资产总额363.01亿元，较2005年增长了1.79倍，累计实现保费收入187.14亿元，较2005年增长了2.08倍；支付赔款和给付55.77亿元，较2005年末增长了3.46倍。资本市场快速扩容。2009年，江西省共有上市公司26家，市值2224.05亿元，是2005年市值的5倍。

（5）文化、体育和娱乐业的从业人员、资产总计和营业利润分别比"十五"期末增长2.67倍、2.12倍和16.67倍，也显示出较强的发展潜力和赢利能力。

（四）与全国及部分中部省份相比较，服务行业发展的一些数据指标良好

（1）从部分省市服务业（第三产业）从业人员占社会从业人员的比重看，江西服务业吸收就业人员的情况良好，在中部地区省份处于前列。

（2）从部分省市服务业从业人员劳动生产率比较看，江西省虽然与沿海地区省份相比差距较大，但在中部地区还是处于中上水平。

（3）从部分省市服务业增长速度比较看，全球金融危机前，江西第三产业增加值的增长速度高于全国平均水平，在中部地区的增长速度较快，高于安徽和湖南。

（4）全国第二次经济普查数据显示，江西省信息传输、计算机和软件服务业、文化娱乐业、居民服务、教育传媒、租赁和商务服务业、房地产业、科学研究与技术服务8个服务经济部门的营业利润的增长率都高于全国平均水平，特别是信息服务类、居民服务、文化娱乐业三个服务部门的营业收入的增速远远高于全国水平。除金融业以外，其他10个服务业子行业的总资产报酬率均高于全国水平，其中，居民服务、文化娱乐业，

科技服务、房地产业和信息服务业 5 个子行业，比全国分别高出 30.56 个、15.30 个、13.74 个、4.61 个和 4.32 个百分点。

二 有利条件

江西省经济发展的总体情况良好，也为现代服务业发展创造了良好的发展条件

（一）经济发展总水平达标，为江西省现代服务业发展提供了有力支撑

"十一五"期间，江西省地区生产总值保持了 10.1% 的年均增长速度，经济发展势头较为良好，2009 年江西省人均国民生产总值已突破了 1.74 万元。其中，分地区来看，2009 年按支出法计算的地区人均生产总值，南昌、新余两市高达 3.61 万和 3.56 万元（地区人口按全年平均数计算），景德镇、萍乡、鹰潭三市也在两万元以上。按照现代服务业发展的规律，这些地区完全可以在现代服务业发展上有所突破。

（二）先进制造业的发展，为江西省现代服务业跨越式发展提供了物质技术基础

20 世纪 90 年代以来，江西省制造业进入快速发展时期。一是全部工业生产总值持续增长，从 1990 年的 116.50 亿元增加至 2008 年的 2766.93 亿元，按可比价格计算，年均增长率达到 10.25%；二是高新技术产业发展在 2006 年以来不断取得突破，呈飞速发展态势，其增长速度远远超过国民经济总量和工业的增长速度，从而带动了制造业以及工业内部结构的优化升级。与"十五"期间相比，"十一五"期间江西省高新技术产业企业单位数、年均从业人员、工业总产值、工业增加值、利润总额和出口交货值分别增长了 244.11%、53.22%、273.02%、350.02%、295.03% 和 402.03%。高新技术产业的发展不仅为现代服务业发展提供了更为充分的物质基础，而且也能为其创造更广的需求空间和更多的经济活动主体，商务服务、中介服务和专业技术服务业将会大有所为。

（三）城乡生活服务性消费支出的增长，为江西省现代服务业发展提供了最终需求保障

"十一五"期间，江西省城乡居民收入和生活水平随着经济的持续发展而不断提高。2008 年，全省职工平均工资已突破了 2 万元大关，达到 2.1 万元，城镇住户可支配收入接近 1.29 万元，农村居民纯收入 4697.19 元。

收入水平的提高，促进了银行储蓄水平的快速提高。2009 年末银行

城乡居民储蓄存款年末余额达到6166.2亿元。

收入水平的提高,促进了交通通信、文化消费水平的提高。在交通通信方面,城镇住户每百户的摩托车或汽车拥有量以及移动电话拥有量比2000年分别增加近10辆和152部,增长了74.91%和1058.76%,农村住户每百户摩托车和移动电话拥有量分别增加33.18辆和105.55部,增长189.93%和7381.11%。在文化消费方面,城镇居民平均每两户拥有1台家用电脑,每百户家用电脑拥有量比2000年增长了1110.96%。

收入水平的提高,也促进了城镇居民医疗保健服务和休闲娱乐服务消费水平的提高。"十一五"期间,江西省医疗保健服务和休闲娱乐服务的消费支出分别增长了135.83%、241.86%。

(四)高素质人力资源的不断积累,为江西省现代服务业发展提供了人力资本保障

现代服务业的发展离不开高素质人才,他们是现代服务经济的主要参与者和创造者,他们所拥有的知识、技能也是现代服务业的灵魂所在。改革开放以来,江西省人口的受教育情况逐步改善,科技人员总量不断增加,科技成果持续增长。与2005年年末相比,"十一五"期末,江西省地方企事业单位共有专业技术人员70.52万人,增加11263人,全省671家科技机构中从事科技活动的人员2.58万人,增加3276人。这些数据表明,江西省科技人才队伍在不断提高和增强,能够为现代服务业发展提供人力资源保障。

(五)市场化程度的提高,为江西省现代服务业发展提供了良好的市场基础

现代服务业的发展离不开市场交换和分工关系的持续扩大,只有在发育完善的市场体系和健全的市场机制条件下,资源流动较为活跃,市场分工关系不断扩大,才能使各类服务业发展具有良好的市场条件。

运用市场化测度指数(NERI指数)对江西市场化程度进行测算,到目前为止,江西省非国有经济的发展程度、产品市场的发育程度、要素市场的发育程度、市场中介组织发育程度和政府干预市场程度等指标均较高,市场化测度指数已经达到67%,市场化测度指数在国内各省市的排名处于中等偏上的水平。

经济的持续增长和市场作用的增强,促进了江西省服务市场交易关系的扩张。(1)国内货物贸易,特别是比重较高的批发贸易与现代物流技

术、现代交通通信条件，有机结合起来，促成江西省现代物流业和现代商贸业的繁荣发展；（2）国际市场交易的活跃与参与度提高，为江西省服务外包等现代服务业发展提供契机；（3）要素市场的发育测度，促进江西省生产性服务业的发展；（4）政府干预经济程度降低，有利于江西省商务中介服务业的快速发展。

（六）城镇化进程的提速，为江西省休闲文化和旅游服务业的发展创造了条件

2008年，江西省提出了到2012年力争城镇化率达到47%以上的阶段性发展目标，并做出了大力推进新型城镇化的战略决策，强调要坚持"生态立省、绿色发展"的指导思想，以加快产业和人口集聚为重点，以提高城镇综合承载力、集聚力和辐射力为核心，着力培育和发展以南昌为中心的环鄱阳湖生态城市群，构建沿沪昆线和京九线城镇带的发展思路。这一战略决策为最大限度地挖掘和利用江河、湖泊、山林、田园等自然禀赋优势，依托区位交通、绿色产业，快速发展休闲文化和旅游服务业创造了条件。

（七）工业园区的合理分工，为江西省生产性服务业的发展创造了条件

新世纪以来，江西省工业园区外引内联、外向型发展，呈现建设步伐快、起点高、效益好的特点。在"十一五"期间，这种快速推进的势头依然不减，2008年各工业园区当年实际累计开发面积358.86平方公里，投产工业企业7569个，分别比2005年增加23.46%和30.19%，每平方公里土地承载企业数增加近五个；2008年工业园区实现招商实际到位资金1493.29亿元、工业增加值1631.43亿元、出口交货值555.27亿元、主营业务收入5454.03亿元、利税总额518.16亿元，分别比2005年提高82.44%、279.51%、283.59%、271.86%和511.85%。这些数据说明，工业园区正在以超常规发展的方式前进，对江西经济建设起到了桥头堡的作用。在工业园区，企业集中发展、空间集聚，可以为生产性服务业的发展提供便利的区位条件。

（八）企业集团竞争力的提升，为江西省研发与技术服务业发展创造了市场需求

"十一五"期间，江西省50家企业集团的各项经营指标仍保持增长势头，经营业绩持续增长，企业集团利润总额增加了53.79%，因而在生

产经营中有财力加强技术研发活动,对研发费用的支出大大超过了营业收入的提升幅度,研发费用支出占企业营业收入的比重每年提高了0.87个百分点。

三 存在机遇

从现代服务业发展的一般规律看,未来五年,江西省进入现代服务业快速发展时期。未来五年,江西人均GDP将可能达到5000美元以上,因此,江西现代服务业,尤其是生产性服务业将有一个很大的市场发展空间。

表3-1　　　　　　　经济发展水平与服务业发展的关系

经济发展水平	服务业发展
GDP1000美元	进入以流通部门快速发展为主的"商业化"时期。商业旅馆、饭店业在服务业中的比重开始下降,运输、交通、存储、邮电服务领先发展
GDP2000美元	房地产服务业快速发展,并带动金融、保险服务得到一定发展
GDP3300美元	进入服务经济起步时期,工业就业人数逐渐达到顶峰;金融、保险和生产性服务在第三产业中的作用显著增强
GDP5000—6000美元	进入信息服务业的加速发展时期;信息产业、金融、保险、商务中介等生产性服务、科学教育事业等快速发展
GDP8200美元以上	进入服务经济成为全面推动社会经济发展的成长时期;第三产业产值超过第一产业和第二产业之和
GDP15000美元以上	进入服务经济发展的成熟时期,服务业总产值达到GDP的70%以上,服务业就业人数占全部就业人数的80%以上,进入"白领"社会

从外部环境看,江西省现代服务业发展的机遇来自两个方面:

(1)国际服务业转移的机遇。国际服务外包是当今全球产业结构调整重组的重要方式,如何创造条件,抓住这一历史机遇,发挥自身优势,积极承接国际服务业转移,是江西省一项长期性和战略性的工作。尤其是在知识型服务产业转移方面,包括技术性服务、软件开发、芯片设计、建筑设计、数据录入、金融分析及各类研发性工作,对江西省调整服务业产业结构,发展新兴现代服务业是一个历史性机遇。

(2)国内现代服务业转移带来的机遇。江西省地理位置优势和经济发展水平的快速提高,吸引着沿海地区现代服务企业到江西投资,尤其是港澳、浙江、上海、福建、深圳和广州等地的金融服务、物流服务、信息服务和商务中介服务、旅游服务等服务性企业的投资。

第二节 发展战略

一 指导思想

"十二五"期间，以科学发展观为指导，秉承以人为本、渐进发展、创新驱动、高效服务的理念，抓住现代服务业发展的各种机遇，坚持规模扩张与结构优化相结合，坚持政策扶持与市场导向相协调，充分利用现有发展条件并继续创造良好发展条件，引进和做强江西省大型服务企业集团，培育服务市场，重点发展金融服务业、信息服务与专业技术服务业、现代物流服务业、商务中介服务业、房地产及中介服务等生产性服务业，提高现代服务业的区域空间集聚程度，增强城市服务经济的辐射力度，提升江西服务业的整体竞争力。

二 总体目标

江西省服务经济发展的总目标是保持现代服务业的较快发展势头，提升现代服务业在江西国民经济中的比重，促进生产性服务经济大发展，形成以现代服务业为支柱、传统服务业为基础的服务经济体系。

"十二五"期间，江西服务业增加值年均增长率将达到12%以上，到2015年年末，预计江西省服务业增加值占全省GDP的比重达到37%左右，即服务业增加值超过6660亿元以上；服务行业就业人员数达到920万人以上，第三产业从业人员数为全社会从业人员总数的36%左右。

2007年江西省服务业实现增加值7521.1亿元，比上年增长15.1%，占GDP比重为40.4%，江西服务业从业人员1128.9万人，占全社会就业人员的33.2%。服务业投资力度加大，在全省限额以上固定资产投资中，服务业投资达4067.5亿元。

到2015年，江西省人均GDP将达到5000美元左右的水平，在该收入水平下，现代服务业变动率明显，快速启动，新兴服务行业的平均利润率能够支撑这些新兴服务业发展。因此，江西确定上述现代服务业发展目标，符合现代服务业发展的一般规律，是切实可行的。

三 战略措施

（一）大力发展现代金融服务业

（1）积极引进国内外各类有实力的金融机构15—20家进驻江西省。

（2）改善金融服务环境，进一步加强金融基础设施建设，提升境外金融机构在江西省落地的竞争优势。

（3）大力支持和继续推进地方性银行的改革与重组上市公司，做大做强省内银行业发展。

（4）支持和鼓励证券、保险、基金、信托投资等各类非银行性金融机构发展，丰富省内金融交易产品和工具。

（5）大力发展各类金融中介服务。

（6）完善金融发展协调制度，强化政府在金融服务领域的市场监管与社会管理职能。

（7）加快社会信用评价与担保体系建设，为金融服务营造诚信环境。

（8）组建江西省鄱阳湖产业投资基金。

（二）加快传统商贸服务产业升级

（1）加强对商贸流通领域的规范引导。制定、执行商贸服务业发展专项规划，加强市场定位，调整流通产业结构，规划区位布局，明确行业准入标准，引导商贸企业改善基础条件、走集约化、可持续发展道路；将诚信建设、专项整治与行业自律相结合，规范商贸市场服务秩序和竞争秩序。

（2）加快商贸企业转型步伐。促进大型商贸企业向集团化、专业化、品牌化、国际化方向迈进；大力发展连锁经营、电子商务、物流配送等新型服务业态，改进企业经营方式，逐步实现规模经营、集中配送、集成服务、信息化管理；引导和促进中小企业与大型商贸企业联合经营、团队合作，逐步形成以大型企业为主导、大中小型企业协调发展的竞争格局。

（3）支持农村商贸流通服务业发展。促进农产品批发市场向经营规模化、设施先进化、功能完备化、交易规范化方向发展。大力发展农资连锁经营、农资超市等新型服务业态，积极培育农商贸一体化企业集团，鼓励农产品加工企业和农业产业化龙头企业稳定发展，促进农村商贸流通服务业向集约化经营转变。积极完善大宗农产品收储和价格维持制度。

（4）增强商贸产业的配套服务功能。加大商贸服务领域的金融扶持力度，改善商贸流通企业和流通环节的金融环境；提高商贸服务与现代物流的一体化程度，增强区域市场的整体集散能力；加快商贸市场公共服务信息平台建设，为企业发展提高信息支持；加大商贸市场、商业营销网点基础设施投入力度，改善商业服务环境，促进商贸经济与休闲、娱乐等活动的有机结合。

(三) 推动现代物流业发展上新台阶

(1) 提升物流园区和基地的公共服务能级。以统筹规划、规范管理、设施配套、服务一流为宗旨，以制度建设为重点，加强对物流园区和物流基地建设的评估、审核与督查工作；依靠多元化融资方式，加大物流园区和基地的基础设施建设，提高物流园区和物流基地的综合配套能力，加快南昌等六大物流集聚区和九江、南昌、赣州等出口加工区重要物流工程建设；加强物流服务公共信息平台建设，逐步形成资源共享、数据共用、信息互通、服务互补的分工合作格局；逐步建立由政府、行业协会、各类科研机构和企业共同参与、分工合作的物流产业研发平台，增强园区建设和物流服务发展的前瞻性、科学性；鼓励物流园区和基地搭建区域合作平台，提高园区和基地的开放性。

(2) 扩大物流产业规模，提升物流产业能级。在政策引导的基础上，推动物流服务向功能多样化、产业特色化、技术专业化和服务社会化方向发展；大力发展以第三方物流为标志的产业物流，以电子商务为导向的城市配送物流，以及其他形式的新型物流服务业态；完善物流配送网络体系，在统一规划和管理的前提下，推动城市公共配送中心和社区物流网点建设，鼓励大中型物流企业跨区域发展，在省外城市和农村建立物流配送和服务网点。

(3) 在抓好重点物流企业发展工作的基础上，以集团化、专业化、信息化和现代化建设为重点，培育一批跨行业、跨地区经营、集多功能于一体、具有自身特色和品牌优势的大型物流企业龙头；鼓励中小型物流企业通过资产重组、联合、兼并和吸收战略投资者等多种方式做大做强，促进中小企业向物流服务专业化、特色化方向发展；加大招商引资工作力度，鼓励省外大型物流企业落户江西省物流园区；支持和鼓励符合国家相关规定和标准的大中型物流企业上市融资、发行企业债券，在投资主体多元化的基础上，推进现代企业制度建设，优化公司治理结构；加大现有企业的技术改造力度，推进企业信息化建设；鼓励企业向物流、信息流、资金流相结合的供应链管理业态转变。

(四) 培育商务中介服务业

(1) 促进重点领域发展，优化行业结构。以科技研发、技术推广、科技成果转化、工业设计和节能环保服务为重点，扩大科技服务业规模；

支持和鼓励人力资源培训、创业咨询培训、就业中介、国际交流等人力资源中介服务；促进商标、专利、版权等领域以代理、转让、登记、鉴定为主要形式的知识产权服务；大力发展各类评估、分析、论证业务以及产权交易、技术交易、生产资料经纪、货运代理和投融资代理咨询等生产性中介服务业；规范经济鉴证类中介服务业，重点发展会计、审计、律师资格认证及资产与项目评估、仲裁等中介服务。

（2）推进中介服务领域的转机建制工作。深化体制改革，增强中介服务组织在人事、财务和业务管理领域的独立性、自主性；完善中介服务执业资格和考试制度，加大行业管理力度，规范行业发展；推动行业协会和商会组织发展，提高行业发展的自律性。

（3）调整产业组织结构。在积极引进国内外知名中介服务组织来赣发展的同时，通过资产重组，着力培育三到五家具有较强核心竞争力的大型综合性企业集团，鼓励企业集团跨区域经营，提升本地品牌的国内知名度；促进一般性中介组织和机构向"专、精、特、新"方向发展。

（4）积极发展面向农村的科技研发、技术咨询、中介代理和信息服务业。加大农业科技研发与创新的投入力度，加强农业技术推广服务，改进动植物检验检疫和植物保护工作，完善农业技术支持体系和社会化服务体系，健全农业生产资料、农产品信息服务体系。

（五）稳步发展房地产业

（1）完善房地产市场体系。在健全土地供给调控机制、土地使用权招投标、拍卖、转让制度、土地价格形成机制和规范土地使用规制的基础上，完善房地产一级市场管控制度；以发展房地产金融和中介服务、逐步提高住房规格和标准、改进物业管理和房地产交易系统、规范房地产交易行为为重点，促进房地产二、三级市场健康发展。

（2）优化住房供给结构。在切实增加住房有效供给的前提下，优先发展保障性住房和中小户型商品房，以中低价位、中小型普通商品住房和限价商品住房、公共租赁住房、经济适用住房、廉租住房建设为重点，合理规划高、中、低档商品房和保障性住房的比例。

（3）增强房地产业的带动效应。以房地产为媒介，大力发展房地产金融、代理咨询、经纪、法律、物业管理、租赁等各类服务业，延伸产业服务链条；以建筑节能、绿色地产为宗旨，提高房地产业的科技含量，有效增加对环保、节能和高科技产品的需求，推动本地经济循环发展。

(4) 支持本地房地产企业做大做强。以规模化、集团化为发展方向，逐步培育具有较强竞争优势的大型房地产开发与综合服务集团，加快集团公司上市步伐，提高本地房地产企业竞争力。

(六) 加快发展信息服务与专业技术服务业

(1) 加快网络设施建设。设立信息服务专项发展基金，加大对基础网络设施的投入与改造力度；以光纤传输网、互联网、移动通信网、数字电视网的建设为重点，构建安全、便捷、高效的城市网络基础设施服务系统；以产业发展和大众消费为导向，构建公共信息服务平台；以提升信息服务能级为宗旨，发展数字电视播出平台、宽带多媒体服务平台、移动通信平台、网络间信息交换平台。

(2) 支持重点产业发展。促进电信增值、移动信息服务、数字电视、软件服务外包和计算机服务业的稳定发展，开展与电子商务、电子政务、物流管理等领域密切相关的信息技术研发服务和网络增值服务活动，发展与金融、证券、文化娱乐、工业自动化和程控化等相关联的专业性应用软件开发服务业。

(3) 加快信息服务产业集聚区建设。将信息服务集聚区建设纳入主要城市规划，到2015年，重点发展10个信息服务集聚区，抓好100家信息服务重点企业建设，推动服务外包等行业较快发展。

(4) 加强技术研发与创新，加快产业升级步伐。发挥产业发展专项基金的引导功能，推动信息服务领域高新技术的产业化，引导社会投资者和金融机构积极参与中小型信息服务企业的创新活动，解决技术研究和创新的资金来源问题；研究制定与信息技术研发和服务有关的财政扶持政策体系和奖励机制；发挥科研院所的人力资源优势，鼓励企业与科研院所开展各种形式的研发合作。

(七) 加快发展居民服务业

(1) 完善社区服务网络体系。坚持公益性和营利性相结合的原则，促进社区社会福利、社会保障和经营性服务全面、协调发展；发展社区卫生服务、为老服务、文化科普服务、就业服务，加强社区公共文化娱乐设施、公共信息网络设施的建设，促进社区公共服务事业发展；有序、适度发展社区商业服务经济，鼓励和支持以社区超市、连锁经营、网络配送等代表的新型服务业态较快发展；大力发展教育培训、健康保健、安居改进、家政服务等消费升级类社区劳动服务业。

(2) 促进社区居民服务的现代化。发展新型服务业态，升级传统社区服务业；推进社区教育、培训、科学普及事业，改善人居环境，加快社区信息化建设，建设学习型、生态型、数字型、康乐型社区，推动新兴社区服务业发展，优化社区服务结构。

(3) 健全社区服务政策扶持和法律规范体系。加大城市公共基础设施投入力度，改善社区服务的基础条件；强化以财政资金为引导的多元化融资模式，保障社区准公益性事业发展的资金需要；健全经营性社区服务业优惠政策体系；坚持以人为本的服务理念，强化对社区经营性服务活动的规范和引导工作。

(八) 全力打造文化创意产业

(1) 积极培育文化产业市场主体。在基本完成经营性文化企业转机建制工作的基础上，积极引导社会投资方向，支持、鼓励各类非公有制企业健康发展；以企业为主体，加快形成产学研相结合的文化创新体系，利用数字化、网络化技术改造现有企业装备水平，提高企业文化服务的知识含量和科技水平；以资本为纽带，支持企业兼并、联合、重组，大力扶持具有较强市场竞争力、跨地区跨行业经营的大型企业或企业集团发展。

(2) 完善文化市场体系，规范市场秩序。进一步发挥市场机制在文化资源配置中的作用，促进文化产品和要素的合理流动；积极开放、培育和发展文化艺术、新闻出版、影视音像、民间工艺、文化旅游、艺术培训、网络游戏、动漫设计等文化市场；加强市场法规建设，规范市场秩序。

(3) 加强文化创意产业重点工程建设。积极培植新闻出版、动漫、影视传媒、创意设计、文化旅游、文艺体育等文化产业基地，推动文化产业集群化发展；与城市化相结合，抓好重点文化设施和重点项目建设，加大对文化资源数据库、公用电信网、经济信息交流平台、文化产业供求交易平台、文化交流中心的投入与建设力度。

(4) 大力发展新兴文化业态，推动文化产业升级。以数字化、网络化为宗旨，加强数字技术、网络技术、多媒体技术的研发、推广和利用工作，改造提升传统文化产业，促进网络文化、创意文化、新兴媒体传播业的发展。

(九) 做大现代旅游服务业

(1) 加大特色旅游产品的开发力度。以鄱阳湖生态旅游示范区建设为契机，围绕"四个示范基地、一个园区"的功能定位，培育发展教育、科普旅游和生态旅游；加强井冈山、瑞金、南昌等革命圣地旅游景点建设，以资源整合为纽带，以革命文化为载体，继续打造红色旅游品牌，促进红色观光游、商务游、休闲度假游和红色专项游发展；继续促进本省陶瓷艺术旅游、宗教旅游、乡村民俗旅游事业发展。

（2）加快旅游基础设施建设和配套服务功能建设。提高旅游信息化水平，加快旅游电子商务建设；加强旅游景区旅馆、酒店、娱乐设施、金融设施建设，提升服务标准和质量。

（3）加强旅游产业营运工作。加强旅游宣传推广，拓宽海内外客源市场；推动旅游业的区域合作，提升旅游合作层次；大力扶持民营和股份制企业发展，积极支持有竞争力的旅游企业走向集团化，鼓励企业发展连锁经营等新型服务业态；大力培植以资源链、价值链、服务链为导向的旅游产业网络体系和支持保障体系。

第三节 重点产业

一 重点产业发展目标

为了实现服务业增加值6600亿元的发展目标，到2015年年末，江西省服务业九大重点行业发展指标见表3-2。

表3-2　　　　江西省服务业九大重点行业发展指标　　　　单位：亿元

时间	金融	批发零售	住宿餐饮	旅游	运输物流	房地产	商务服务	文化与创意产业	居民与公共服务	信息服务
2009年	165	554	168	675	395	305	66	268	530	55
2015年年末	402	1108	336	1296	830	580	160	670	1166	100
增速	144	100	100	92	110	90	142	150	120	180

（一）现代金融服务业

江西省发展金融业的基本目标是：逐步营造和引进一批具有区域竞争优势、富有活力和创新精神的金融组织，形成各类金融机构共同发展、分工合作的金融机构体系，基本形成投资主体多元化、交易品种多样化、主要服务功能齐备的多层次金融市场体系。具体发展指标是：（1）到 2015 年年末，将南昌打造成为辐射中部地区的区域性金融中心，使金融服务业增加值达到 400 亿元以上，较 2009 年增长约 1.44 倍，年均增长约 16%；（2）积极培养和引进现代金融管理人才，锻造一支学科门类齐全、知识结构合理、富于创造和钻研的金融人才队伍；（3）金融服务设施和金融发展环境达到中部地区的领先水平；（4）到 2015 年年末，江西省本外币存款规模将达到 28000 亿元，本外币贷款规模将达到 19000 亿元，存贷款规模将分别较 2009 年增加约两倍，年均增长均在 20% 左右；江西省保费收入将达到 300 亿元以上，年均增长 10% 左右；将选择 100 家左右有上市潜力的优质企业实行重点培植，推动一批有条件的企业在主板市场、创业板市场以及国外资本市场上融资。

（二）现代商贸服务业

江西省传统商贸服务业升级的基本目标是：围绕构建中部地区商贸中心的总体目标，以集团化、集约化、流通现代化为重心，在商业规划引导下加快传统商贸产业的升级，提升以连锁经营为特征的商贸流通现代化水平。2015 年年末的具体发展指标：（1）商贸服务业增加值将达 1108 亿元，比 2009 年增长 1 倍，年均 12% 左右的增长速度；（2）到 2015 年年末，住宿餐饮业将较 2009 年增长 1 倍，年均增长 12.2% 以上，达到 336 亿元。

（三）现代物流服务业

江西省发展现代物流业的基本目标：在落实《江西省现代物流业"十一五"发展专项规划》的基础上，依托交通运输枢纽和主要交通干线建设，以资源整合与结构优化为主线，逐步形成布局合理、设施完备、便捷通畅、功能多样、覆盖面广、多式联运、运转高效的现代物流网络体系，使江西省成为具有全国竞争力的物流服务区域中心。具体发展指标是：（1）保持物流产业增加值年均 11% 左右的增长率，使物流产业增加值达到 790 亿元，占江西 GDP 的比重提高到 4.4% 左右；（2）完成货物运输量 14 万—16 万吨，平均每年增长 10% 以上。

（四）现代商务服务

江西省发展现代商务中介服务业的基本目标是：坚持专业化、市场化、国际化的发展方向，以社会化的服务理念为指导，以服务创新和高知识、高科技含量为主导，以知识、科技服务型和生产服务型商务中介服务为重点，不断拓宽市场领域和渠道，促进中介服务业规模扩张和结构优化。

具体发展指标是：(1) 到 2015 年年末，将商务中介服务业门类扩展到 60 个以上；(2) 商务中介服务部门的从业人员数量超过 30 万人；(3) 形成一批具有较强核心竞争力和规模优势的中介服务骨干企业；(4) 实现中介服务业营业收入年均 20% 以上的增长率，增加值达到 160 亿元以上。

（五）现代房地产服务业

江西省发展房地产及中介服务业的基本目标是：在保持房地产有效需求平稳增长和人居环境持续改善的前提下，完善房地产市场体系，优化住房供给结构，做大做强房地产企业，规范房地产市场交易秩序，促进房地产业可持续发展。具体发展指标是：(1) 房地产及中介服务产值的年均增长速度为 10% 左右；(2) 到 2015 年年末，使房地产业营业收入达到 580 亿元以上；(3) 房地产及中介服务业的就业人员达到 40 万人。

（六）信息服务业

江西省发展信息服务业（专业技术服务业、知识产权服务、科技研究服务、工业设计服务、电子商务、软件服务 6 项）的基本目标是：坚持数字化、网络化、智能化的发展方向，以城市信息化建设为契机，继续保持信息服务业的高增长态势。具体发展指标是：(1) 到 2015 年年末，信息传输、计算机服务和软件业实现营业收入 100 亿元以上，比 2009 年增长 180%；(2) 信息服务业从业人员突破 10 万人；(3) 电子商务发展水平在中部地区排位居领先水平；(4) 软件服务外包产值在中部地区排位居领先水平。

（七）现代居民服务与公共服务业

江西省发展现代居民服务业与公共服务业（包括水利、环境服务、卫生、社区服务、公共服务 5 项统计指标）的基本目标是：适应社会转型的总体趋势与要求，以构建和谐社区、现代社区为目标，建立健全社会福利、社会保障和经营性服务相结合的居民服务网络体系，优化居民服务结构，加强社区基础设施建设和改造力度，完善居民服务政策扶持、法律规范和管理体系，促进社区居民服务业全面健康发展。具体发展指标是：(1) 全省打造 300 个标准化的社区居民服务基本业态体系；(2) 阳光早餐工程百分之百进入社区；(3) 居民与公共服务业增加值达到 1166 亿元，比 2009 年增长 120% 以上。

（八）文化创意服务业

江西省发展现代文化产业（包括教育、文化、体育、娱乐、广播电视、创意产业、出版 7 项）等的基本目标是：以国务院《文化产业振兴规划》为指导，树立大文化理念，以体制改革和科技进步为动力，以结构调整为主线，积极培育经营性文化市场主体，加快文化内容产业发展，大力发展新型服务业态，不断扩大文化产业规模，增强文化产业的经济社会功能。具体发展指标有：（1）保持文化、体育和娱乐业营业收入年均 25% 以上的增长率，文化创意产业和工业设计服务业达到 30% 以上增长速度；（2）到 2015 年年末，7 项总增加值超过 670 亿元以上，在中部地区增长速度处于领先地位；（3）文化产业的从业人员达到 6 万人。

（九）现代旅游服务业

江西省发展现代旅游服务业的基本目标是：坚持旅游服务市场化、信息化、个性化、系统化的发展理念，充分发挥江西省旅游资源优势，以红色旅游、休闲旅游等特色旅游产品的开发为重点，完善旅游配套服务功能，提升旅游服务信息化水平，促进旅游业全面发展，实现由旅游资源大省向旅游经济强省的跨越。具体发展指标是：（1）"十二五"期间，保持旅游业总收入年均增长率 12% 以上；（2）到 2015 年，使江西省旅游业总收入达到 1296 亿元以上，占全省地区生产总值的比重提高到 7.2% 左右；（3）旅游业的就业人数超过 40 万人（2007 年为 11.14 万人）。

二 产业布局

"十二五"期间，江西省现代服务业空间布局的主要思路是坚持统筹协调、分类指导、优势互补的原则，以高能、高效、高辐射为主旨，在专业集聚、功能耦合的基础上，采取"三级开发、梯度推进"的渐进模式，从打造服务板块入手，以培植服务产业基地和城市功能区为重点，逐步形成现代服务业"优势产业基地开发布局体系"、"城市功能区开发布局体系"和"城市群落开发布局体系"三级网络架构。

（一）加快发展以基地为主导的现代服务业布局体系

以"产业配套、系统集成、功能互补"为原则，打造服务业集聚区，大力发展现代服务业产业基地和园区，加快工业园区配套服务产业区和配套服务产业链建设，形成以产业基地（园区）为主导的现代服务业布局结构。

以鄱阳湖生态经济区建设为契机，打造生态文化品牌，加快建设鄱阳湖文化产业集聚区，推动六大创意基地和江西文化大市场、赣文化旅游产品集散中心、江西慧谷·红谷创意产业园等文化产业重大项目纵深发展。

以九江共青城影视创意基地、南昌市综合创意产业基地和萍乡动漫创意基地为重点，鼓励和支持产、学、研一体化发展模式，提高文化产业集聚园区主导产业的知识含量。延伸创意文化产业链，将慧谷·红谷创意产业园打造成为以创意产业为特色、集软件与服务外包、文化、培训、研发、动漫、设计、展示于一体的创新型国际化产业园区。

推动服务外包产业基地快速发展。学习借鉴先进地区经验，大力扶持国家级服务外包示范区发展，将南昌高新技术产业开发区建设成为呼叫中心产业、移动传媒网络、软件研发、IT人力资源服务等服务外包示范园区，在软件研发外包、IT人才培养基地发展的基础上，以国际化、高端化和特色化为宗旨，重点打造呼叫中心产业基地和移动传媒网络服务外包基地，逐步形成完整的产业链和价值链体系，实现跨越式发展。

加大物流园区、基地和物流中心建设力度，逐步形成各具特色、多点布局的物流基地格局，促进制造业与物流业的联动发展，推动物流业快速发展和升级。以多式联运转运作为发展方向，在提升南昌南站铁路口岸作业区、赣州东站口岸作业区、赣州经济开发区公路口岸作业区、新余铁路货场口岸作业区、南昌白水湖国际集装箱码头口岸作业区、南昌物流保税区（B）、九江水运口岸、南昌航空口岸等八个现有多式联运作业口岸能级的基础上，加快建设九江城西港物流基地、九江水运口岸化工仓储中心、南昌昌北铁路物流园、赣州南站铁路物流园区、宜春（高安）建陶物流园区、鹰潭国际集装箱码头、抚州铁路物流园区、宜春市铁路口岸物流园区、萍乡上栗县和宜春万载县烟花爆竹物流中心等多式联运转运物流服务区和物流设施。

加快新闻出版等产业基地的建设，转变产业发展方式，带动相关产业发展。在落实《南昌市新闻出版产业发展规划（2008—2015）》的基础上，加快江西省出版产业基地建设，做大做强江西出版集团等大型出版传媒企业，逐步形成以出版物为媒介，包含出版物创意策划、生产制作、供应链管理、现代物流、博物与艺术品展示、动漫设计与生产、网络传播销售等多环节、多功能在内的具有完整产业链体系的高品位、现代化基地。

以配套服务为宗旨，推动工业园区生产性服务业较快发展。以南昌昌北经济开发区、九江出口加工区、景德镇高新技术产业园区、新余经济开发区、抚州金巢经济开发区、鄱阳工业园区、鹰潭工业园区等工业园区为重点，抓好物流、金融、商务、信息、工艺设计、劳动用工、人力资源培训、中介服务等配套服务性产业区和产业链建设，为主导产业发展提供强力支撑。

（二）构建大中城市服务业功能区布局结构和体系

在突出发展九江、景德镇、新余、宜春、萍乡、鹰潭、上饶、抚州、赣州等区域中心城市的基础上，以南昌市为先导，以区域中心城市为重点，优化大中城市的产业空间布局，逐步形成梯度推进、错位发展、功能耦合的现代服务业功能区布局体系，推动中心商务区、科教文体服务区、休闲功能区、生活服务区、生产者服务区、物流功能区以及其他综合服务区和特色服务区较快发展。

促进中央商务区加快成长。以南昌市八一广场、红谷滩新区作为中央商务区，形成以金融、商贸、信息和中介服务为主导，在特色商业街和特色服务区壮大发展、区位集中的基础上，打造中央商务区，努力形成现代服务业核心经济圈。

打造科研教育服务区。加快教研资源优化整合、空间集聚和开放式服务的步伐，重点抓好南昌高校园区、共青城大学园区及产学研和教育培训基地、赣州教育城建设，推动宜春、九江、景德镇等地市教育培训园区发展，以科研院所、高校、职业技术学院、教育培训基地（中心）为依托，在高等普通教育的基础上，大力发展应用技术研发服务、职业技术培训和继续教育等事业，培育产学研合作链。

在十个区域中心城市积极发展卫生、医疗、体育、会展、娱乐休闲服务功能区和居民生活服务区。以城市规划为依据，在十个区域中心城市，加大卫生、体育、会展和休闲服务设施建设，提高相关产业现代化水平，促进相关服务业片区集中，以商务、保健、康乐为主旨，提升城市综合服务功能。

在十个区域中心城市中，南昌、九江可考虑建设现代服务产业园区，其他八个区域中心城市则以工业园区和高科技产业园区为主要服务对象，以改善城市综合服务功能为宗旨，加快建设综合性生产服务功能区，促进商务、教育创业培训、文化创意、金融、房地产、租赁、信息、中介服务等产业发展，为企业生产经营提供强有力的配套服务支撑。

十个区域中心城市依托港口或交通枢纽，完善城市物流服务功能区，推动外向型经济发展，提高城市开放度。

（三）构建城市群落开发体系和布局结构

以促进区域经济一体化、增强地区经济的联动性、融合性、互补性为宗旨，以现有地缘结构、区位经济结构、资源禀赋和经济关联性为依托，重点构建环鄱阳湖、赣中南、赣西三大城市群现代服务经济网络体系，促进现代服务产业集约化发展。

增强区域中心城市的经济辐射能力，大力支持以南昌为中心的环鄱阳湖城市群发展，促进南昌、九江、景德镇、鹰潭、上饶等地区服务经济系统化、网络化、现代化。

强化南昌市的发展极功能，加快发展金融、商贸、物流、会展、旅游、服务外包、中介服务、科研教育、人才培训、文化、卫生等现代服务业，建设区域性商贸、物流、金融、旅游、新闻出版集散中心，全力打造全国性服务外包示范基地，联动发展邻近县市，构建南昌城市圈现代服务经济体系。

利用九江市通江达海的区位优势，重点打造商贸、旅游、港口物流、专业技能培训等服务产业。

依托景德镇陶瓷产业的品牌优势以及景德镇、上饶、鹰潭三市的区位优势，重点培植陶瓷文化创意、文化旅游、物流、商贸、中介服务等产业，提升区域经济与长三角地区对接力度，逐步构建赣东北城镇群现代服务经济体系。

逐步形成以赣州、吉安、抚州、瑞金、井冈山等地级市、县级市在内的赣中南城市群现代服务经济体系。依托区域资源优势和冶金、生物医药等加工工业优势，发展物流、商贸服务产业；整合区域人文景观与旅游资源，推动红色旅游产业和文化产业较快发展；强化与珠江三角洲、闽南三角洲区域联系与合作，承接发达地区新兴服务业产业转移。

打造以新余、宜春和萍乡为复合中心的赣西城市群现代服务经济体系。在相关产业发展的基础上，增强区域内旅游、环保、信息资源的共享性；发挥本地钢铁产业优势，发展大宗商品物流、现代商贸产业；大力发展职业培训、文化旅游、体育、生态休闲产业；强化本地服务业与以长沙、株洲、湘潭为中心的长株潭城市群的经济联系。

优化金融业地区布局。与省内中心城市建设相结合，加大金融业招商引资和国际国内合作的步伐，在南昌、九江、赣州等主要市区，规划布局金融服务业发展区域，通过资源集聚，加速金融业升级步伐，提高金融资源的利用效率；以江西省金融网络平台和金融分支机构建设为契机，逐步形成以中心城市为轴心、二三线城市为支点、覆盖城乡的金融服务网络体系，扩大金融服务的覆盖面和对全省经济的渗透力。

（四）南昌、九江、鹰潭、上饶、抚州等城市形成旅游服务业产业集群

按照政府引导、社会参与、市场运作的原则，加强旅游要素配套建设和管理与服务平台建设，全面提升旅游产业竞争力。突出"红色摇篮、绿色家园"的整体形象，进一步做大红色旅游品牌，大力开发湿地生态游、珍禽观赏游、文化山水游、休闲度假游、科普科考游、陶瓷艺术游、乡风民俗游、健身养生游、宗教朝觐游等旅游产品，在南昌、九江、鹰潭、上饶、抚州等地建设环鄱阳湖生态旅游商品研发基地。推进旅游资源整合，强化区域协作，开发旅游精品线路，加强庐山、龙虎山、山清山、柘林湖等重点景区和南昌、景德镇、九江、鹰潭等重点城市旅游服务设施建设，构建以鄱阳湖为中心的大旅游网络，成为国内著名的红色旅游目的地、国际知名的生态旅游和观光休闲度假旅游目的地。

（五）努力打造全省文化创意产业集群

充分挖掘景德镇陶瓷文化、抚州戏曲文化、宜春樟树中药文化、婺源茶文化等特色文化资源，培育一批特色文化产业品牌，实施精品工程和名牌战略。大力发展景德镇陶瓷文化与创意产业，鹰潭道教文化，南昌的广播影视、文娱演艺、新闻出版、动漫游戏等文化产业，开发具有核心竞争力的特色文化产品和文化服务项目，做大做强一批特色文化产业集团，形成若干具有较强竞争力的特色文化产业集群。

（六）布局发展南昌、九江、鹰潭、抚州等商贸物流业集群

以水运为基础，航空口岸物流为重点，铁海联运为突破口，建立全方位、多层次、立体式的口岸物流平台，形成铁路、航空、水运、公路多式联运的口岸物流商贸网络群。依托交通干线和重要枢纽，充分发挥长江和鄱阳湖水系航运作用，加快南昌中心物流枢纽和九江、鹰潭、抚州等区域物流基地建设，提高区域内物流的组织化、集约化程度，实现流通环节全过程管理。积极发展第三方物流，鼓励生产与流通企业改造业务流程，剥离、分立或外包物流业务。着力推进行业经营连锁化、物流配送化、管理网络化、企业规模化、业态新型化、服务系列化、设施现代化，提高商贸物流现代化水平。

第四章 赣州市资源现状及特色

第一节 自然资源

一 基本情况

(一) 气候

赣南地处中亚热带向南亚热带的过渡地区,属中亚热带的南缘,具有典型的丘陵山区湿润季风气候,热量丰富,雨量充沛,阳光充足,四季分明。

(二) 土地资源

赣州市总土地面积为3936295.53公顷,地形以丘陵、山地为主,兼有盆地,整个地势周高中低,南高于北,四周山地环绕,中部丘陵延绵,其间分布有数十个大小不一的盆地,水系呈辐辏状向中心汇聚。土壤以红壤占绝大多数,土层深厚,腐殖质层中厚,肥力较高,保肥能力较强。此外还有黄壤、黄红壤、紫色土等。

由于地质构造关系和受成土诸因素影响,形成了土地类型地域性强,土地利用差异明显;山地多、平原少,耕地面积小、耕地后备资源不足;土地绝对数量大,人均占有量少的特点。

(三) 水资源

赣州市境内大小河流1270条,河流面积14.49万公顷,总长度为16626.6千米,河流密度为每平方公里0.42千米。多年年均水资源量为335.7亿立方米,人均占有量为3900立方米,略大于全省人均量,比全国人均2300立方米高出70%。赣州市属富水区。在水资源中,地表水资源为327.53亿立方米,地下水资源可动量为79.13亿立方米,占河川总流量的24.46%。此外,赣州市境内温泉53处,除章贡区、赣县、南康外，其余15县（市）均有分布，以寻乌县最多，达14处。水温最高79℃有一处，最低21℃—23℃有3处。温泉水已有一部分开发用来养鱼、育秧、养殖、洗涤、旅游等。

（四）森林资源

赣南是我国商品林基地和重点开发的林区之一。植物区系具有种类繁多，成分复杂，现有乔、灌木树种1500多种，已采集到的标本树种有126科384属1170余种，其中乔木约500种，灌木约650种，竹类约20种。乔木树种以马尾松、杉木、木荷、枫香、樟树、楠类、栲类、栎类、槠类为主，灌木包括继木、乌饭、黄端木、柃木、荚迷、杜鹃、乌药等，草本则以禾本科草、蕨类植物较为普遍。

二 特色资源——矿藏资源

（一）矿藏资源概况

赣南是全国重点有色金属基地之一，素有"世界钨都"、"稀土王国"之美誉。已发现矿产62种，其中有色金属10种（钨、锡、钼、铋、铜、铅、锌、锑、镍、钴），稀有金属10种（铌、钽、稀土、锂、铍、锆、铪、铷、铯、铊），贵重金属4种（金、银、铂、钯），黑色金属4种（铁、锰、钛、钒）、放射性金属2种（铀、钍），非金属25种（盐、萤石、滑石、透闪石、硅石、高岭土、粘土、瓷土、膨润土、水晶、石墨、石棉、石膏、芝硝、重晶石、云母、冰洲石、钾长石、硫、磷、砷、碘、大理岩、石灰岩及白云岩），燃料5种（煤、石焰、泥炭、油页岩、石油）。以上矿产中经勘查探明有工业储量的为钨、锡、稀土、铌、钽、铍、钼、铋、锂、铷、锆、铪、铊、铜、锌、铁、钛、煤、岩盐、萤石、硫、白云岩、石灰岩等23种。全赣州市有大小矿床80余处，矿点1060余处，矿化点80余处，保有矿产储量的潜在经济价值达3000多亿元。境内发现的砷钇矿、黄钇钽矿为我国首次发现的矿物。1983年国际矿物协会新矿物与矿物命名委员会审查通过并正式确认的赣南矿，为世界首次发现的新矿物。

（二）"世界钨都"

（一）钨矿产业发展概况

钨是一种宝贵的稀有金属，钨在地壳中的含量为百万分之一。赣州是中国钨矿的发现地，赣州市钨矿资源丰富，素有"世界钨都"之称，钨矿保有储量居全国第2位，占全国的39%、世界的26%；其中高品质黑钨矿保有储量约占全国同类矿的70%、世界的60%；钨矿产量约占全国的20%—30%，是我国乃至全球钨的主产区。现已发现并探明有储量的矿区106处，累计探明储量117万吨，其中A+B+C级储量44.5万吨，占38%。截至2013年年底，钨矿保有储量为546186吨。

赣州已探明有钨矿储量的有17个县（市、区），其中保有储量在5万吨以上的有大余、于都、全南、崇义4个县，合计40万吨，占赣州钨矿保有储量的80%。赣州钨矿主要类型之一是石英脉型黑钨矿床，以开发之早、产量之多、矿床规模之大而驰名中外，是一种易采、易选、品质优良、有害杂质少的矿种，用它做原料，不仅产品质量好，而且回收率高。该矿种的另一个特点是伴生组分多，除钨外共生、伴生有价金属元素达五十多种，主要有铋、钼、铜、锡、锑、铅、锌、金、银等有色金属及贵金属，此外，还有铍、锂、铌、钽、铼、硒、碲等稀有金属，并有钇等稀土元素。其中，共伴生铋、铍资源储量分别排全国第3位、第4位，钼、锡排全国第6位。

目前，赣州市是全国最大的钨精矿及仲钨酸铵（APT）生产基地和集散地。赣州现有大小钨矿山53个，其中省属钨矿企业9个，地方钨矿企业44个。赣州钨矿总的矿石生产能力为618万吨/年，钨精矿生产能力为4万吨/年。全市现有钨冶炼加工企业25家，全国2/3的钨精矿在赣州市现冶炼主要产品为（APT）、氧化钨、钨粉和碳化钨粉、合金粉、硬质合金、钨丝、钨铁、钨条，钨钛固溶体等产品。加工APT生产能力约3.4万吨，氧化钨生产能力1.1万吨，碳化钨粉生产能力1.1万吨，硬质合金生产能力660吨。APT及钨粉产量约占全国的60%，硬质合金产量约占全省的60%，钨业销售收入和利税总额约占全国的36%。

（二）钨矿产业发展存在的问题

虽然赣州市有着丰富的钨矿资源，在钨的冶炼加工方面也具有国际先进水平；但是，赣州钨矿产业依然存在不少问题：

（1）矿区多而小，资源开采利用总体水平偏低，有些还存在采掘失衡、采富弃贫的状况。

（2）环保形势严峻，一些矿山环保设施较差，废石、废水、尾砂随意排放，某些钨冶炼企业对环境的污染也较为严重。

（3）初级冶炼加工存在盲目扩产、产能过剩和低水平重复建设的问题，造成能力闲置和资源浪费。

(4) 生产集中度低，企业以初级产品为主，缺乏高附加值的深加工产品，而且没有形成专业化的分工协作。

(5) 钨企业技术人才少，产学研结合不紧密，大部分企业基本没有创新研发的能力，造成企业产品没有特色，市场竞争靠打价格仗。

(三) "稀土王国"

(一) 稀土产业发展概况

20世纪70年代初，我国首先在赣州市发现了世界罕见的离子吸附型稀土矿，该矿具有配分齐全、经济价值高、易选别、放射性低等特点。赣州市具有得天独厚的离子型稀土资源优势，已探明储量约47万吨，远景储量约940万吨，占全国离子型矿产储量的40%左右。

离子型稀土分布在全市17个县（市、区）146个乡镇，主要集中在龙南、定南、寻乌、信丰、安远、赣县、全南、宁都8个县，其中，寻乌以低钇轻稀土为主，龙南以高钇重稀土为主，其余6县则以中钇富铕型稀土为主，构成了赣州市各具特色，轻、中、重齐全的离子型稀土矿山资源体系，占江西探明和评价预测储量的90%以上。按矿物的稀土配份可分为三种类型：

(1) 以寻乌为代表的富镧少钇型离子矿。轻稀土含量占74%（其中镧为30%—40%），中稀土占12%（其中铕占0.4%—0.6%），重稀土占14%（其中钇占10%左右），原矿平均品位0.107%。寻乌稀土矿矿化面积150平方公里。

(2) 以龙南为代表的高钇型矿。重稀土含量占85%左右（其中氧化钇含量≥60%，氧化镝大于7%），中稀土占8%，轻稀土占7%左右，矿化面积约40平方公里，平均品位0.098%。

(3) 以信丰为代表的中钇富铕型离子矿。该类型矿物的最大特点是氧化铕配分特别高，平均在为0.8%—1.2%，最高可达1.4%以上，重稀土含量为45%—50%（其中氧化钇为30%—40%），中稀土为10%，轻稀土为50%—60%。原矿平均品位为0.08%—0.1%。

以上三种类型矿物分别占探明储量的80%、5%和15%。总之，离子型稀土矿具有配分类型齐全，高价值元素含量高，开采提取工艺简单、放射性低等特点，是迄今为止国内外独具特色的优良稀土资源。

"十二五"期间，赣州市加大稀土矿山管理力度，全市原有400余个矿点，整顿合并为170个。稀土矿山开采秩序大为好转。2010年，赣州市离子型稀土矿产量约8500吨（REO），占全国离子型稀土总产量的33%。赣州现有88个合法的稀土采矿许可证，采矿权人属于赣州稀土矿业有限公司（国有企业）。

赣州市现有矿山生产能力已超过1万吨/年，2004年以来，平均年产量1万吨左右，约占全国同类矿产品产量的40%。主要采取堆浸和原地浸矿的方法。离子型稀土原地浸矿新工艺在龙南、寻乌等地推广后，社会和经济效益显著，有效地解决了传统池浸、堆浸工艺所带来的环、水保问题，且资源回收率提高至75%—80%。从2007年第四季度开始，赣州市已全面取消池浸和堆浸工艺。

近几年，行业内创新的模糊萃取分离技术、南方离子矿HAB双溶剂萃取工艺两项成果分别达到国内、国际先进水平，特别是模糊萃取分离技术已在分离企业得到了广泛的推广应用。稀土分离企业新技术的应用和自动化水平的提高，稀土分离生产工艺技术指标全面改善，产品的纯度和质量不断提升。

目前，全市以南方离子型稀土矿为原料的稀土分离企业共16家，离子型稀土矿分离规模达到2.8万吨/年。其中赣县红金稀土、定南加华、安远明达等企业无论在规模、产品档次等方面均跻身全国稀土分离行业前列。

2. 稀土产业发展优势

（1）具有独特的资源优势。赣州市作为我国南方离子型稀土矿的重要生产基地，产量占全国同类资源的40%左右，赣州市离子型稀土矿产品产销量的变化在一定程度上左右着国内外离子型稀土矿产品的市场价格，其中，龙南高钇型重稀土具有垄断性的优势，富含镝、铽、钇、铕等元素，是生产稀土永磁材料和发光材料等功能性材料的理想资源，具有其他稀土资源无法比拟的优势。

（2）具有长期的稀土开发管理经验。赣州市在加强稀土整合，实施保护性开采方面采取了一系列措施，对全市稀土矿产品生产经营管理实行统一管理、统一开采、统一经营、统一规划和统一招商，取得了显著成效，为产业的进一步发展营造了良好的政策环境。

（3）具有较好的产业发展基础。经过多年的发展，赣州市已成为全国最大的离子型稀土矿山开采、分离和金属冶炼的生产基地，部分产品的质量达国内、国际先进水平，在国内外稀土市场有较大的影响。

（4）具备享受国家政策支持的条件。目前，赣州市共有经国土资源部门批准的合法稀土采矿权证88个，占全国103个总量的85.4%。2014年国家下达全国重稀土开采总量控制指标为17900吨，其中江西（主要是赣州市）为8800吨，占全国总量的49.2%。

（5）具有良好的区位优势。赣州市是珠三角沿海开放地区通往内陆腹地的咽喉，在接受沿海辐射、承接产业转移方面具有内陆地区其他城市无法比拟的区位优势。特别是"赣粤承接走廊"的建设更为稀土产业的发展搭建了良好的投资平台。

3. 钨矿产业发展存在的问题

（1）矿山生产经营秩序没有得到根本性好转。超计划开采、无证开采、越界开采以及掠夺性开采、采富弃贫的现象仍然存在。集约利用水平不高，全市稀土资源平均回采率仅达到60%左右。

（2）初级产品调控乏力，资源的深层次整合效果不佳。全市16家分离企业中，仅有2家企业具有一次性生产15个单一高纯产品的全分离能力，相当部分企业没有进一步分离而是以初级富集物的形式销售，造成资源的二次浪费。2009年，全市分离稀土1.7万吨、金属冶炼1万吨，其中60%的分离产品和90%的金属产品流向日本、西欧及国内浙江、广东等地。这直接导致国内外市场对赣州市稀土资源依存度不高，削弱了赣州市调控稀土资源的主动权。

（3）产业链"两头小、中间大、后面空"，结构性矛盾突出。赣州市的稀土原矿、分离和金属产品、深加工产品产值比约为15∶80∶5，应用产业则几乎为零。这组数据清楚地反映了赣州市稀土产业的畸形结构，以及与国内外稀土产业发达地区的巨大差距。由于深加工应用产业的严重滞后，势必造成稀土初级产品供大于求，加剧初级产品的流失。一些新上和在建的稀土永磁项目又基本为中低档产品，造成了新一轮重复建设和产品趋同。

（4）配套产业发展滞后，影响了产业向精深发展。全市分离企业加工所需的化工原材料大部分从外地购进。稀土磁材项目在后续机械加工和电镀方面不配套；资本市场、技术市场发育迟缓，影响了稀土的精深加工。

第二节 农业资源

一 赣州市农业产业和农产品发展基本情况

赣州市农业资源丰富,是江西省的一个农业大区和经济作物主产区,现已建成为全国的重点林区和全省的糖业、烟叶、橘等生产基地,国家有关部门曾命名本市信丰县为脐橙之乡、南康市为中国甜柚之乡、安远县为中国九龙蜜柚之乡、寻乌县为中国蜜橘之乡、大余县为中国瑞香之乡;石城县为中国白莲之乡、崇义县为中国毛竹之乡、赣县为中国板鸭之乡、会昌县为中国肉兔之乡、兴国县为中国灰鹅和油茶之乡。

多年来,赣州市积极实施江西省委提出的建设"三个基地、一个后花园"的发展战略,围绕"十一五"重点发展的果业、生猪、商品蔬菜、草食畜禽与特种水产、园艺花卉、烟叶六大主导产业和其他优势产业,推行区域化布局、专业化生产,不断调优、做强农业主导产业,建设精品果、无害菜、放心肉、特种鱼、名贵花、绿色米、有机茶、优质茧等农产品生产基地,取得了较好的成效。现简要介绍如下:

(一)主要种植产业及产品

(1)赣南脐橙。目前,赣南已经成为脐橙种植面积世界第一、年产量世界第二、全国最适合种植脐橙的主产地,脐橙总面积达180多万亩,年产量140万吨。已建面积500亩以上脐橙基地200多个,面积达120万亩;无公害果品基地120个,面积12万亩,现有脐橙龙头企业二十多家。

(2)商品蔬菜。由于靠近东南沿海市场,交通便利,具有运距短、成本低的区位优势,赣州市的南康、信丰、于都、兴国、龙南、赣县、宁都、全南、章贡等县(市、区),重点围绕特色蔬菜、高山蔬菜、反季节蔬菜和无公害蔬菜,采取"优选品种,扩大规模,提高质量,突出加工,抓好储运,搞活流通"等措施,逐步增强了商品蔬菜这一产业。2011年,全市商品蔬菜面积达231.04万亩,总产量436万吨。

(3)花卉苗木。赣州市的花卉苗木业种植面积现达2.7万亩,总产8100万盆(株),主要分布在大余、南康、龙南、章贡等县(市、区),主要品种是享誉境内外的金边瑞香、富贵籽、虎舌红、绿化苗木、盆景等特色花卉。近年来,通过引进先进技术、现代化设备,吸收先进的管理经验，初步走上工厂化和产业化发展道路，销售市场在不断扩大，除销往沿海城市和港澳外，现在已经打入了美国、英国等发达国家市场。

（4）绿色大米。凭借自然条件优越，大气、土壤、水质等环境总体质量良好，赣州市在"十二五"期间在稳定粮食生产能力，确保粮食安全的基础上，依靠科技改善品质，提高单产，调整粮食结构，重点发展了绿色大米生产，并涌现了一批粮食加工骨干龙头企业和一系列名牌产品，粮食加工业在食品工业中占有重要地位。

（5）果用瓜、甜玉米。随着产业结构调整的深入，果用瓜、甜玉米已成为赣州市种植业中的重要产业。安远、宁都、信丰等县播种面积共达36万亩，总产量超过60万吨。特别是安远西甜瓜备受消费者青睐。

（6）茶叶、蚕桑。茶叶是赣南农业的一大品牌。定南云台山茶场、上犹梅岭茶场、宁都武华茶场等生产的茶叶获得中国有机茶、AA级绿色食品认证。赣州市的茶园面积9.5万亩，总产量1800吨，主要分布在上犹、宁都、崇义、定南等县。蚕桑业布局进一步优化，龙南、全南、宁都等县重点户、重点村、重点乡积极发展，现有桑园4.17万亩，推广高产、优质新品种、小蚕联户共育、规模化经营，蚕茧产量1900吨左右。

（7）中药材、食用菌。中药材、食用菌这两个产业都是新兴农业产业，发展速度很快。特别是黄姜、枳壳、黄栀子、吴茱萸、杜仲、板蓝根等木藤本药材和适销对路的菌陈等草木药材，发展较快。仅安远、信丰两县种植面积就达到了8.7万亩，其中耕地药材3.6万亩，山地木藤本药材5.3万亩。宁都、安远、信丰、章贡、瑞金、石城等地，以市场为导向，积极发展食用菌，现年产鲜菇可达9.4万吨。

（二）主要畜禽产业及产品

（1）外销生猪。赣州市有运距短、成本低的发展生猪绝对优势，大力引进龙头企业，以基地和生态养殖小区（特别是25个万头以上生猪养殖小区）为依托，推行"猪—沼—果"和"四化一园"（即良种化、规模化、标准化、产业化和生态园）的饲养模式。在香港五丰牧业定南分公司、上海牧祥有限公司等龙头企业和南康生态生猪小区的带动下，现已初步建成以定南、信丰、南康、章贡、赣县、兴国等为重点的400万头外销生猪带，并在定南、信丰两县形成了三个稳定的供港生猪基地。

（2）草食畜禽。宁都黄鸡、兴国灰鹅、大余麻鸭、于都奶牛、上犹肉牛、崇义肉羊都是具有赣州市地方特色、市场效益较好的草食畜禽品牌。近年来，宁都黄鸡发展迅猛，全市年出笼已达 6000 多万羽，且规模饲养达 85% 以上；兴国灰鹅、大余麻鸭稳步增长，年出笼都在 2000 万羽左右，加工南安、沙地板鸭 550 多万只；牛奶业高速发展，2014 年，全市总产量达 5.43 万吨，并初步创出了于都"高山青草奶"这一品牌。

（三）主要水产业及产品

（1）特种水产。赣州市特种水产以鳗鱼、罗非鱼、斑点叉尾鮰三种为主。鳗鱼主要分布在瑞金和石城两地，现有 46 家工厂化养鳗基地，3200 多亩土池养鳗场以及年加工烤鳗 4600 吨能力的瑞金红都水产食品有限公司；罗非鱼、斑点叉尾鮰刚起步，主要集中在于都县、章贡区，目前全市产量分别为 1800 吨、520 吨，于都县已在建可繁殖种苗 4000 万尾、保种 3200 斤的罗非鱼良种场。

（2）常规水产。兴国红鲤是赣州市特有的驰名中外优良品种，江西三红之一。依托国家良种场和扩繁基地，南康三江生态甲鱼已逐步做大，市场看好。此外，赣州市是江西传统"四大家鱼"主要苗种生产供应地，已建成水产品引种、育种中心和正在建设中的水产科技示范园。全市现有 100 多家鱼种场，每年销苗总量超过 62 多亿尾，价值 4 亿多元，名列全省第一。

二 特色农业产业——"世界橙乡"

（一）产业发展优势

脐橙是国际上高品位水果之一，在国内外柑橘市场中，因其品质优、外观好、香气怡人、货架时间长，从而具有极强的市场竞争力。赣州市发展脐橙产业具有得天独厚的优势。

（1）气候优势。赣南地区位于江西省南部，属中亚热带南缘。气候温和、雨量充沛、无霜期长。赣州市年平均气温 18.8℃，年平均降雨量 1605mm，无霜期平均 28 天，适宜脐橙生长，脐橙品质较好。

（2）地形土壤优势。赣南地区山地丘陵居多，可以因地制宜，种植脐橙，同时赣南的土壤是酸性红土壤，也有利于脐橙生长吸取所需养分。

（二）产业发展现状

（1）产业规模日渐壮大，跃居世界脐橙种植面积最大的主产区。自 20 世纪 70 年代开始种植脐橙以来，赣州市大力实施"兴果富民"、"建设世界著名脐橙主产区"、"培植超百亿元产业集群"等战略，经过 40 多年的发展，产业规模迅速得到壮大，赣州市已经发展成为种植面积世界第

一、产量世界第三、全国最大的脐橙主产区。农业部于2003年将赣南脐橙列入国家九大优势产业的优势区域发展规划，同年，江西省人民政府将赣南脐橙列为全省农业十大优势产业和二十个重点扶持品牌之首。

（2）产业效益日益凸显，种植脐橙成为农民致富的主要来源。全市果业实现年总产值达60亿元，其中，果品直接销售收入24亿元，全市果农人均果业收入3300元，果业已成为农民收入的重要来源；带动了养殖、农资、采后商品化处理、贮藏加工、流通运输、包装印刷、旅游、劳务等关联配套产业，产值达36亿元。果业产业的发展使全市20多万果业种植户、60多万果农从中获益，并且解决了近20万农村富余劳动力、留守劳力、返乡农民工和中老年劳力实现就业，先后有60多万农村贫困人口通过种果实现脱贫致富，果业产业的经济、社会效益日渐凸显。

（3）技术水平不断提高，产业科研领先全国。推广了"七改"新技术，全面改革了落后的生产管理方式。建立了赣南脐橙工程技术研究中心，并成功申报升格为省级工程中心，建立了国际一流的柑橘无病毒良种繁育场，大面积推广使用了无病毒良种容器苗木。《赣南脐橙》国家标准成为我国首个脐橙国家标准。"柑橘优异种质资源发掘、创新与新品种选育和推广"项目荣获2006年度国家科学技术进步二等奖。

（4）产业结构日趋优化，精深加工取得突破性进展。在巩固以鲜食脐橙为主导地位的基础上，加快了产业结构的调整力度，高起点、高标准、高水平地开发种植了加工甜橙基地20万亩，引进了橙汁加工企业。全市有果品采后商品化处理加工销售企业151家，果品分级生产线172条，分级处理能力1968吨/小时；建成大中型贮藏库63个，贮藏容量18万吨；大中型果品批发市场三个，百里果品加工长廊一个。

（5）销售市场不断拓展，脐橙产品遍布全国，远销海外。初步建立起了覆盖全国的市场营销体系，赣南脐橙果品不仅走进了国内所有省会城市市场，摆上了沃尔玛、家乐福等大型超市货架，并且远销中国香港、澳大利亚、东南亚、俄罗斯、中东、蒙古、印度等20多个国家和地区。

（6）赣南脐橙品牌广为人知，驰名全国。赣南脐橙被列入国家11大优势农产品区域规划，获得国家"地理标志"产品保护、证明商标、"中华名果"等称号，赣南脐橙生产基地被批准为"全国农产品加工业示范基地"，"赣南脐橙"品牌荣获全国"十佳农产品区域公用品牌"之首，被列为全省重点扶持农产品品牌之首。

（三）产业发展存在的问题

经过40多年的发展虽然取得了较大成绩，但目前赣南脐橙产业已经到了提升转型的关键时期，产业内部存在一些迫切需要解决的问题。

（1）规模不经济。在几个果业大县，人们坚定地认为，脐橙种植面积越大越好。但专家们对此却表示忧虑。有的乡镇提出要发展三万亩、五万亩脐橙，这种想法不符合科学。首先是科技服务跟不上，品质无保证。其次是宜果山地面积小，是否会引起农民争执？真到盛产期，保鲜加工运输这些设施、措施难以配套跟上，价格势必下跌。再次是势必引发水土流失问题。

（2）品种结构单一。90%以上的脐橙为纽贺尔品种，均为11月份开始上市，加上赣州市每年在冬至前后有霜冻，对挂树果实有不同程度的冻伤，造成脐橙果品集中上市矛盾十分突出，应市期短，有效销售期仅为三个月左右。

（3）贮藏能力不足。特别是企业恒温贮藏能力严重不足。据不完全统计，目前全市仅建成大型贮藏库九个，贮藏能力5.2万吨，远达不到均衡上市、拉长销售期的要求。

（4）采后处理加工不足。目前，只有60%左右的果品能进入分级，并且绝大多数还是按重量分级，按外观、内质分级的极少。"统货"、"一树下"直接销售的比例大，外观品质遭受严重影响。

（四）产业发展应牢牢把握的四大理念

（1）大果业理念：坚持以脐橙为主，调优品种结构，发展系列柑橘品种，形成以脐橙为主体，各类优势柑橘品种全面发展，其他优质水果为补充的大果业格局。

（2）大产业理念：大力发展贮运加工，延伸产业链条，形成集生产、加工、仓储、物流、贸易、服务、设备制造等于一体的赣南脐橙产业集群，扩大产业规模，促进产业升级，增强发展后劲。

（3）大市场理念：坚持立足全国、面向世界的思路，采取设立专销区、农超对接、连锁超市和网络直销等现代流通手段，形成覆盖国内大中城市和全球主要消费市场的营销体系。

（4）大品牌理念：把赣南脐橙全力打造成赣州农产品第一品牌、江西水果第一品牌、中国果品第一品牌和世界知名品牌，成为赣州市一张真正的"国际名片"。

第三节 旅游资源

赣州市地处江西省南部，又称赣南，国土面积3.94万平方公里，人口907万。其南枕五岭，北归长江，东接八闽，西接潇湘，是江西省最大的一个设区市，也是内地连接东南沿海发达地区的前沿地带。赣州市旅游资源丰富，人杰地灵，目前全市共有国家级文物保护单位10处64个点，省级文物保护单位54处；国家级风景名胜景区1处，省级名胜景区8处；国家自然保护区1处，省级自然保护区6处；国家级森林公园8个；国家4A级旅游景区10处，形成了"红色故都、江南宋城、客家摇篮和生态家园"4大旅游品牌。

一　赣州是客家摇篮

赣州市是客家人的主要聚居地、发祥地、中转站和客家民系形成的摇篮。赣州市人口中95%以上为客家人。客家先民的南迁，带来了传统的中原文化，这种文化与当地土著文化交流整合而逐步演变为富有客家特色的文化。这里有中国民居建筑史上的奇葩——上千座客家围屋；被学术界称为研究古汉语的"活化石"——客家方言；中国堪舆文化第一村——三僚村；还有赣南采茶戏、兴国山歌、于都唢呐"公婆吹"等非物质文化遗产。1994年，赣州市被国务院命名为"国家历史文化名城"。

（一）客家民居建筑文化

客家民居最典型的代表是客家围屋，赣南客家围屋大都呈"口"字形分布，其墙体厚重，建筑材料多以砖石结构为主，四角建有碉楼，上开枪眼，具有良好的防御功能。在传统社会，客家人围屋而住，聚族而居，以围屋为单位而形成的聚落成为一个重要的社会单位和分类区隔，一个村子往往就是以一两个围屋为中心而形成的。特别重要的是，围屋集祠堂与民宅为一体，神圣空间和世俗空间合一，是当地宗祠祖屋这类公共空间最为重要的载体。围屋是客家先民留下的一部凝固的变迁史，是客家人智慧和审美的结晶，构筑了客家民俗旅游的一道极富特色的风景线。

（二）客家饮食文化

赣南客家饮食品种多样，富有特色，如客家擂茶。擂茶的制作工具擂钵、擂棍和捞子被戏称为"擂茶三宝"；擂茶的制作原料主要有茶叶、芝麻、甘草、花生、大豆、蒜头和爆米花等；擂茶集香甜苦辣于一体，能生津止渴、清凉解暑，还具有消痰化气、健脾养胃和滋补长寿的功效。擂茶在赣南客家十分流行，日常招待客人要用擂茶，小孩出生、老人祝寿以及节日庆典等，擂茶更是必不可少。

（三）客家民俗文化

客家民俗文化极其丰富，客家民俗活动很多，如春节期间有龙灯、蛇灯、鲤鱼灯、狮灯、马灯等各种灯彩表演；端午节有龙舟竞渡等；中秋节有"放孔明灯"、"请月光姑姐"等活动，此外兴国县的三僚村被誉为中国堪舆文化（风水文化）第一村。

（四）客家山歌和采茶戏

客家人喜欢客家山歌，一曲客家山歌会激起海外客家赤子对祖国、对家乡的无限情思。赣南客家山歌的代表当属兴国山歌，它既保留了客家先民古朴的中原音韵，又具有赣南浓郁的客家风情，一曲《十送红军》便是从兴国客家山歌中演化出来的，阐述了客家人的革命胸怀。赣南采茶戏以载歌载舞见长，诙谐风趣，具有浓厚的客家生活气息和鲜明的地方特色。

二　赣州市是红色故都

中央革命根据地在此创建，中华苏维埃共和国在此奠基，中国共产党领导和管理国家政权在此首次预演，举世闻名的二万五千里长征从瑞金、于都等地出发，艰苦卓绝的南方红军三年游击战争在此浴血坚持，伟大的苏区精神在此孕育形成，就发展红色旅游的条件而言，赣州市更是得天独厚。

（一）红色旅游资源丰富，而且分布率高

赣州市在中国革命史上曾是风起云涌的地方，她是第二次国内革命战争的中央苏区所在地，是第一至五次反围剿的主战场，是红军二万五千里长征的出发地，是三年游击战争的发源地。毛泽东、周恩来、朱德、邓小平等老一辈无产阶级革命家曾在这块土地上导演了一出又一出波澜壮阔的革命史诗。在共和国的第一代将帅中，十大元帅中的9位、十大将中的7位都在赣南这块土地上生活过战斗过。在当时中央苏区的24个县中，赣州市占12个。目前，全市拥有国家级文物保护单位5处20个点，省级文物保护单位54处。

（二）革命史上的诸多第一为赣州市的红色旅游资源锦上添花

赣州市曾创造了中国革命史上的诸多"第一"。中国共产党策动并领导的第一次大规模的武装起义——"宁都起义"发生在其所属的宁都县；中国共产党领导的第一个全国性政权——中华苏维埃共和国临时中央政府诞生在这块土地上；由中国共产党领导制订的第一部宪法、第一部婚姻法、第一面国旗、第一个国徽在赣州市的瑞金诞生；中国共产党领导的第一个"海关"、第一个兵工厂在赣南建成；举世闻名的二万五里长征从赣南的红土地迈出第一步。还有现在国家的大部分部、委、局，其根源都在赣南的瑞金。这诸多的第一，每一个第一都是一部厚重的历史，都是红色旅游资源中的经典。

（三）历代领导人对赣州市的青睐使赣州市的红色旅游资源的影响力大大扩张

赣州市作为共和国古都的所在地，毛泽东在此进行了新中国成立的伟大尝试，邓小平在此进行了治县（第二次国内革命战争时期邓小平担任过会昌县中心县委书记）的尝试。自1996年以来，就有江泽民、李鹏、李瑞环、朱镕基、温家宝、曾庆红、吴邦国、贾庆林、吴官正等领导同志先后来到赣州市。胡锦涛同志在担任中共中央总书记不久，就从北京直飞赣州，深入到赣州市所属的章贡区、于都县、会昌县、瑞金市、兴国县等地。这些领导同志来到赣州市，一项重要活动就是瞻仰革命旧址。中央领导对赣南红色旅游资源的关注，无疑是一种最好的宣传，使赣州市红色资源的影响力大大扩张。

三 赣州市是江南宋城

赣州市建制于汉高祖六年，距今有2200多年的历史，曾为南方经济、文化重镇。唐代成为"五岭之要冲"、"粤闽之咽喉"，到了宋朝，赣州"商贾如云，货物如雨"，成为全国36大名城之一。城内遍布历代文物，尤以宋城文化最为璀璨。现在，赣州市仍遗存有巍然高耸的八境台、岩深通幽的江南第一石窟——通天岩、保存完好的宋代城墙、七里古窑遗址，还有惠民千年、沿用至今的地下排水系统——福寿沟。

其中，最有名的莫过于郁孤台。它位于赣州市老城区内西北部的贺兰山山巅，取其树木葱郁、山势孤独而得名。苏东坡、岳飞、文天祥，以及王阳明等人都曾登临。南宋年间，著名词人辛弃疾曾任职赣州，留下千古绝唱《菩萨蛮·书江西造口壁》："郁孤台下清江水，中间多少行人泪。

西北望长安，可怜无数山。青山遮不住，毕竟东流去。江晚正愁余，山深闻鹧鸪。"

四 赣州市是生态家园

赣州市是赣江和东江的源头，鄱阳湖水系的25%，香港和珠三角主要饮用水源、东江水系10.4%的流量均源于赣州。赣州市境内群山连绵，江河纵横。山以水奇，水以山秀，奇山秀水构成了赣州市独特的山水风光，以及由此形成的怡情养性的山水文化。山水文化作为自然类旅游资源，其文化是通过人类的山水审美思维体现出来的。森林覆盖率达76%，居全省之首，且污染较少，是全国18大重点林区和全国十大森林覆盖率最高的城市之一，享有"生态王国"、"绿色宝库"的美誉。

目前，赣州市已将生态旅游列入全市总体规划，开辟了以崇义阳岭、上犹五指峰、安远三百山、宁都翠微峰、大余梅关古驿道、赣州市陡水湖六个国家森林公园和龙南九连山国家自然保护区为主的生态旅游线路。

五 赣州市发展旅游业的交通区位优势

从交通条件讲，京九铁路贯穿赣州市辖区南北，赣龙铁路已通车，赣韶铁路即将动工；赣粤高速江西段已全线通车，正在建设中的昆厦高速公路途经赣州市，105、319、323、206四条国道在市内星罗棋布；4C级的赣州黄金机场可供大型客机降落，开通了北京、上海、广州、厦门、深圳、南宁、贵阳、海口、南昌、成都等航线。同时赣州还是赣江、东江两条江的发源地，水路运输很有潜力，立体交通网络基本形成，赣州市正在重现昔日南北交通大枢纽的辉煌。从地理位置上看，赣州是个边际城市，与粤闽湘交界，连接四省，与广州、厦门、南昌等大城市都在五个小时的路程范围内，游客的组织和线路的编排都非常便捷；就红色旅游区域而言，赣州市地处中央革命根据地的中心，与井冈山、闽西革命根据地山水相连，与广东的韶关、梅州，福建的三明也都在三个小时的路程范围内，组织红色旅游既可以自成体系，又可以与这些周边地区连线。

六 当前旅游业存在的主要问题

（1）旅游资源开发滞后，旅游产品单一。赣州市旅游资源虽然丰富，但没有叫得响、在国内乃至国际知名的旅游吸引物。

（2）旅游功能基础薄弱，发展后劲不足。现有的城市基础设施和旅游服务功能没得到很好的整合利用，旅游公路、高速（国道、省道）公路旅游标识标牌、旅游餐饮、旅游购物、旅游娱乐、旅游厕所等方面管理和建设亟待加强。

（3）旅游商品开发力度不足。缺乏能代表赣州市整体旅游形象的特色商品，民间工艺品、地方特色小吃等亟待开发利用。

（4）旅游服务行业管理有待进一步完善。全市星级旅游酒店高级管理人才以及旅游景区、旅行社高级导游人才十分匮乏，旅游企业管理人员和从业人员素质参差不齐。

七　促进赣州市旅游品牌文化发展的几点对策

（一）制定品牌战略规划，构筑旅游品牌化发展的框架体系

品牌规划是旅游品牌化发展的基础和关键。旅游产业是一个综合性产业，旅游品牌化发展需要不同影响范围、不同消费层次、不同行业旅游品牌的有力支撑。政府应发挥战略管理职能，根据国内外旅游业发展趋势和旅游市场需求变化，结合赣州市旅游产业结构的实际，立足本地旅游资源优势和特色，遵循突出重点、统筹规划、梯度推进、协调发展的思路，制定系统的品牌发展中长期规划，形成多层次互动、多层面互促、多要素支持的动态导向性发展框架。

（1）树立旅游核心产业品牌。根据旅游产业高边缘性、高关联性特点，突出重点领域，着力发展以脐橙文化、红色文化、宋城文化、客家文化为主线旅游景区和旅游商品品牌。

（2）大力培育旅游品牌企业。在重点发展的红色文化、宋城文化、客家文化领域，着力扶持发展三五家龙头企业，按照规模化、集团化、连锁化经营模式，打造一批规模大、实力强、有特色、有影响的旅游企业或企业集团。

（3）打造区域旅游品牌。整合品牌资源，打造赣州市"红色根据地、古色宋城风、特色客家情"旅游城市品牌，根据旅游空间发展格局，将四大板块打造成具有强大市场影响力和感召力的区域品牌。并围绕红色文化、宋城文化、客家文化等旅游产品，推出一批品牌旅游线路。

（二）挖掘区域特色文化，打造旅游品牌化发展的精品载体

文化是旅游品牌的灵魂，特色是旅游品牌的生命。赣州市旅游资源的突出优势在于它独具特色的地域文化，深入挖掘区域特色文化内涵，凸显区域旅游整体形象，彰显旅游产品的特色和个性，形成一批高奇特度、强震撼力、持久吸引力和区域垄断力的旅游精品名品，为旅游品牌化发展提供重要支撑。

（1）培育区域文化旅游品牌。依托革命旧址群等革命历史教育基地，丰富红色文化旅游品牌；依托客家围屋等独特的客家风情，发展客家文化旅游品牌；培育脐橙文化旅游品牌；依托赣州市的宋代历史遗迹、遗址，形成宋城文化旅游品牌。

（2）开发特色旅游购物品牌。发挥赣州市的特色优势，积极引进旅游商品开发商，推动赣州市旅游商品的开发，提高档次，增添收藏或实用价值，增强吸引力，培育有规模、有特色、有品位的旅游购物品牌。重点发展具有资源优势、地方特色和文化底蕴的旅游商品，如红军服之类的红色文化商品、蕴含客家特色和以宋代风韵为主的纪念品等，运用文化手段进行包装、宣传，赋予旅游产品生命力，突出产品个性特色，逐步实现旅游商品的品牌化、系列化和规模化。

（3）开发旅游餐饮品牌。注重赣州市客家饮食文化资源开发，积极推出富有赣州市特色、文化浓郁的代表性客家风味和特色餐饮食品，培育赣州市餐饮知名品牌。挖掘传统客家名菜、名吃，如梅菜扣肉、兴国鱼丝、赣州鱼饼、荷包肉等，推陈出新，丰富内涵，作为饮食文化中的"一绝"，开发新的名菜、名吃，推出代表赣州市地方特色的餐饮，打造成知名品牌，满足游客"吃"的旅游需求。

（三）加快品牌人才队伍建设

（1）鼓励行业协会、中介组织对旅游企业经营者、品牌管理人员、旅游从业人员进行品牌知识培训，培养造就一批品牌经营管理者、品牌导游和品牌服务员。鼓励引进高层次的品牌设计、品牌经营、质量管理等专业人才。

（2）依托赣州市本地大中专院校，重点培养一批高素质的旅游从业人员。

（3）对旅游从业人员定期培训，从而直接提高从业人员文化素质和业务水平。

第五章　赣州市经济发展阶段判断

第一节　经济发展阶段的划分

一　经济发展阶段的划分标准

国内外经济学家对于经济发展阶段的划分标准的讨论由来已久，至今并未取得一致的结果。但对他们的研究成果总结可以得出三种观点：一是总量主义观点；二是结构主义观点；三是综合主义观点。

（一）总量主义观点

该观点认为，经济发展过程最终是一个总量扩张的过程。因而，经济发展阶段划分的简易方法是采用诸如人均 GDP 等的总量指标。其代表人物是西蒙·库兹涅茨。我国学者杨治也持类似观点。库兹涅茨认为，经济增长是一个总量的过程，部门变化是与总量变化交织在一起的，而且它们只有并入总量框架以后才能得到准确的衡量，缺乏必要的量变化严重限制了隐含的战略性部门变化的可能性。因此，总量或人均产出是一个更为明确的经济增长尺度。① 在这里，他坚持用总量指标作为经济增长阶段划分的标准。与库兹涅茨相类似，我国学者杨治认为：谈到经济发展的一个重要着眼点，就是经济社会运动的非连续性的跳跃过程，质的飞跃和阶段性，在衡量经济发展的程度时，按人口平均的国民收入是最主要最常用的指标之一。②

（二）结构主义观点

该观点认为，经济发展的本质是生产结构的变化，因而应设置结构性

---

① 库兹涅茨：《现代经济增长》，北京经济学院出版社 1988 年版。
② 杨治：《产业经济学导论》，中国人民大学出版社 1985 年版。

指标来划分经济发展的阶段。其代表人物是霍夫曼和罗斯托。霍夫曼认为，衡量经济发展阶段的标准"不是产值的绝对水平，也不是人均的产值，也不是资本存量的增长，而是经济中制造业部门的若干产业的增长率之间的关系"，即衡量标准是"消费品部门与资本品部门之间净产值的比例"。① 这个比例后来被称为"霍夫曼系数"。在此，霍夫曼强调，经济发展阶段划分标准不应当是人均收入等绝对标准，而应是从结构入手采用结构性的相对指标。可以看出，"霍夫曼系数"本身就是他提出的衡量经济发展阶段的一个标准。罗斯托认为，经济发展过程是"主导部门"序列变化的过程。对于每一个发展阶段，都有与之相适应的、并能起到带头作用的主导部门，来推动其他部门的经济发展。因此，要对经济发展阶段进行划分，"最基本的方法就是确定经济有效吸收特定技术的程度和吸收顺序。这意味着必须考察部门和分支部门，而不仅仅是总量。"② 在这里，罗斯托坚持应当用主导部门序列作为经济发展阶段划分的基础。主导部门的概念充分体现了他的结构主义倾向的经济发展观。

(三) 综合主义观点

该观点认为，经济发展阶段的划分标准不应该是唯一的，而应该是若干指标的综合。其代表人物是日本的井村干男和我国的蒋清海博士。井村干男认为，一国经济发展的阶段和类型，应该从其基本条件或形态、工业化进展程度和贸易结构变化三个要素相结合的角度来进行划分。其中，基本条件或形态是指一国的自然资源和人力资源禀赋；工业化进展程度指一国制造业产值与国内生产总值的比重；贸易结构变化则用农业、轻工业产值与初级产品、轻工产品进口额之比，初级产品、轻工制品出口额与其进口额之比，重工业产值与重工业制品进口额之比，以及重工业出口额与其进口额之比这四个比例系数来衡量。蒋清海博士认为，划分区域经济发展阶段应采用制度因素、产业结构、空间结构和总量水平四个项目为标准。并认为，制度因素是区域经济发展阶段划分的背景性标准，产业结构是判别区域经济发展阶段的生产力标准，空间结构是标示区域经济发展阶段不同于其他经济发展阶段的标志，总量水平是测量经济发展高度的标准。③

---

① 霍夫曼：《工业区的阶段和类型》，1931年。
② 罗斯托：《经济增长的阶段——非共产党宣言》，中国社会科学出版社2001年版。
③ 蒋浩海：《中国区域经济分析》，重庆出版社1990年版。

二 经济发展阶段划分的内容

关于经济发展阶段划分的内容，不同的经济学家也有不同的划分内容，各阶段划分的内容和顺序以及侧重点也是不尽相同的。现就中外主要代表经济学家的观点作一介绍。

德国历史学派代表毕雪（K. Bucher）的三阶段理论。他从商品交易的角度把经济发展划分为三个阶段封闭性的家庭经济、城市经济和国民经济。

德国经济学家弗里德希·李斯特的区域经济发展理论。李斯特在 1841 年的《政治经济学的国民体系》一书中，以生产部门的发展状况为标准，通过兼用历史分析、制度与结构分析以及部门分析方法，将区域经济发展阶段划分为五个阶段：原始未开化阶段、畜牧业阶段、农业阶段、农业和制造业阶段、农工商阶段。

马克思的发展阶段理论。马克思分别从社会经济形态和生产方式演进两个角度观察和划分经济发展阶段。按社会经济形态的演进，整个人类社会及各个国家一般都要经历原始社会、奴隶社会、封建社会、资本主义社会和共产主义社会五个阶段，这种划分属于制度变迁的分析框架。按社会生产方式划分则分为手工生产、简单机器生产、机器大工业生产等阶段。

罗斯托的经济发展线性阶段理论。1960 年，在《经济增长的阶段》一书中，罗斯托从世界经济史的角度，以经济"起飞"为核心概念，将经济发展阶段划分为：传统社会阶段、为起飞创造前提条件阶段、起飞阶段、成熟阶段、高额消费阶段、追求生活质量阶段。

埃德加·胡佛—约瑟夫·费雪的区域经济发展阶段理论。1949 年，胡佛和费雪在论文《区域经济增长研究》中，从产业结构和制度背景出发，将区域经济发展阶段分为自给自足经济阶段、乡村工业崛起阶段、农村生产结构转换阶段、工业化阶段、服务业输出阶段（成熟阶段）五个阶段。

弗里德曼的区域经济发展阶段理论。1966 年，美国区域发展和区域规划专家弗里德曼在专著《区域发展政策》中提出了中心—外围理论，以空间结构、产业特征和制度背景为标准，将区域经济发展分为四个阶段：前工业阶段、过渡阶段、工业阶段、后工业阶段。

美国社会学家丹尼尔·贝恩（Danniel Ben）的发展阶段理论。他按照人与自然界相互竞争关系把社会经济发展划分为三个阶段：前工业化社会、工业化社会和后工业化社会。

日本学者井村干男，他参照西方关于发展阶段的划分理论，提出了按基本条件与工业化进展程度、贸易结构变化相结合的思路，把工业化进程划分为三个阶段。

我国学者对区域经济增长过程也提出了自己的观点。陈栋生等人在1993年出版的《区域经济学》中认为，区域经济的增长是一个渐进的过程，可分为待开发、成长、成熟和衰退四个阶段。蒋清海以制度因素、产业结构、空间结构和总量水平为标准，将区域经济发展分为四个阶段：传统经济阶段、工业化初级阶段、全面工业化阶段、后工业化阶段。

第二节 经济发展进程指标

一般认为[1]，工业化（Industrialization）即以机器化大生产代替手工劳动，是工业特别是制造业的不断发展与提升过程，其主要表现是，工业产值在工农业产值中的比重以及工业人口在总人口中的比重不断上升，同时农业产值的比重及农业人口的比重不断下降的过程。《新帕尔格雷夫经济学大辞典》认为，工业化"首先一般来说，国民收入（或地区收入）中制造业活动和第二产业所占比例提高了……其次，在制造业和第二产业就业的劳动人口的比例一般也有增加的趋势"。[2] 一般对一个国家或地区的经济发展阶段研究，其逻辑起点都是先要对该地区的工业化阶段进行判定。从现有的研究来看，工业化阶段的判断主要有以下四种方法。

一 霍夫曼系数法

霍夫曼（1965）就工业化进程本身，对各国工业化过程中工业结构的演进规律进行了开拓性的研究，他根据20个国家的历史数据，分析了制造业中的消费资料工业和生产资料工业（以轻重工业划分）之间的净产值比例关系（消费资料工业净产值/资本品工业净产值）的变化，然后概括出有代表性的比值即霍夫曼系数，根据这一比值来划分工业化的阶段，从而把工业结构特征与工业化过程的阶段划分联系起来。得到的结论是，各国工业化无论开始于何时，一般具有相同的趋势，即提出随着一国

---

[1] 张培刚，2003年；库兹涅茨，1989年等。
[2] 《新帕尔格雷夫经济学大辞典》第二卷，经济科学出版社1996年版，第861页。

工业化的进展,霍夫曼比例(即霍夫曼系数)呈现出不断下降的趋势。

他将工业化过程分成了四个阶段:

第一阶段:霍夫曼比例=5(±1);

第二阶段:霍夫曼比例=2.5(±1);

第三阶段:霍夫曼比例=1(±0.5);

第四阶段:霍夫曼比例<1。

霍夫曼系数的意义在于从工业结构内部的分析上,把握产业结构高度化进展程度,进而把握发展阶段,说明产业结构演进中是如何实现初级产品生产比重优势被中间产品、最终产品替代,劳动密集型产业比重优势被资本、技术密集型产业替代的。霍夫曼定理是关于经济发展中工业内部结构变化的分析,在确定地区工业化进程的研究中被广泛运用。

二 人均产值指标(人均GDP)

著名发展经济学家 H. 钱纳里将经济增长理解为经济结构的调整、转变与提升过程,他根据人均GDP数量的多少,将经济演进的进程分为三个阶段和六个时期,如表5-1所示。

表5-1　　　　　　H. 钱纳里的工业化发展阶段论

时期	人均GDP(1982年美元)	发展阶段
1	364—728	初级产品生产阶段
2	728—1456	工业化阶段
3	1456—2912	工业化阶段
4	2912—5460	工业化阶段
5	5460—8736	发达经济阶段
6	8736—13104	发达经济阶段

资料来源:H. 钱纳里等:《工业化与经济增长的比较研究》,上海三联书店1989年版,第95—99页。

三 劳动力结构指标

最早对国民经济进行部门划分的是配第,但他没有明确地阐述这种划分的意义,后来克拉克在《经济进步的条件》一书中将国民经济分为三个部门,并认为工业化的实现过程也是劳动生产率不断提升的过程,当劳动力由较低生产率的农业部门向工业部门转移时,不仅改变了产业结构与劳动力就业结构,而且经济增长的方式也发生了变化。此种现象被称为

"配第—克拉克定理",说明劳动力就业结构的变化也是衡量经济发展阶段的重要指标(见表5-2)。

表5-2　　　　配第—克拉克定理:收入与就业之互动

阶段	1	2	3	4	5
人均GDP(1982年美元)	357	746	1529	2548	5096
第一产业(%)①	80.5	63.3	46.1	31.4	17.0
第二产业(%)	9.6	17.0	26.8	36.0	45.6
第三产业(%)	9.9	19.7	27.1	32.6	37.4

注:①指的是就业人数的百分比。

资料来源:谭崇台主编:《西方经济发展思想史》,武汉大学出版社1993年版,第428—429页。

四　产业结构指标

美国经济学家S.库兹涅茨认为,在工业化的推进过程中产业结构的变动最为迅速、及时。在工业化初期与中期阶段,产业结构变动的核心问题是农业与工业之间的"二元结构"之变动与转化,即在起始阶段,第一产业比重高,第二产业比重低,随着工业化进程的发展,第一产业比率下降,第二产业、第三产业比重上升,且第二产业上升幅度大于第三产业,第一产业的优势地位被第二产业取代。当第一产业比率降到20%以下时,第二产业比重高于第三产业,此时,进入工业化的中期阶段。当第一产业比重降到10%以下时,第二产业比重上升到最高水平,工业化进入后期阶段,此后第二产业比重将逐渐下降。即工业部门的产值在国民经济中的份额将经历一个由小到大,保持稳定一段时间,然后再逐渐下降的过程。

第三节　赣州市经济发展阶段判断

根据上面四种工业化阶段的判断办法,我们结合改革开放后赣州的经济发展现实,尤其是工业经济的发展现实,研究赣州工业化发展的阶段。

一　统计数据及数据处理

(一)统计数据

我们主要根据《赣州市统计年鉴》(2011)的统计数据,采用了地区生产总值(GDP)、人均生产总值、年末总人口、工业总产值、第三产业就业人口等指标,分别按照人均产值指标、劳动力结构指标、产业结构指标,计算改革开放后(1978—2013年)赣州市工业化发展的总体情况,分析赣州市经济发展进程的特点,并结合四种方法的判断结论,得出2011年赣州市经济发展阶段的初步判断。数据采用的有关说明如下:

(1)作为一个市级统计年鉴,工业数据没有区分消费品工业与生产资料工业增加值数据,因此没有办法用霍夫曼系数计算。

(2)用人均产值指标法进行赣州市工业化进程判断时,根据《赣州市统计年鉴》中的"户籍人均GDP"指标作为人均产值指标,美元与人民币的换算按照每年的汇率均价。

(3)用劳动力结构指标法进行赣州工业化进程判断时,根据《赣州市统计年鉴》中的"第一产业年末从业人员"、"第二产业年末从业人员"、"第三产业年末从业人员"作为三次产业就业人员指标。

(4)用产业结构指标法进行赣州工业化进程判断时,根据《赣州市统计年鉴》中的"主要年份生产总值构成"的数据作为基础数据。

(二)数据处理

除特别指出外,数据处理都是依据原始数据,按照相关概念、理论和已有的通行数据处理办法,进行计算、核算和分析得出的。

二 赣州市经济发展阶段判断

(一)人均产值指标

根据《赣州市统计年鉴》(2014),赣州市人均产值指标原始数据如表5–3。

表5–3　　　　1978—2013年赣州市人均产值指标

年份	人均产值(元)[①]	美元汇率(元/美元)[②]	人均产值(当年价,美元)[③]	CPI指数[④]	人均产值(1982年价,美元)[⑤]
1978	194	1.5549	124.8	100	142.7
1987	499	3.7271	133.9	159.6	96.0
1990	886	4.7832	185.2	216.4	97.9
1998	3047	8.2791	368	438.4	96.0
1999	3152	8.2783	380.8	432.2	100.8
2000	3407	8.2784	411.6	434.0	108.5
2001	3679	8.2770	444.5	437.0	116.4
2002	4039	8.2770	488.0	433.5	128.8
2003	4558	8.2770	550.7	438.7	143.6

续表

年份	人均产值（元）①	美元汇率（元/美元）②	人均产值（当年价，美元）③	CPI指数④	人均产值（1982年价，美元）⑤
2004	5263	8.2768	635.9	455.8	159.6
2005	6134	8.1917	748.8	464.0	184.6
2006	7098	7.9718	890.4	471.0	216.3
2007	8487	7.6040	1116.1	493.6	258.7
2008	10089	6.9451	1452.7	522.7	317.9
2009	11201	6.8310	1639.7	519.0	361.4
2010	13397	6.7695	1979.0	536.1	422.3
2011	16108.3	6.4588	2494.0	544.0	524.5
2012	18025.2	6.3125	2855.5	558.1	585.3
2013	19995.5	6.1932	3228.6	572.6	645.0

资料说明：①《赣州市统计年鉴》（2014）；②《中国统计年鉴》（2014），汇率为年平均价；③人均产值当年美元计算公式为：③=①/②而得；④1978—2013年CPI指数来源于各年《中国统计年鉴》，为定基指数；⑤1982年人均产值美元价根据1982年的CPI指数114.4调整而得，具体调整公式为：⑤=③×114.4/④。

通过表5-3的原始数据以及对相关数据的处理，分析和整理可知，改革开放以来，赣州市的经济得到了持续发展，人均产值保持整体上升的趋势。根据人均产值法，虽然赣州市经济发展中人均产值的绝对值得到了较快的增长，但是我们应该考虑到美元汇率和CPI指数的变动，通过计算可以得到表中最后一列的赣州市人均产值的1982年的美元价格，也是整体上保持了增长的态势。我们通过图5-1可以很直观地看出。

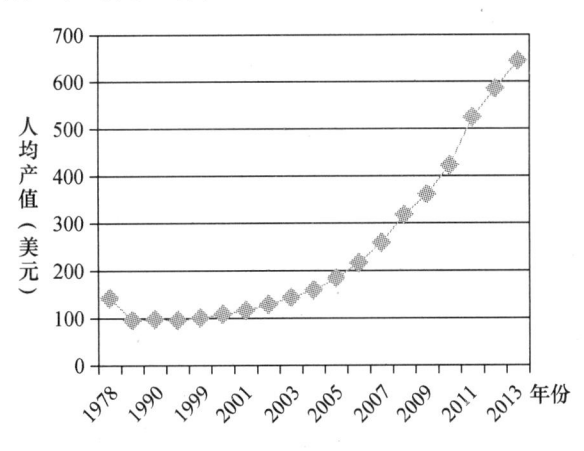

图5-1　1978—2013年赣州市人均产值变化（1982年美元价）

赣州市2013年人均产值（1982年价）为645.0美元，处于H.钱纳里的工业化发展阶段论的364—728美元这一时期。也就可以判断到2013年赣州市尚处于初级产品生产阶段。

（二）劳动力结构指标

表5-4　　　　　　　1978—2013年赣州市劳动力结构指标

年份	年末从业人员	第一产业 从业人员	比例（%）	第二产业 从业人员	比例（%）	第三产业 从业人员	比例（%）
1978	223.73	187.82	83.95	18.11	8.09	17.80	7.96
1980	233.59	195.43	83.66	18.97	8.12	19.19	8.22
1985	289.49	223.00	77.03	32.87	11.35	33.62	11.61
1990	340.50	257.14	75.52	40.70	11.95	42.66	12.53
1995	410.16	251.70	61.37	59.38	14.48	99.08	24.61
1998	423.68	255.05	60.20	52.58	12.41	116.05	27.39
1999	416.09	250.50	60.20	54.44	13.08	111.15	26.71
2000	413.59	228.46	55.24	62.82	15.19	122.31	29.57
2001	418.31	228.08	54.52	57.19	13.67	133.04	31.08
2002	416.60	214.14	51.40	60.65	14.56	141.81	34.04
2003	419.55	216.82	51.68	69.93	16.67	132.80	31.65
2004	422.65	218.68	51.74	81.20	19.21	122.76	29.05
2005	429.60	218.45	50.85	94.05	21.89	117.10	27.26
2006	435.40	205.30	47.15	107.10	24.60	123.00	28.25
2007	441.45	200.08	45.32	116.74	26.44	124.63	28.23
2008	449.67	194.30	43.21	129.57	28.81	125.80	27.98
2009	458.02	191.88	41.89	137.41	30.00	128.73	28.11
2010	480.15	195.26	40.67	148.23	30.87	136.66	28.46
2011	496.68	190.85	38.43	160.12	32.23	145.71	29.34
2012	512.82	183.27	35.74	173.21	33.78	156.34	30.48
2013	531.73	181.79	34.19	184.75	34.75	165.19	31.07

资料来源：《赣州市统计年鉴》（2014），其中，各次产业从业人员比例的计算而得，计算公式为：比例=各次产业从业人员/年末从业人员。

通过对表5-4的分析可以看出，1987—2013年，赣州市劳动力结构指标的变动。第一产业从业人数占总从业人数的比重整体上保持下降的态势，第二、第三产业从业人数占总从业人数的比重整体上保持上升的态势。而且我们可以看出在改革开放的初期,赣州市的三大产业结构为,第一产业从业人数占总从业人数的比重高达83.95%,也就是说当时赣州市的经济发展处于农业绝对主导的格局,第二、第三产业极不发达。经过改革开放30多年的发展,赣州市的产业格局发生的重大的变化,第一产业从业人数占总从业人数的比重下降,第二、第三产业从业人数的比重上升,到2010年赣州市三大产业从业人数的比重分别为4.19%、34.75%,31.07%,虽然第一产业的从业人数占的比重仍然最大,但是,第二、第三产业的从业人数比重也上升到和第一产业比重很接近了,呈现出赣州市三大产业结构日趋均衡发展。

我们对照配第—克拉克定理,可以判断赣州市工业化大致处于第三阶段。通过图5-2我们可以很直观地看出。

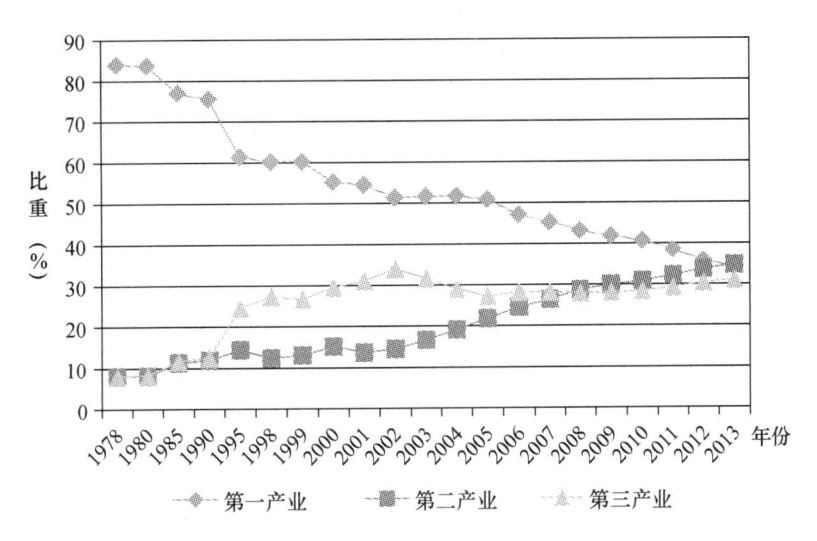

图5-2 1978—2013年赣州市三大产业劳动力比重的变化趋势

(三)产业结构指标

根据《赣州市统计年鉴》(2014),赣州市产业结构指标原始数据如表5-5所示。

在改革开放初期的1978年,赣州市的三大产业比重分别为61.1%、24.8%、14.1%,典型的农业占主导的经济发展情况,第二、第三产业所占的比重和都没有第一产业的大。然而,随着改革开放的推进,赣州市的产业结构发生了重大的变化,第一产业的比重总体上处于下降的态势,第

二、第三产业的比重则保持了上升的态势,而且通过表5-5我们可以发现,经过改革开放30多年的发展,到2013年赣州市的三大产业比重分别为16.2%、45.7%、38.1%。其中,第一产业不断下降,降到20%以下,第二、第三产业则不断的上升,而且我们可以看出,第二产业的比重上升幅度大于第三产业比重上升的幅度,工业所占比重取代第一产业的传统优势而处于主导地位(见表5-5)。

表5-5　　　　　1978—2013年赣州市产业结构指标　　　　单位:%

年份	第一产业比重	第二产业比重	第三产业比重
1978	61.1	24.8	14.1
1980	61.3	23.7	15.0
1985	54.3	26.9	18.8
1990	48.8	26.9	24.3
1995	44.3	30.2	25.5
1998	38.7	28.3	33.0
1999	36.7	28.6	34.7
2000	34.6	29.4	36.0
2001	33.2	29.5	37.3
2002	31.5	30.2	38.3
2003	29.4	32.1	38.5
2004	28.9	32.2	38.9
2005	25.8	36.4	37.8
2006	23.3	38.9	37.8
2007	21.8	41.0	37.2
2008	20.6	42.7	36.7
2009	20.8	42.3	36.9
2010	18.9	44.4	36.7
2011	17.4	47.2	35.4
2012	16.7	46.2	37.1
2013	16.2	45.7	38.1

资料来源:《赣州市统计年鉴》(2014)。

第五章 赣州市经济发展阶段判断 ·107·

图5-3非常形象地呈现出赣州市改革开放30多年三大产业结构的变化。

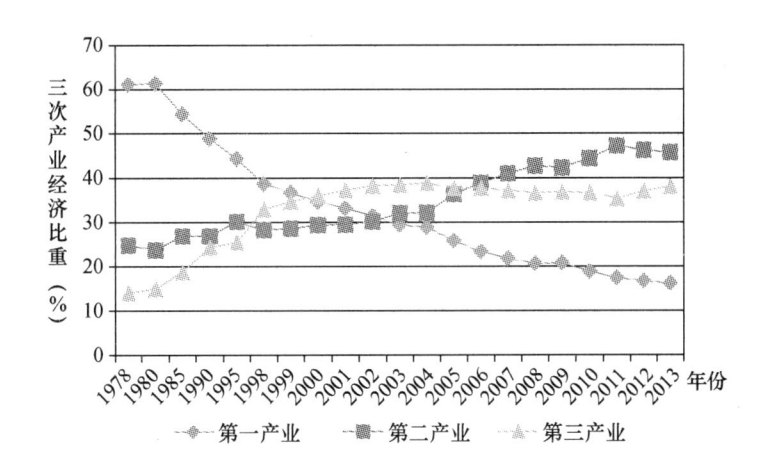

图5-3 1978—2013年赣州市三大产业经济比重变化趋势

根据美国经济学家 S. 库兹涅茨的观点，结合我们以上的分析，可以判断赣州市工业化刚刚进入中期阶段。

第四节 赣州市经济发展阶段核心特征描述

据以上三种方法的综合研究，我们可以判断赣州市工业化处于中期偏前阶段，这个阶段有以下核心特征。

一 "二三一"产业格局近期没有根本改变

赣州市的"二三一"产业格局在10年乃至更长时间内，不会发生根本性改变。我们都知道产业格局的变化不会一蹴而就，所以赣州市的产业经济发展格局在近期不会发生质的变化。赣州市在制定经济发展规划的时候应该清楚地认识到这一现状，要实事求是地根据自身来制定合理的发展规划，以更好更快地促进赣州市的产业格局的调整，缩短赣州市往更高经济发展阶段迈进的时间，使赣州实现赶超式的发展。

二 工业是推动赣州市经济社会发展的主要动力

结构调整在推动工业发展、加速经济增长方面起核心作用。在工业化的不同时期，结构调整的范围和特点不同。一般来说，人均收入超过1000美元，就标志着进入工业化的加速发展时期。工业化加速发展时期，结构调整最频繁，结构变动最剧烈，对经济增长的作用最有力，然而赣州尚未超过1000美元，这意味着工业仍然是赣州的经济发展的主要动力。

在生产的诸要素中，资本和技术进步是推动经济增长的主要力量。在工业化发展的不同阶段上，不同要素对经济增长贡献的重要性相对不同。在工业化中期，资本投入仍然是经济增长的主角，对经济增长的贡献最大，但总的趋势是逐步下降的。而因技术进步引起的全要素生产率的提高对经济增长的贡献逐步上升，到工业化持续发展时期，它已取代资本而成为经济增长最主要的因素。所以通过对赣州市经济发展阶段的判断，赣州处于中期偏前阶段，因此，这阶段赣州市经济增长的主要动力仍然是资金的驱动，但是其贡献率会不断下降，而技术的贡献率会不断上升。大力发展科学技术也是今后赣州市经济发展应该着重的地方。

在各类需求中，中间需求（或者生产需求、投资需求）的增长是总需求增长的主角。在工业化中期，相对于国内最终消费需求和出口需求来讲，中间需求的增加是制造业迅速成长、产业链拉长的主要原因。赣州市工业经济的发展需求中，工业需求和投资需求仍是主力军。

三 现代工业与现代服务业"双轮驱动"

服务业开始加速发展，并呈高端化发展。形成现代工业与现代服务业"双轮驱动"。通过上文的介绍，我们可以发现，到2013年，赣州市的产业发展格局中，第二、第三产业的比重分别为45.7%、38.1%，虽然第二产业比第三产业的比重更高，但是第三产业已经取得了较快地发展，并且呈现出加快发展的趋势。在今后赣州市经济发展的20年间，第二、第三产业发展将并驾齐驱，推动赣州经济的发展，形成赣州市现代工业与现代服务业"双轮驱动"的经济发展格局。

四 产业结构调整为赣州市服务业的发展提供长足动力

产业结构调整是一个自然的过程，工业积累、体量扩张以及集约化的演进，是服务业获得大发展的前提和基础。就像自然界的发展规律一样，产业结构的调整也是经济发展的一个规律。然而我们的服务业要取得长足的发展，工业的快速发展是前提，工业的高速发展为服务业的发展提供了保障的基石。要促进赣州市现代服务业的快速发展，积极地推动赣州市产业结构调整势在必行，通过产业结构调整，为赣州市服务业的发展提供长久的动力。

五 大力发展具有赣州市特色的服务业

赣州市目前的问题不是要不要发展服务业的问题，而是应该如何发展，重点发展什么服务业的问题。关键是应该在加速工业、产业发展的同时，发展与工业、产业配套的具有核心竞争力，也具有赣州特色的服务业。虽然赣州市经济发展中，工业仍然占据着主导的地位，工业对经济发展的贡献最大。但是，赣州市的第三产业也取得了快速的发展，要促进赣州市经济又好又快的发展，迈向更高经济水平，大力发展具有赣州市特色的服务业很有必要。

第六章　赣州市现代服务业发展预测

根据《国务院关于支持赣南等原中央苏区振兴发展的若干意见》的要求，到 2015 年，赣南等原中央苏区在解决突出的民生问题和制约发展的薄弱环节方面将取得突破性进展。尽快完成赣州市农村安全饮水、农村危旧土坯房改造、农村电网改造升级、农村中小学薄弱学校改造等任务；基础设施建设取得重大进展，特色优势产业集群进一步壮大，城镇化率大幅提升，生态建设和环境保护取得显著成效；经济保持平稳较快发展；城乡居民收入增长与经济发展同步，基本公共服务水平接近或达到中、西部地区平均水平。

到 2020 年，赣南等原中央苏区将整体实现跨越式发展。现代综合交通运输体系和能源保障体系基本形成；现代产业体系基本建立，工业化、城镇化水平进一步提高；综合经济实力显著增强，人均主要经济指标与全国平均水平的差距明显缩小；人民生活水平和质量进一步提升，基本公共服务水平接近或达到全国平均水平，与全国同步实现全面建设小康社会目标。

加快发展现代服务业，增强城市综合服务功能和城区综合实力，对于调整城市经济结构、提升城市功能、增加就业、构建社会主义和谐社会、实现小康社会的目标都具有十分重要的意义。为科学制定赣州市现代服务业发展规划，需要对国民生产总值、现代服务业产值及未来发展趋势进行预测，预测主要涉及时间序列相关理论及方法，数据来源主要是历年《赣州市统计年鉴》。本章首先简要地介绍时间序列预测理论及方法，然后对相关指标进行预测。

第一节 时间序列预测理论及方法

时间序列预测方法，是将预测目标的历史数据按照时间的先后排列成为时间序列，然后分析它随时间的变化趋势，并建立数学模型进行外推的定量预测方法。这类方法以连贯性原理为依据，以假设事物过去和现在的发展变化趋向会延续到未来为前提条件。[①] 它撇开对事物发展变化的因果关系的具体分析，直接从时间序列统计数据中找出反映事物发展的演变规律，从而预测目标的未来发展趋势。

时间序列预测技术在国外早已有应用，国内在20世纪60年代就应用于水文预测研究。到20世纪70年代，随着电子计算机技术的发展，气象、地震等方面也已广泛应用时间序列的预测方法。目前时间序列预测技术已被广泛地应用于经济指标分析中。

时间序列预测技术可分为随机型和确定型两大类，随机型时间序列预测技术使用了概率的方法，而确定型时间序列预测技术则使用非概率的方法。本节简要介绍确定型时间序列预测理论。

一 时间序列与时间序列模型

变量随时间变化，按等时间间隔所取得的观测值序列，称时间序列。表示为 Y：$\{y_1, y_2, \cdots, y_n\}$。

时间间隔可以是一年、一月、一天、一小时等。时间序列取值有两种方式。

（1）y_t 取观测时间点处的瞬时值。比如，某城市每日中午的气温值、仓库月末的存储量。

（2）y_t 取相邻时间点期间的累积值。比如，每年工农业总产值、某商场月销售额。

上述时间序列取值有一个特点，即是离散型时间序列。当然也有连续型时间序列，如心电图、工业供电仪表记录结果等，这里只讨论离散型时间序列。

时间序列通常认为含有四种成分。

[①] 王燕：《应用时间序列分析》，中国人民大学出版社2008年版，第70—75页。

(1) 长期趋势（T）。描述序列中长期运动趋势。

(2) 循环分量（C）。描述序列中不同幅度的扩张与收缩，且时间间隔不同的循环变动。经济问题中常指一年以上的起伏变化。

(3) 季节分量（S）。描述序列中一定周期的重复变动，周期常为一年、一季、一周等。

(4) 不规则分量（I）。描述随机因素引起的变动，常带有偶然性。由于各种因素引起变化相互抑制抵消，变动幅度常较小。

经典的时间序列模型有两种[1]：

(1) 加法模型：$Y = T + S + C + I$

(2) 乘法模型：$Y = T \times S \times C \times I$

对于一个时间序列，采用哪种模型分析，取决于各成分之间关系。一般来说，若四种成分是相互独立的用加法模型，若相互有关联用乘法模型，对于社会经济问题主要使用乘法模型。下面介绍对时间序列的分解。

二 序列的平滑和移动平均法

平滑是研究时间序列的一个基本方法，用它来平抑或削弱时间序列中的波动变化，从而获得序列变化趋势的信息。

平滑一组数据常用的方法为移动平均法。其基本思想是，每次取一定数量周期的数据平均，按时间顺序逐次推进。每推进一个周期时，舍去前一个周期的数据，增加一个新周期的数据，再进行平均。即求原序列的一个 k 项平均数序列。

$$\frac{y_t + y_{t+1} + \ldots + y_{t+k-1}}{k}, \ t = 1, 2, \cdots, T - k + 1$$

如 3 项平均、5 项平均等。这样，用 k 项平均数组成的新序列抑制和削弱了原序列中的波动性。这可以从下面例子中很好地反映出来。

某公司 1967—1981 年各年利润如表 6 - 1 所示，并对其作 5 项平均。

k 的选择：从图 6 - 1 可以看出，k 值越大平滑的效果越好。但损失掉的项数（$k - 1$）也越大，所以要在保持足够的数据与消除波动之间做出选择，一般取 k 与循环波动周期相一致，这样可有效地抑制循环变化。

---

[1] 克莱尔：《时间序列分析及应用》，机械工业出版社 2011 年版，第 102—115 页。

表 6-1　　　　　　　　　　　时间序列平滑

年份	利润（Y）	平均值	5 项移动平均
1967	2		
1968	4		
1969	5	5.2	$=\dfrac{2+4+5+7+8}{5}$
1970	7	6.0	$=\dfrac{4+5+7+8+6}{5}$
1971	8	6.8	
1972	6	8.0	
1973	8	9.2	
1974	11	10.4	
1975	13	11.4	
1976	14	12.6	
1977	11	14.0	
1978	14	15.4	
1979	18	17.2	
1980	20		
1981	23		

当 k 为偶数时，如做 12 个月平均，4 项平均等。则算出的平均数只能对应在中心两项之间，这样很不方便，于是每两项再平均一次称作"中心化移动平均"。

当 k 为偶数时，目前移动平均的最新计算公式是：

$$MA_t = \frac{0.5 \times Y_{t-2} + Y_{t-1} + Y_t + Y_{t+1} + 0.5 \times Y_{t+2}}{4}，（用于季节数据）$$

$$MA_t = \frac{0.5 \times Y_{t-6} + Y_{t-5} + Y_{t-4} + Y_{t-3} + Y_{t-2} + Y_{t-1} + Y_t + Y_{t+1} + Y_{t+2} + Y_{t+3} + Y_{t+4} + Y_{t+5} + 0.5 \times Y_{t+6}}{12}，（用于月度数据）$$

序列平滑只是部分消除 S、C、I 变动，不一定是全部。移动平均 MA 一般是 T 和 C 分量的乘积。

$$MA = TC$$

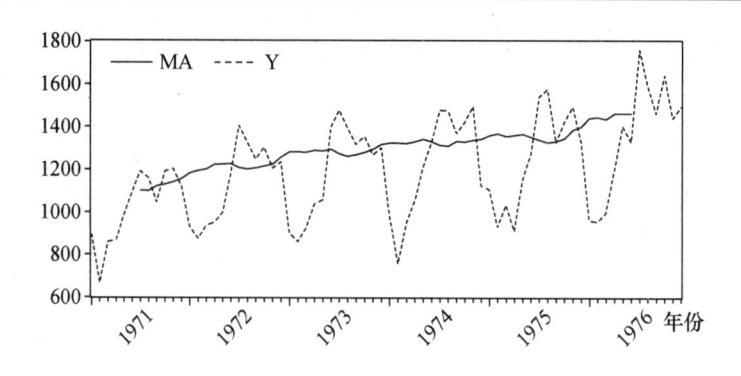

图 6-1 序列的平滑

三 时间序列组成因素的分解

(一) 趋势分量

求出移动平均序列，即 TC，下一步确定趋势分量 T（trend）。在求趋势 T 之前，首先要观察趋势特征。这可以通过对原时间序列 Y 或移动平均序列 TC 观察，而获得初步信息。趋势可分为线性和非线性两种。以线性趋势为例介绍趋势分量 T 的求法。用移动平均 TC 对时间 t 回归，模型是：

$$TC = \beta_0 + \beta_1 t + u$$

则 TC 的拟合值 $\hat{TC}$ 就是趋势分量 T。

$$TC = \hat{\beta}_0 + \hat{\beta}_1 t + \hat{u} = \hat{TC} + \hat{u}$$

其中，$T = \hat{TC} = \hat{\beta}_0 + \hat{\beta}_1 t$

根据实际情况，也可以用非线性回归求趋势。在非线性趋势中有一种可用 Gompertz 曲线描述。其形式是：

$$Y = b_0 b_1^{b_2^{x_t}} \quad (0 < b_1 < 1, \; 0 < b_2 < 1)$$

一项新技术或一种新产品的推广过程都属于这种类型。当 b_0 事先已知时（根据实际问题可以预估），上式可变换为：

$$Y/b_0 = b_1^{b_2^{x_t}}$$

$\ln(Y/b_0) = b_2^{x_t} \ln b_1$ （把 Gompertz 曲线画在半对数格纸上就是指数曲线）

$\ln[\ln(Y/b_0)] = x_t \ln b_2 + \ln[\ln(b_1)]$ （$\ln[\ln(Y/b_0)]$ 与 x_t 是线性关系）

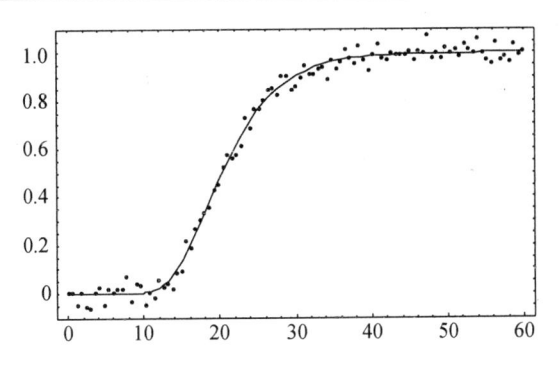

图 6-2 Gompertz 曲线

除了上述线性和 Gompertz 方法求趋势外，还可以用虚拟变量方法、指数模型、对数模型、抛物线模型、滞后变量模型、分布滞后模型、差分模型以及广义差分模型进行趋势预测。[①]

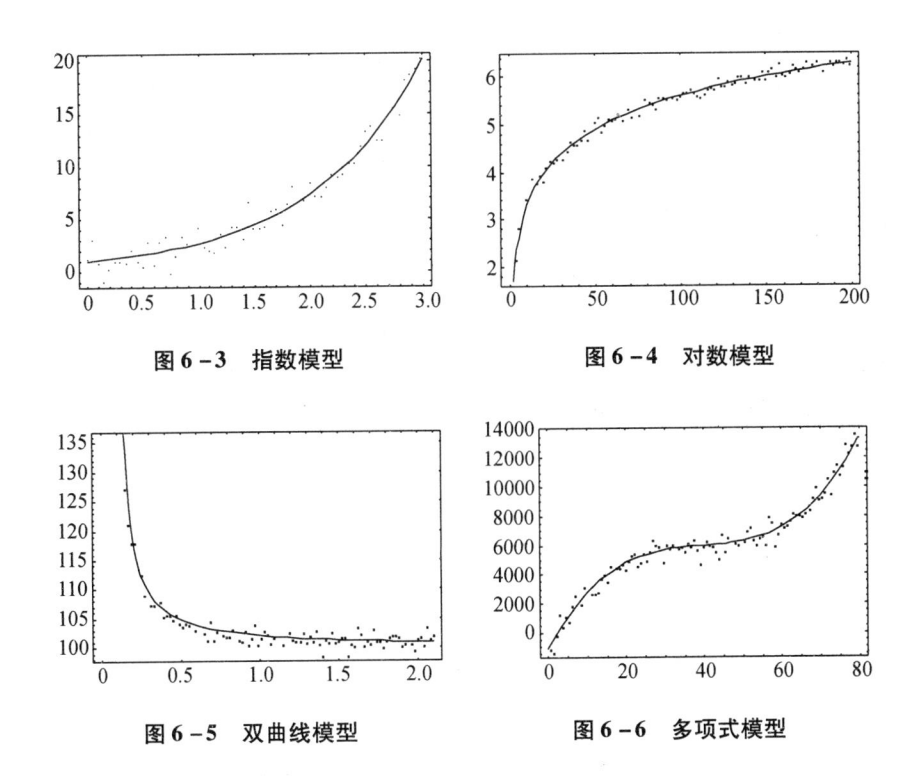

图 6-3 指数模型

图 6-4 对数模型

图 6-5 双曲线模型

图 6-6 多项式模型

---

① S. T. Ruey：《金融时间序列分析》，人民邮电出版社 2009 年版，第 210—225 页。

(二) 循环分量 (C)

用移动平均法平滑序列,所得结果为趋势循环分量 TC。用回归法求出趋势分量 T。用 T 除 TC 得到循环分量 C。

$$C = \frac{TC}{T}$$

(三) 季节分量 (S)

在时间序列中含有季节分量是很常见的,如四季气候变化引起人们社会经济生活的一定变动,风俗习惯也呈现季节性变动(如春节期间肉销量大增)。季节分量常用季节指数表示,例如:$S = 1.04$ 表示由季节因素影响,时间序列值 Y 约高出平均值 4%,$S = 0.93$,序列值低于平均值 7%。求季节性指数可分三步进行。

(1) 用移动平均法平滑序列,所得结果为趋势循环分量 TC。

(2) 用趋势循环分量 TC 除序列值 Y,得到季节不规则分量,$Y/TC = SI$。

(3) 用 SI 分量相同期的全部值求平均数,有时也可以用这些全部值的中位数(这样可以避免极端不规则值的影响)作为季节因子 S 的初步值。由于季节因子必须在一年内求得平衡,所以乘法模型中的季节因子的平均值应改为 1。因为季节因子 S 的初步值的平均值通常不能保证为 1,所以需要作最后调整。

季节分量(季节因子、季节指数)序列常用来评价一个具体时期与平均水平的差别。例如第三季度季节因子 1.78 的含义是第三季度的值平均高出年平均水平 78%。

(四) 不规则分量

不规则分量求法:用 S 除 SI,可求出 I。

$$I = \frac{SI}{S}$$

第二节 赣州市现代服务业发展预测

一 对 2015 年赣州市服务业占 GDP 比重和增长速度的预测

通过查找数据和比较分析,GDP 和服务业产值赣州市处于赣南地区的领先水平。

(一) 赣州市地区生产总值回归预测分析

表6-2　　　　　　　赣州市地区生产总值、服务业产值表　　　　　单位：亿元

年份	地区生产总值	服务业产值
2001	290.34	108.3
2002	321.82	123.16
2003	366.39	141.02
2004	426.23	165.74
2005	500.11	188.93
2006	582.73	220.56
2007	701.97	261.38
2008	840.85	308.56
2009	940.63	347.32
2010	1119.74	411.14
2011	1335.98	472.13
2012	1508.43	559.24
2013	1673.31	637.57
2014	1843.59	712.94

资料来源：《赣州市国民经济与社会发展统计公报》（每年公报）。

通过时间序列趋势图（见图6-7）可以发现，地区生产总值的长期趋势并非直线变动。根据时间序列数据的特性，将地区生产总值取自然对数，从而其变动趋势接近于直线（见图6-8）。

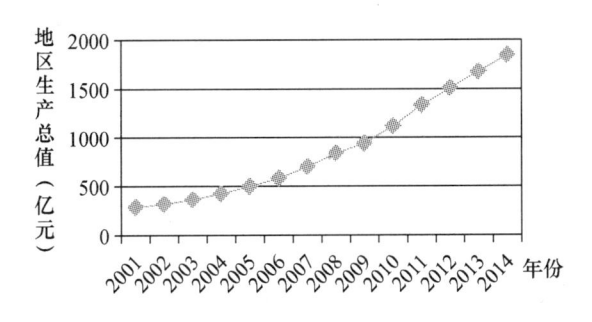

图6-7　赣州市2001—2014年地区生产总值

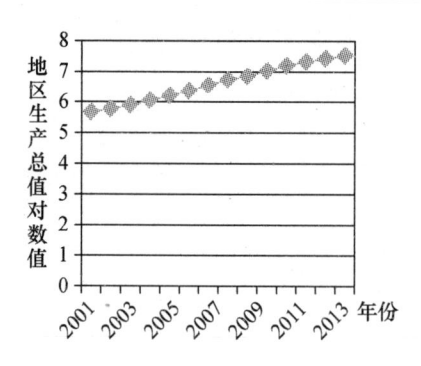

图6-8 赣州市2001—2014年地区生产总值取自然对数

设定赣州市地区生产总值与时间变量之间的模型为 $\ln y = b \times year + c$，通过 SAS 软件的分析，计算出回归模型为：

$$\ln \hat{y} = 5.466 + 0.154 \times year$$

整理得，$\hat{y} = 236.512 \times (1.166)^{year}$ (6.1)

计算得出 2011 年赣州市地区生产总值预测值约为 1286.91 亿元，考虑到其他因素的影响，并与赣州市 2011 年的实际地区生产总值（1330 亿元）相比较，表明预测结果比较满意，同时给予 1% 左右的修正（上调 0.6%），得到 2011 年赣州市地区生产总值预测值为 1330 亿元左右。

(二) 赣州市第三产业产值回归预测分析

通过时间序列趋势图（见图6-9）可以发现，服务业产值的长期趋势并非直线变动。同理，根据时间序列数据的特性，将服务业产值取自然对数，从而其变动趋势接近于直线（见图6-10）。

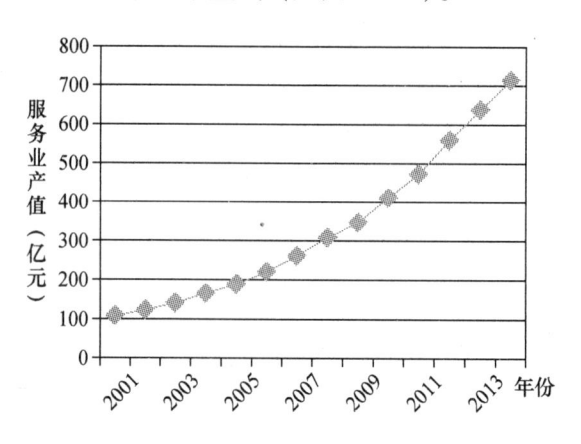

图6-9 赣州市2001—2014年服务业产值

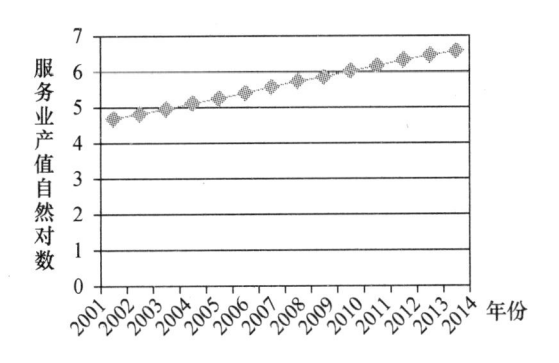

图 6-10 赣州市 2001—2014 年服务业产值自然对数

设定赣州市第三产业产值与时间变量之间的模型为 $\ln y = b \times year + c$，通过 SAS 软件的分析，计算出回归模型为：

$$\hat{\ln y} = 4.513 + 0.148 \times year$$

整理得，$\hat{y} = 91.195 \times (1.159)^{year}$ （6.2）

计算得出 2011 年赣州市地区第三产业产值预测值约为 464.52 亿元。

(三) 赣州市 2011 年服务业发展目标的测算

通过 (6.1) 式与 (6.2) 式的预测，2011 年赣州市服务业占 37% 左右，2010 年之前的年份也一直保持着 36% 左右的比重，按照赣州市 "十二五" 规划纲要制定的目标，"三大产业结构比调整为 10∶51∶39"，"到 2015 年全市生产总值达到 2500 亿元"，服务业比重需要调整到 40% 左右，即达到 975 亿元。

赣州市 2010 年第三产业产值为 411.14 亿元，设定服务业年均增长速度为 v，由 $411.14(1+v)^5 \geq 975$，得 $v \geq 0.189$，即年均增长速度要达到 19% 左右。

二 对 2015—2020 年赣州市服务业占 GDP 比重和增长速度的预测

(一) 赣州市 2015 年服务业发展目标的预测

从图 6-11 可以看出服务业比重在 2004 年达到近 39% 高点之后，有所下降。原因在于 "十五"、"十一五" 期间，工业的快速提升和服务业的稳步发展，从而使得服务业所占 GDP 比重有不同程度的波动，如图 6-11 所示。详细数据见表 6-3。

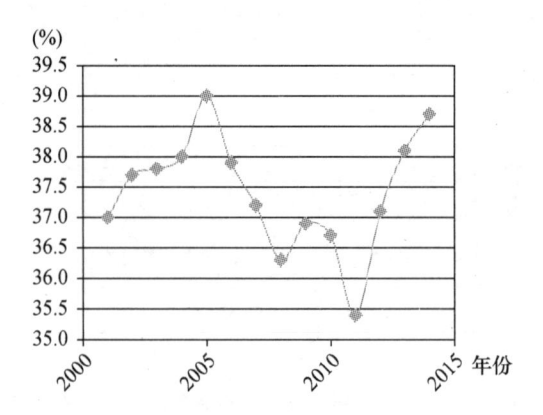

图 6-11 赣州市 2001—2014 年服务业增加比例

表 6-3　　　　　赣州市三次产业增加值及三次产业结构比例

年份	GDP（亿元）	第一产业增加值（亿元）	第二产业增加值（亿元）	第三产业增加值（亿元）	三次产业结构比例
2001	282.77	92.66	85.48	104.63	32.8：30.2：37.0
2002	308.04	96.29	95.71	116.04	31.2：31.1：37.7
2003	344.82	101.61	112.73	130.48	29.5：32.7：37.8
2004	398.01	114.00	132.79	151.22	28.6：33.4：38.0
2005	500.31	129.48	175.81	175.02	25.9：351.1：39.0
2006	582.34	134.84	226.83	220.67	23.2：38.9：37.90
2007	701.68	153.51	287.05	261.12	21.8：41.0：37.20
2008	834.77	172.96	359.25	302.56	20.70：43.00：36.30
2009	940.02	195.25	398.07	346.71	20.80：42.30：36.90
2010	1119.74	211.89	496.70	411.14	18.90：44.40：36.70
2011	1335.98	232.70	631.16	472.13	17.40：47.20：35.40
2012	1508.43	252.41	696.78	559.24	16.70：46.20：37.10
2013	1673.31	271.79	763.96	637.57	16.20：45.70：38.10
2014	1843.59	287.24	843.42	712.94	15.60：45.70：38.70

资料来源：《赣州市统计年鉴》（2014）。

利用（6.1）式和式（6.2）式的预测，赣州市 2015 年生产总值将达到 2400 亿元，服务业产值为 850 亿元，这是按照当前的增长速度预测的数据，相比"十二五"规划目标的生产总值 2500 亿元，服务业比重 39%

（975亿元）显然是偏低的。因而按照目前服务业与工业增长速度来看，要在2015年使服务业占比达到40%左右，在"十二五"期间必须通过一系列措施将服务业占比进行调整。

（二）赣州市2016年服务业发展目标的预测

利用式（6.1）和式（6.2）的预测，赣州市2016年生产总值将达到2780亿元，服务业产值975亿元。但根据"十二五"规划纲要调整的2015年目标来看，这个数据是偏低的。根据年增长率预测，并考虑1%左右的修正，2016年赣州市生产总值预期目标应为2900亿元，服务业产值应达到1150亿元。

（三）赣州市2020年服务业发展目标的预测

按照上述预测，由于2011—2015年的高速增长使得赣州市生产总值和服务业总量增长很快，基数变大，2016—2020年增长速度将略低，但在较大基数基础上的增长，其增长总量是很大的，符合赣州市实际情况。在2015年预测的基础上，生产总值的平均增长率将保持在16%左右，而服务业增长率将保持在19%左右，因而可得：

$$2500 \times (1 + 16\%)^5 = 5250(亿元)$$

$$975 \times (1 + 19\%)^5 = 2326(亿元)$$

$$2326 \div 5250 = 44\%$$

即赣州在2020年预期生产总值和服务业产值分别为5250亿元和2326亿元，服务业比重将达到44%。

第七章 赣州市发展服务业接续产业的选择分析

第一节 接续产业的选择原则

根据国内外众多资源型城市在接续产业选择过程中所面临的问题及其转型的经验和教训，可以总结出，资源型城市选择接续产业应当遵循依托城市原有特色资源优势，突出高科技、高关联度和高附加值特征的"三高"和坚持可持续发展三大原则。

一 依托城市原有特色资源优势原则

资源型城市经过多年的经济发展和积累，一般在工业基础、技术人才队伍、城市基础设施建设等方面具有较好的优势。同时，资源型城市在转型前其特色矿产资源尚未被完全耗尽，还具有较大的利用价值。因此，这要求在选择接续产业时，必须坚持依托城市原有特色资源优势原则，结合城市原有经济基础和资源优势，促进资源性主导产业的转型和升级。此外，值得一提的是，并非一定要选择全新的产业作为接续产业。如果在没有任何前期的发展基础和经验积累前提下，就盲目投入大量财政培育一个全新产业是极具风险性的，可能使城市发展陷入被动。

二 突出高技术、高关联度、高附加值特征的"三高"原则

科学技术是第一生产力，总结国外资源型城市成功转型的经验，几乎都选择科技含量较高的新兴产业作为接续产业，通过发展"三高"产业以促进原有主导产业结构调整和产业升级换代。这是因为，首先，高新技术产业的科技含量较高，能够有效提升资源型城市的科技竞争力，突出城市的科技地位；其次，高新技术产业的关联度较好，可以发挥其联动效应，带动相关产业的发展，从而创造更多的就业机会；最后，高新技术产品的附加值较高，能够提高城市经济发展的投入—产出比。因此，在发挥自身资源优势的基础上，推动特色资源产业往精、深度发展，加强特色资源设备制造产业和特色资源产业科技服务的发展，打造特色资源专业市场等方式，正成为众多资源型城市接续产业选择的重点方向。

三 坚持可持续发展原则

过渡资源损耗和严重环境污染是资源型城市积极转型、寻找出路的原因之一，为了克服资源型城市过去发展过程中的这些困难，就必须坚持可持续发展的原则。坚持开源与节流并重，实现经济增长方式由传统的"高消耗、高污染、低效益"粗放型向现代"低消耗、低污染、高效益"集约型转变。努力打造"资源节约型、环境友好型"社会。

第二节 赣州市服务业接续产业的选择分析

资源型城市是以开发不可再生性自然资源型而兴起或发展壮大的，但是由于资源的刚性约束、技术的进步和市场需求的变化，资源型城市主导产业的竞争力逐渐下降，引起了以资源型产业为主导产业的经济衰退，并引发了环境恶化、失业严重等一系列环境问题和社会问题。而接续产业选择是实现资源有效配置的有效途径，是优化区域产业结构的关键，是加快区域工业化进程的战略举措。因此，产业转型是资源型城市转型和发展的核心，而正确选择接续主导产业是实现资源型城市产业转型升级的战略选择和关键。

一 产业转型是资源型城市转型升级的核心

资源型城市的快速发展促进了城市本身和当地经济的发展，也带动了相关产业的高速成长。但是，长期实施的粗放型战略加速了区域自然资源的枯竭和生态环境的破坏，造成资源型城市的三次产业比例严重失调，主要以第二产业中的资源型产业为主导产业，忽视非资源产业发展，尤其是忽视能充分吸纳劳动力的第三产业及高新技术产业的发展，从而导致资源型城市主要依赖资源开采和初加工产业，产业链条短，产业发展失衡，很难维持整个产业体系的可持续发展。因而，如何选择接续产业是资源型城市转型过程中的核心问题。产业的转型不但要以产业替代与更新为目标，而且必须通过产业结构升级和产业更新来增强城市未来的核心竞争力。

目前，学术界相关学者对资源型城市转型升级问题做了相关探讨。姜林认为，产业转型的方向是新植入产业替代旧产业，或是通过技术创新来完成产业升级，产业转型的本质是原有要素在变化环境下的重新组合。徐振斌认为，产业转型是对现存产业结构的各方面进行直接或间接的调整的过程。并以我国为例，说明产业转型即从旧的产业结构布局向以高新技术产业为先导、基础产业和制造业为支撑、服务业全面发展的产业新格局的转变，使三次产业的比例关系趋于协调。邵洁笙认为，产业转型既包括宏观层面的国家产业转型升级，也包括中观层面的区域产业转型，以及微观层面的企业产业转型，产业转型最终归于产业结构转型和产业组织转型两种类型。资源型城市的产业结构决定了资源型城市的经济功能和产业转型的方向。

二　针对不同矛盾问题接续产业的发展路径选择

从国内外资源型城市的发展实践和理论研究中发现，在资源型城市长期发展中形成的深层次矛盾涉及经济、社会、生态等方方面面，如不能切实、有效地解决这些问题，必然为资源型城市的可持续发展带来严峻的挑战。

（一）经济发展动力不足城市的产业发展路径选择

解决经济发展动力缺乏的问题就要在做大做强原有优势产业基础上，重点发展先进制造业、高技术产业和现代服务业，提升产业发展层次和市场竞争力，鼓励下岗失业人员自主创业，逐步走上可持续发展的轨道。充分利用现有产业基础和国内外制造业转移的有利时机，依托龙头企业，加快大型矿山、冶金、石油炼化、交通运输、通用机械制造业的发展步伐。依托产业基地和产业园区，引导生产要素的集聚，围绕新能源、新材料、电子信息和生物医药等产业，培植若干各具地方特色的高技术产业群，提升城市整体的产业结构水平。坚持现代服务业与传统服务业并重，生产性服务业与生活性服务业并举，统筹兼顾、突出重点，尽快形成就业容量大、经济效益好、辐射功能强的现代服务业体系。

（二）下岗失业问题突出城市的产业发展路径选择

为了有效地缓解下岗失业问题就需要积极推进具有较强吸纳就业能力的产业快速发展，其中特色农业、农产品加工业、纺织服装等劳动密集型产业，以及旅游、商贸和物流等服务业是不错的选择。有条件的城市建立具有地方特色的城郊型、生态型和高效型农业生产基地，扶持农业产业化龙头企业发展，形成龙头企业带动、农户和基地支撑、专业市场引导的产业化经营模式。积极承接和发展各具特色的农林产品深加工产业，建设一批农、林、牧、渔等特色产品深加工产业集群。挖掘城市的人文和自然旅游资源，促进农业观光旅游、文化旅游、工业旅游和温泉旅游发展，跳出传统产业束缚，积极培育商贸、流通、生活性服务业，扩大第三产业吸纳就业的比重，增强城市发展活力，促进产业转型。

(三) 生态环境加剧恶化城市的产业发展路径选择

构筑循环经济体系，加速产业和城市生态化进程，是生态环境加剧恶化城市未来产业发展的主导方向。合理、充分、节约地利用资源，把工业产品生产和消费过程纳入大生态系统中，运用现代生态化技术重组工业经济结构，实现产业与生态环境的良性循环与可持续发展。抓住产业转型和新兴工业基地建设的机遇，着力构筑循环经济体系，实现电力、石油化工、钢铁、非金属矿物制品、造纸及纸制品和纺织印染等重污染行业的生态化转型。加强无公害农产品、绿色食品、有机食品生产基地建设，推动产业生态化、无害化。

三 赣州市服务业接续产业的选择

赣州市作为资源型城市，服务业产业的发展一直对赣州市国民经济的发展起着重要作用。赣州市良好的生态环境和便利的交通枢纽为其服务业的发展奠定了良好的基础。近年来，赣州市服务业增长迅速，有效地促进了产业结构的优化、经济增长方式的转变和中心城市功能的增强。但同时服务业发展也存在产业素质不高、对外辐射能力不强、机制不活和创新缺乏等问题。从服务业内部结构来看，传统服务业较为发达、现代服务业和新兴服务业明显落后等局面。因而，有效地服务业接续产业的选择和服务产业的转型升级是赣州市服务业发展的关键。

赣州市应该根据选择接续产业的三大原则，并结合赣州市经济社会的发展状况，可以分析出赣州市在进行选择接续产业时，应积极发挥本地区的比较优势，突出城市的原有特色，充分利用赣州市四省通衢的交通区位条件和连接珠三角、闽三角的地理位置优势，以特色的资源性产业为主要依托，以市场为导向，以企业为主体，以保护生态环境为前提，大力引进高新技术和"高、精、尖"人才，科学合理的选择和发展接续产业。而这些要求也与现代服务的特点和优势不谋而合，因此要选择发展现代服务业作为赣州市发展的接续产业，重点要发展现代物流业、现代旅游业、信息和科技服务业，加速建设文化创意产业园，以努力打造五个特色基地和一个平台为依托——现代物流服务基地、钨稀科技服务基地、优质脐橙科技服务基地、客家文化体验基地、红色旅游休闲基地、公共信息服务平台——促进城市产业转型和经济发展。

第三节 赣州市现代服务业发展策略选择与布局

在科学发展观的指导下，赣州市紧紧围绕纵深推进"对接长珠闽，建设新赣州"发展战略，以促进现代生产性服务业和现代消费型服务业适度超前发展为主要任务，以培育新兴服务业和提升传统服务业为重点，坚持以扩大总量、优化结构、升级产业为主线，以产业化、市场化、社会化为主要途径，以体制和机制创新为突破口，坚持集聚发展，实施项目带动，培育特色品牌，着力形成与经济、社会、生态发展相适应的、较发达的现代服务业体系。

一 赣州市现代服务业良好的发展基础条件

赣州市，是江西省下辖的面积最大的地级市，是江西三座国家历史文化名城（南昌、景德镇、赣州）之一，是江西南部重要的中心城市，是江西南部的服务业、金融、商贸中心、交通和通信枢纽。其良好的区域位置对周边的辐射带动作用非常强大，不仅可服务赣州自身，也能带动周边的经济发展。

首先，从交通枢纽发展的角度来看，赣州处于东南沿海地区向中部内地延伸的过渡地带，为四省赣闽粤湘四省边际现代化区域性中的最大最近的共同腹地，中部地区承接东南沿海产业转移的中心城市。同时也是中国东南沿海两个最发达经济区：珠三角经济区和海西经济区在中部。

其次，从金融业发展地位来看，近年来，赣州市金融业发展飞速，金融机构的数量、种类日益增多，业务范围逐渐扩大，业务量迅速上升。金融监管范围水平逐渐提高。互联网普及率、出口宽带、快带接入等处于较高水平，可以有效地保障金融中心的信息通畅。金融组织体系不断完善，金融服务环境不断改善，引进更多的股份制银行、外资银行等金融机构，完善分支机构，力争将赣州金融服务业做强做大。赣州市金融的生态环境日趋优化，已经初步形成了区域金融中心的雏形。

最后，从信息服务发展地位来看，赣州市以"智能赣州"为契机，推进"无线城市"和"智慧工程"建设，全面提高全市信息化水平及其服务水平。赣州市不断完善信息基础设施建设，提高信息安全体系和信息服务平台的建设，同时引进国内外知名中间服务机构，提高和培育赣州市的科技水平和研发水平。赣州市将立足中部、辐射江西，为政府和各行业提供关键信息数据库和应用层面等各类增值服务，提高赣州乃至整个江西信息服务业的层次和竞争能力。

二 赣州市现代服务业发展的定位

（一）现代物流业

形成"一个园区、两个平台、六个中心"的发展布局。一个园区即打造赣州综合物流园区。主要与东南沿海港口合作，实施铁海联运、实现货物联运换装，其作业主要涉及进出口商品检验检疫、海关监管、保税等环节。赣州综合物流园区主要提供物流分拨、仓储服务、加工增值、展览展销、运输与转换、物流信息服务、物流设备制造、物流管理办公及其他配套服务等。在此基础上，结合赣州市中心城区以及龙南、瑞金等次中心城市的信息化建设，打造一个设施完善、备的物流信息平台。通过物流资源的整体优化配置以及数据交换和信息跟踪等现代技术手段满足赣州市整个物流系统对信息的极大需求；通过整合物流供需市场和电子交易等手段，规范对物流市场的管理；同时物流信息平台的打造，有利于赣州市建立起与国内外物流相关信息的沟通渠道，扩大其在国内外的影响力和提供其综合竞争能力。

建设两个交易平台。其一，农产品电子交易平台。通过农产品电子交易平台实现赣南脐橙等大宗农产品网上拍卖、网上现货交易、现货订单交易和信息服务等主要功能，并通过赣州物流体系完成现货交割、"门到门"物流配送服务。农产品交易平台有利于创新脐橙的交易模式，提示赣南脐橙的标准化，拓宽市场销售渠道，打造赣南脐橙世界品牌。其二，有色金属电子交易平台。赣州市包括钨和稀土在内的矿产资源十分丰富，在全国乃至全世界都占有相当大的比重，但由于没有现代化的电子交易平台，使得赣州市没有国际话语权和定价权，而有色金属交易平台通过其有色金属现期货交易、信息发布、商品定价、商品投资等功能填补这一空白，使资源企业与国内外企业实现"零距离"接触，从而降低企业的交易成本，进一步提升资源性产业的产业链价值。

创建六个物流中心。结合赣州市"二纵二横二斜高速公路主骨架"

和"三纵三横一环干线公路网"交通建设规划,结合赣州下辖县(区)区位优势以及产业特点,组建"六个物流中心",分别是赣州黄金物流中心、章贡区沙河工业园物流中心、赣州水西货运码头物流中心、南康市龙岭物流中心、瑞金物流中心和龙南物流中心。

(二)现代旅游业

紧紧围绕"打造旅游休闲后花园""休闲度假胜地"与建设红色旅游强市、生态旅游强市、旅游经济大市的战略目标,以市场需求为导向,以产品开发为中心,以建设旅游目的地、打造旅游精品为重点,提升旅游整体品位,坚持红色旅游与多彩旅游相融合,城市旅游与乡村旅游相促进,国际旅游与国内旅游相协调,质量效益与规模速度相统一,服务质量与设施水准相对应,体制机制与经营管理相适应,旅游经济功能与社会功能相彰显的原则,以对接"长珠闽"、联通"港澳台"、融入全球化为抓手,以红色旅游为龙头引领绿色、古色旅游全面发展。通过全面整合旅游资源、产业、体制、机制等方面,积极优化旅游产业结构,丰富旅游产品,不断地提高旅游管理和服务水平,形成大旅游、大产业、大市场、大发展的格局,加快建设赣州"五大旅游圈",即:红色经典旅游圈、江南宋城旅游圈、客家风情旅游圈、生态旅游圈和堪舆宗教文化旅游圈。

同时,设计旅游精品线路,包括:依托瑞金共和国摇篮、兴国将军县、于都长征第一渡等旅游资源,发展红色经典游览路线;依托宋代古城墙、郁孤台、八境台、福寿沟、蒋经国故居等旅游资源,在章贡老城区发展江南宋城游;依托章江南岸滨江公园、自然博物馆、章江大桥桥头公园、城市中央公园、九方商务中心,大力发展商务休闲游;依托陡水湖国家森林公园、赣南树木园、上犹圆村、京明度假村等景点,发展生态旅游,打造中国的"月亮湖"。

(三)信息和科技服务业

形成"一个平台、两个中心、若干基地"的产业发展布局。"一个平台"是指打造赣州市公共信息服务平台,以"智能赣州"建设为契机,推进"无线城市"和"智慧工程"建设,全面提高全市信息化及其服务水平。"两个中心"指建立国家钨和稀土产品检测检验中心和江西省脐橙工程技术研究中心,为钨和稀土标准的制定和国际品牌的数量提供智力支持;围绕赣州开发区硬质合金及刀钻具生产基地、稀土永磁材料及永磁电机产业基地、电子信息、生物制药、氟化工新材料、LED 照明、脐橙技术研究基地等一批特色产业基地提供科技咨询和中介信息服务。

完善信息基础设施建设。加大投入，在全市构建一套统一的信息化应用支撑体系、网络传输体系、信息安全体系，加大对核心技术的研发和先进技术的应用，为产业发展和结构调整提供技术支持，推进"智能赣州"、"无线城市"和"智慧工程"、电子政务外网平台、数字电视服务平台、制造业信息化服务平台、城市综合信息服务平台、信息技术综合服务平台等工程建设，全面提高全市信息化水平。

积极引进国内外知名中介服务机构。努力吸引国内外知名的会计、法律、咨询、评估等市场中介组织设立分支机构，大力引进和培育科技研发中心、设计中心、科创中心。

大力推动公共科技服务平台建设，促进人力、智力和优势科技资源向园区、基地聚集，以赣州开发区硬质合金及刀钻具、稀土永磁材料及永磁电机产业基地、新能源汽车及动力电池基地等一批特色产业基地为重点，为赣州市战略性新兴产业提供优质科技咨询和中介信息服务，促进一批重点企业拥有关键技术与自主知识产权、培育自主品牌和提升科技、产品研发能力，使科技和信息服务成为推动赣州经济发展新的增长极。

努力拓展信息服务和科技应用领域。建设完善各领域的重点数据库，积极推进金融、商贸等领域的电子交易，大力推进教育培训、医疗保健、文化娱乐、社区服务等社会事业信息化步伐。支持和鼓励社会性信息咨询业的发展，开展培训、咨询、方案推介、软硬件选型、项目监理、设备租赁、业务委托、网络安全等各种类型的增值服务。

(四) 加快文化创意产业发展

充分利用赣州市文化资源特色和优势，突出重点，以点带面，形成"一核两点三带"的产业发展格局。

"一核"是指按照"全力打造赣州中心城区特色文化创意服务中心"的要求，发挥赣州中心城区历史文化名城的优势，突出其作为多元文化中心的地位，打造文化创意产业品牌，加快文化创意产业发展。基本形成公益性文化事业和经营性文化产业协调发展、互为补充、相互促进的文化创意产业体系。重点建设印刷包装产业园和文化创意产业园、客家文化体验主题公园、杨仙岭风水文化体验主题公园、宋城历史文化区、娱乐休闲文化体验区等。

"两点"是指形成瑞金和龙南两个文化创意产业基地。瑞金市要逐步推进文化体制改革,为文化生产力的解放和发展扫清障碍,切实做大做强文化产业;加快瑞金红色文化创意产业园建设,承载更多的文化产业项目;推进红色影视业发展,努力把瑞金发展成为中国南方主要的红色题材影视产业的主创和拍摄基地;加快演艺业发展,重视演艺人员的培养和引进,推出一批具有重大影响和市场开拓潜力的舞台艺术精品,力争使《八子参军》入围国家"五个一"工程。龙南要以塑造客家名城为目标,以商业文化中心为龙头,规划建设2—3条客家特色消费街,扶持一批上档次、上规模的娱乐文化企业,重点发展歌舞、茶庄、餐饮、购物、保健服务产业,培植城市茶庄、餐饮、娱乐消费品牌,打造辐射赣州南部的消费娱乐产业群,建设赣粤边界消费娱乐中心。

"三带"是指构建红色文化产业带、客家文化产业带、古色文化产业带三个文化产业带。红色文化产业带:章贡区、赣县、瑞金、兴国、于都、宁都等县区,重点发展以红色文化为主要题材的文化创意产业园、影视业、演艺业等。客家文化产业带:涵盖几乎全市所有县区(市),主要以章贡区、赣县、石城、龙南、定南等为代表,重点建设体验客家文化的主题公园、民俗村、客家风情大舞台、客家庙会等。古色文化产业带:以章贡区、兴国为代表,重点开发以发掘、整理、展示风水文化和宋城历史文化为主要内容的体验主题公园和宋城历史文化区等。

同时支持赣州市文化产业与旅游产业的相互融合、相互促进,不断丰富其旅游文化的内涵,实现文化产品向旅游产品的转化。依托中央苏区等"红色"文化资源,大力发展"红色"旅游;依托赣南围屋等客家文化资源,加快发展客家文化旅游;依托章贡区及兴国的古宋城文化资源,推动发展历史文化型旅游;依托赣南的脐橙及相关生态资源、温泉及优美的自然景观等环境资源,积极发展生态休闲旅游;依托兴国等地的堪舆文化资源,促进堪舆文化旅游的发展。以赣州红博会、赣州客家省亲大会、国际脐橙节等重要文化活动为平台,打造文化旅游消费新热点。积极发掘赣州的宋城历史文化、客家文化、堪舆文化和特色古建筑物的潜在价值,建设开发相关博物馆、纪念馆、历史文化旧址等场馆的文化旅游功能,培育文化旅游业的新亮点。

三 赣州市现代服务业发展空间布局

(一)赣州市现代服务业发展总布局

根据赣州市市域城镇体系布局要求,遵循产业发展客观规律,依托各地政治、经济、文化在区域内相互关系、充分发挥交通网络和各地区条件潜力，加快要素集聚和产业集聚，提升产业发展层次，促进现代服务业更好地协调发展。赣州市现代服务业总体规划的空间布局为"中心城区—次中心城区—其他城镇"。

1. 中心城市

中心城市包括章贡区和赣州开发区，远期及赣县县城和南康市市区。中心城区作为赣州市政治、经济、文化和交通中心，要发挥全市现代服务业主中心功能。力争把赣州中心城区建成服务赣粤闽湘四省通衢的区域性金融中心、商贸流通中西、科教文化中心、物流中心、信息中心和旅游集散中心；江西省经济副中心城市；最适宜人民居住和创业发展的现代化城市。

中心城市现代服务以组团发展。以河套老城区组团—章江—新城区组团—开发区组团为核心，以水东组团（梅林—沙河—沙石—潭口）和城市链接线（虎岗—水西—黄金—桃芫、蟠龙—蓉江）为两翼展开，形成中心城市现代服务功能区。

2. 次中心城市

（1）瑞金市。瑞金市作为赣州"东大门"，要以"对接长株闽，融入闽东南，建设新瑞金"为发展战略，围绕建设赣南东部和赣闽边际区域城市的中心城市，深入发掘红色旅游资源，充分发挥赣龙铁路大动脉的作用，发展特色现代服务产业。

重点领域是：依托区位优势和赣龙铁路优势，积极对接西海经济区，大力发展现代物流产业；围绕红色故都、共和国摇篮，发掘苏区历史资源，打造红色旅游产业；发挥传统产业优势，以专业化市场为导向，加大对赣南东部地区的影响力，提升商贸业发展。

（2）龙南县。龙南县作为赣州的"南大门"，要围绕艰涩赣粤边际中心城市目标，加快发展以客家围屋文化、小武当山风景名胜旅游产业、商贸和现代物流业、中介服务业、房地产业、社区服务业为重点的现代服务业，增强城市服务功能，为打造成赣南次中心城市和赣州南部核心经济区奠定基础。

3. 其他城市

（1）"1小时经济圈"外围城镇。

信丰县：依托交通优势，完善交通站场建设，发展物流产业；围绕以脐橙为代表特色农副产品，建设全国知名农副产品交易中心。

大余县：发掘"世界钨都"、"中国瑞香之乡"、梅关、丫山、牡丹亭等资源，发展历史文化和园艺生态旅游业；加快交通基础设施建设，发展物流产业。

崇义县：发展林、矿、农副产品专业商贸物流产业，发展生态旅游产业。

上犹县：重点开发五指峰国家森林公园、陡水湖景区和东山镇城市水景，发展生态休闲旅游。

兴国县：以"中国将军县"为载体，完善旅游基础设施，发展红色旅游业，联动生态和风水文化旅游。立足矿藏资源和特色农副产品优势，大力发展物流业和商贸业。

于都县：以中央红军长征出发地为主线，发掘红色旅游资源和生态旅游资源，大力发展旅游业；立足区位交通优势，大力发展商贸物流业。

（2）东部城镇。

会昌县：开发红色景点和汉仙岩、会仙温泉自然景观，开发红色与绿色生态旅游。

石城县：发掘赣江源、通天寨自然生态旅游资源，发展旅游业。

宁都县：开发以翠微峰景区旅游为主线的生态旅游、客家旅游、红色旅游精品线。加快发展现代物流业。

（3）南部城镇。

定南县：规划与建设好龙神湖、神仙岭等休闲健身场所，加快以城郊生态游、都市休闲游为主的新型旅游业的开发建设。

全南县：重点发展物流业，建设农产品交易平台。

寻乌县：大力发展旅游业，加大对红色资源的开发力度，充分利用绿色食品丰富的优势，打好客家旅游牌。

安远县：打好"东江源头、三百山脐橙、客家围屋"三张牌，发展以三百山为主的旅游业，加强与周边地区的融合，努力形成大旅游格局。

服务脐橙产业发展，建设江西省绿色脐橙产业化服务平台。

（二）赣州市现代服务业主要行业空间布局

1. 物流集散区

根据赣州市委、市政府确定的把赣州建设成为赣粤闽湘四省通衢的区域性中心城市，以及"珠三角"现代物流网络体系中的重要枢纽和节点城市的目标，按照"一个园区、三个中心、三个集散地"的布局方案规划建设物流节点设施。一个园区是赣州综合物流园区，三个中心是赣州物流中心、龙南物流中心和瑞金物流中心。三个集散地是赣州铁路东站特种物品集散地、赣江新货运码头大宗物品集散地、贸易广场及龙都商城日用商品集散地。

除章贡区、开发区、赣县、南康市之外的另外15个县（市），按照集约化原则，整合现有物流资源，合理利用专业市场，规划建设一个综合性的生活用品配送中心和一个农副产品集散中心，为生活用品配送、农副产品集散提供必要的基础设施。同时，赣州一小时经济圈内各县市的生活用品配送中心和农副产品集散中心的建设要与赣州综合物流园区和赣州物流中心的建设相协调，东部县市的物流设施建设要与瑞金物流中心相协调、南部县市的物流设施建设要与龙南物流中心相协调。

2. 旅游休闲区

赣州旅游发展的空间布局可表述为"三区一带"，即城市中心旅游区、以瑞金为中心的红色旅游区、陡水湖区域生态旅游区，以及以龙南为中心的客家文化旅游带。

（1）城市中心旅游区。包括章贡区、赣县、南康、于都、兴国和信丰。依托城市商业、历史古迹、现代市政设施和商贸文化体育活动，结合城郊自然资源开发，形成以休闲度假为主的旅游产业区。

（2）红色旅游区。以瑞金为中心，带动兴国、宁都、石城、会昌等地，以红色旅游为主线，结合古色和绿色旅游，形式全国知名的红色旅游基地，与城市中心旅游区互促共进，共同带动赣州旅游发展。

（3）陡水湖区域生态旅游区。包括崇义、上犹，充分利用独特的生态资源，高起点规划、高水平建设，发展超大规模生态度假旅游。

（4）客家文化旅游带。包括大余、全南、龙南、定南、安远、寻乌，以客家文化为主线，面向海外和沿海发达地区，形成旅游互动开放带。

3. 都市商贸会展区

优化城市商业街（区）布局，完善商贸流通设施，形成核心商务中心、特色商业街、专业批零中心、住宅区商业网点和工业园区服务中心的空间布局。

第八章 赣州市现代服务业发展现状研究

第一节 发展基础

一 服务业总量规模不断扩大

近年来，赣州市不断完善现代服务业发展机制，现代服务业逐渐发展壮大，总量持续增长，在全市经济和第三产业中的地位日益增强。至2010年，全市服务业增加值411.14亿元，是2005年的2.1倍，占GDP的比重达36.7%，比全省平均水平高出4.5个百分点。服务业对经济增长的年贡献率达42%，三次产业结构比为18.9∶44.4∶36.7，来自服务业的地税收入占全市地税总收入的49.35%。全市现代服务业实现增加值223亿元，占第三产业的比重达到了54%，比2005年提高了近6个百分点。

表8-1　　赣州市三次产业增加值及三次产业结构比例

年份	GDP（亿元）	第一产业增加值（亿元）	第二产业增加值（亿元）	第三产业增加值（亿元）	三次产业结构比例
2005	500.31	129.48	175.81	195.02	25.9∶35.1∶39.0
2006	582.34	134.84	226.83	220.67	23.2∶38.9∶37.9
2007	701.68	153.51	287.05	261.12	21.8∶41.0∶37.2
2008	834.77	172.96	359.25	302.56	20.7∶43.0∶36.3
2009	940.02	195.25	398.07	346.71	20.8∶42.3∶36.9
2010	1119.74	211.89	496.70	411.14	18.9∶44.4∶36.7
2011	1335.98	232.70	631.16	472.13	17.40∶47.20∶35.40
2012	1508.43	252.41	696.78	559.24	16.70∶46.20∶37.10
2013	1673.31	271.79	763.96	637.57	16.20∶45.70∶38.10

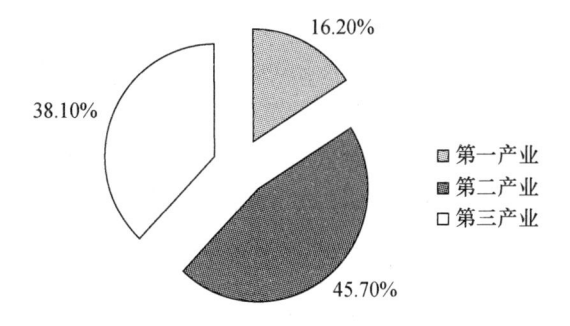

图 8-1　2013 年赣州市第三产业的结构

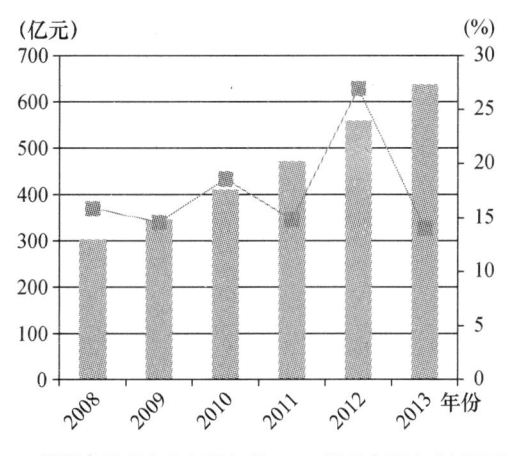

图 8-2　赣州市服务业增加值及增速

资料来源：有关年份《赣州市统计年鉴》。

从图 8-2 可见，自 2005 年以来，赣州市服务业增加值逐年增长，节奏平稳。

二　服务业结构逐渐优化完善

传统服务业继续稳定发展。2010 年，交通运输仓储邮政业、批发零售餐饮业与上年同比增长 17.6% 和 12.9%。随着赣州市作为赣粤闽湘四省通衢区域性现代化中心城市的地位提升，传统服务业发展空间还将扩大。

新兴行业加快发展。信息传输、计算机服务和软件业、房地产业、公共管理和社会组织、教育、金融业加快发展，2010 年比上年同比递增 4.0%、3.0%、25.8%、17.3%、35.3%，在服务业中的比重由 2000 年的 36.45% 上升到 2010 年的 50.34%。

以服务业相关行业为主体，旅游业等产业集群经济规模逐步扩大。尤其旅游业，是服务业稳步发展的助推器。2010 年，旅游产业实现增加值 96.37 亿元，在服务业中所占比重达到 23.44%。

随着赣州市产业承接和工业升级进程的推进，以服务钨、稀土以及脐橙等优势主导产业为主的生产性服务业规模不断扩大，特别是产品检验检测、咨询评估等服务业得到快速发展，涌现出像国家钨与稀土产品质量监督检验中心、江西省钨和稀土工程研究中心、江西省脐橙工程技术研究中心等一批在全国范围内具有竞争优势的服务机构。

三 服务业从业人员逐渐增加

2010 年，赣州市社会从业人员达 480.15 万人，分布在服务业的从业人员有 136.66 万人。现代服务业吸纳就业的比例稳中有升，服务业从业人员在三次产业从业人员的占比最近几年基本保持在 28% 左右。

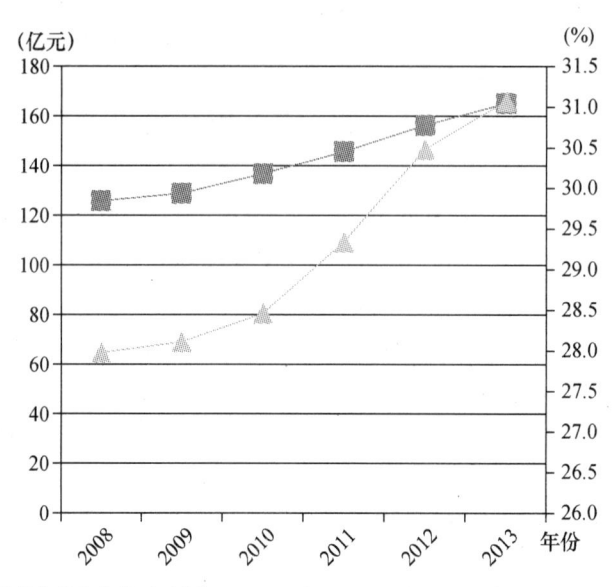

图 8-3 赣州市服务业从业人数及其占三次产业从业人数百分比

四 服务业投入力度不断加强

随着投资规模的不断扩大，投向服务业的投资量持续加大，20 世纪 90 年代以来，占全社会固定资产投资的比重稳定保持在 50% 以上（1990 年约为 61%，2009 年约为 53.52%，2010 年为 51.1%），尤其是对交通运输业等基础产业投资的突破性增长，为赣州市服务业进一步发展打下了稳定的物质基础。近年来，赣州市服务业固定资产投资高位增长，2006—2010 年服务业全市新增固定资产投资分别为 114.03 亿元、147.33 亿元、184.68 亿元、286.81 亿元、351.69 亿元，每年以两位数的速度增长。2006—2010 年五年服务业累计投资 1084.54 亿元，大大增强了服务业的发展后劲。

"十一五"期间，全市 221 个重点工程项目中，服务业重点项目（含基础设施和社会事业）109 个，占项目总数的 49.3%。相关工业园区、产业园区的建成完善，也为赣州现代服务业的发展奠定了坚实的产业基础。

此外，赣州市服务业的广阔前景，也吸引了更多的外资进入，服务业吸收外商投资的领域拓宽，规模扩大，水平提高。外商投资由餐饮业、旅馆业等行业逐步扩大到房地产、城市基础设施、商业零售、金融、教育、文化、医疗等领域。服务业吸收外资比重逐年增加，成为外商在赣州投资的热点之一。

五 服务业发展环境不断改善

近几年，新赣州市机场、赣南大道、高校园区、赣州大桥、飞龙岛大桥等赣州市服务业领域一批项目的建设和使用，大大增强了服务功能，明显缓解了电信、道路交通等基础设施"瓶颈"制约；完成了宝葫芦农庄、外滩 1 号娱乐城、通天岩景区、老城区复原工程、妈祖岩景区、五龙客家风情园、杨仙岭景区、峰山景区、粮油大市场等一批城市形象工程，环保、城市绿化成绩显著，市容市貌明显改观；商业餐饮业、旅游业和社会服务业等行业快速发展，进一步完善了中心城区的政治中心、文化中心和物资集散中心的功能；教育、文化娱乐、医疗保健和体育健身等服务性消费的比重不断增加，市民的出行、居住和消费环境进一步改善，生活质量不断提高。

第二节 有利条件

一 国际国内产业的转移为现代服务业发展带来机遇

长期以来，国际产业转移主要发生在制造业领域，但其内涵发生着不断变化。从资源密集度来看，产业转移从早期的劳动密集型产业，逐步过渡到资本密集型产业，再到技术、知识密集型产业；从附加值来看，由低附加值产业（如纺织业）发展到高附加值产业（如集成电路制造业）。改革开放以来，我国的产业结构升级大体经历了四个阶段：从劳动密集型的纺织化纤业，到资本密集型的钢铁、造船、化炼行业，再到兼具资本、技术密集型的汽车、机械、电器制造业，直到目前的技术密集型的微电子和信息技术制造业。一直以来，外商直接投资是我国接收国际产业转移的最主要方式。与我国经济发展的不平衡状况相对应，我国吸收国际产业转移也主要集中在东部沿海地区，特别是长江三角洲地区、珠江三角洲地区和环渤海经济区，幅员辽阔的中西部地区只占外商直接投资的15%左右。这一发展状况客观上形成了东西部的产业梯度差，并给我国东西部的进一步产业升级带来了可能和机会。

国际范围的服务业转移已成为新一轮全球产业调整和布局的主要趋势，全球产业转移正在从高成本的成熟市场向低成本的新兴国家转移，从低附加值的"劳动密集型制造业"向高附加值的研发、服务、采购等领域纵深推进。这为赣州市承接国际服务业转移，提升现代服务业发展水平带来难得机遇。赣州市地处广州、深圳、南昌、长沙和厦门等五大城市的几何中心，区位优势明显，使赣州市的现代服务业便于在更广的范围参与国际、国内分工、加强与区域内兄弟城市的资源整合和协作，更好承接广州等大都市的资金、技术、人才和信息辐射，尤其是研发、服务外包等方面的辐射，从而扩大赣州现代服务业的发展空间。

二 国家宏观政策环境为现代服务业的发展带来机遇

国家把发展现代服务业提高到发展战略的高度，并提出了"十二五"期间现代服务业"发展提速、比重提高、水平提升"的要求，研究编制了《"十二五"现代服务业发展规划》，明确提出，"把推动服务业大发展作为产业结构优化升级的战略重点"，要深刻理解加快发展服务业对转方式、调结构的重要战略意义。要适应产业结构优化升级新要求，无论是改造提升传统产业，还是发展战略性新兴产业，都离不开生产性服务业的提升。要以人为本，关注民生，满足人民群众提高生活水平的新期待。要立足科学发展，提高国际竞争力，开创服务业大发展的新局面，全力推进我国服务业现代化进程。赣州市委、市政府近几年先后出台了一系列发展现代服务业的政策措施，努力把现代服务业培育成国民经济新的增长点。全市上下形成了一种浓厚的发展氛围，为现代服务业的发展提供强有力的保障，为赣州市现代服务业加快发展指明了方向，夯实了基础，优化了环境。

三 城镇化和工业化的推进拓展现代服务业发展空间

加快城市化进程，切实通过工业对农业的"反哺"、城市对农村的"反哺"，缩小城乡差别，缩小农民与市民之间的差别。在现代工业社会，城市是服务业发展的主要平台，服务业的规模和结构在很大程度上取决于城市水平和城市规模。"十二五"期间，赣州市将加快赣县、南康、上犹融入中心城区进程，扩张城市功能，提升城市量级，加快建设成为面积达100平方公里、城市人口达100万人以上的特大城市。随着新型城镇化战略实施，赣州市的城镇化率每年将提高大约1个百分点，到2015年达到50%左右。服务业的消费群体将持续扩大，文化、教育、卫生、体育、保健、休闲、法律顾问等一些新兴的服务产业将渗透到城市居民家庭和个人的生活之中，而新的消费热点又会带动一系列服务业的发展。钨与稀土、氟盐化工、新能源新材料等主导产业，向产业集群的转型以及企业服务外包意识的不断增强，对物流、研发、金融、商务、信息等生产性服务业的需求将不断增长。另外，新型工业化、新型城镇化、农业农村现代化和发展生态化战略的推进，居民收入水平的提高，消费层次的提升，消费结构的转换，将为现代服务业发展带来巨大潜力和广阔市场空间。

四 区位优势为现代服务业的发展提供了坚实的基础

从交通条件看，赣州市境内依托京九铁路、赣龙铁路、赣州机场、大广高速、厦蓉高速、泉南高速、赣州市绕城高速公路等交通设施，形成了便捷的对外交通网络，加之完善的金融服务、海关、商检、铁海联运、口岸服务等设施，四省通衢的地位进一步凸显。赣州市基础条件优势明显，服务业产业集聚程度明显提高，城市规模及承载力、扩张力、辐射力在周边四省九市中具有比较优势，2013年，赣州市服务业经济总量在赣粤闽湘边际九市中位居第一。

表8-2 2013年赣州市与周边地市服务业增加值比较

地市名称	增加值（亿元）	地市名称	增加值（亿元）
赣州	637.57	抚州	288.14
吉安	351.08	郴州	550.2
韶关	450.5	河源	260.15
梅州	345.73	龙岩	506.05
三明	474.7		

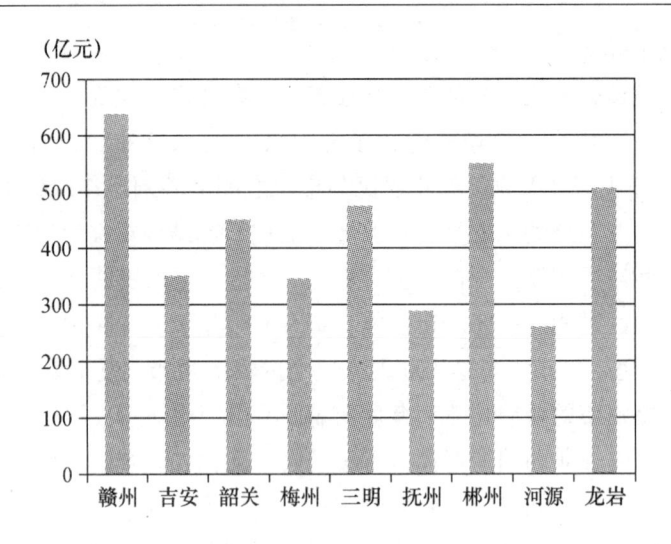

图 8-4　2013 年赣州市与周边八市服务业增加值比较

表 8-3　　　　　　　赣州市与周边地市服务业增加值比较　　　　　单位：亿元

年份	吉安	抚州	韶关	梅州	河源	三明	龙岩	郴州	赣州
2004	77.04	54.09	107.09	86.75	60.01	124.51	120.93	153.1	151.22
2005	111.21	85.95	138.19	109.27	79.18	144.73	129.64	167.8	195.02
2006	126.41	99.98	156.60	119.72	96.9	161.63	148.89	191.1	220.67
2007	135.59	115.89	179.83	142.88	109.58	190.21	176.81	220.4	261.12
2008	151.45	129.46	205.55	170.14	124.80	209.37	210.29	255.4	302.56
2009	180.05	155.9	255.90	197.61	140.52	231.88	246.01	300.6	346.71
2010	198.83	195.7	298.35	231.43	151.71	324.89	333.88	360.6	411.14
2011	243.15	210.01	348.32	280.89	192.48	398.47	376.11	419.60	472.13
2012	305.08	237.11	389.62	318.44	217.71	443.45	428.36	481.30	559.24
2013	351.08	288.14	450.50	345.73	260.15	474.70	506.05	550.20	637.57

资料来源：有关城市 2008—2013 年统计年鉴。

第三节　面临挑战

"十一五"期间，赣州市服务业发展稳中有升，招商引资和新兴行业培育等方面亮点纷呈，为服务业加快发展打下了扎实基础。但赣州市服务业发展基础较弱,总量不高,带动吸纳能力不强,对外辐射和集聚能力有限,与发达城市相比还有一定差距,存在不少亟待解决的问题。

一 总量不高

虽然最近几年,赣州市服务业持续增长,发展势头颇好,其比重也一直保持在37%左右,从占比来看,赣州市服务业在经济中占据很重要的地位。2002年以前,经济结构表现为"三一二",2003—2005年,经济结构变为"三二一",从比例结构看,赣州市服务业实现了跨越式增长。然而,实际的情况是,赣州市的工业基础非常薄弱,经济增长长期依靠农业,导致了服务业比重明显高于全国其他地区,但是,赣州市服务业发展整体水平是很落后的。随着赣州市近几年工业经济的发展,2006年后,赣州市经济结构调整为"二三一"(见图8-5)。但是,像大多数欠发达地区一样,赣州的经济社会发展基础较差,而且经济结构相对单一,主要依靠资源创造GDP,产业链很短,对生产性服务业依赖性较弱,而居民收入水平较低,消费性服务的购买力不足,加上高收入人群的购买力严重流失到外地较发达地区,如此,赣州的生产性服务业和消费性服务业都难以实现量上大幅度的增长,总体来说,服务业规模较小。

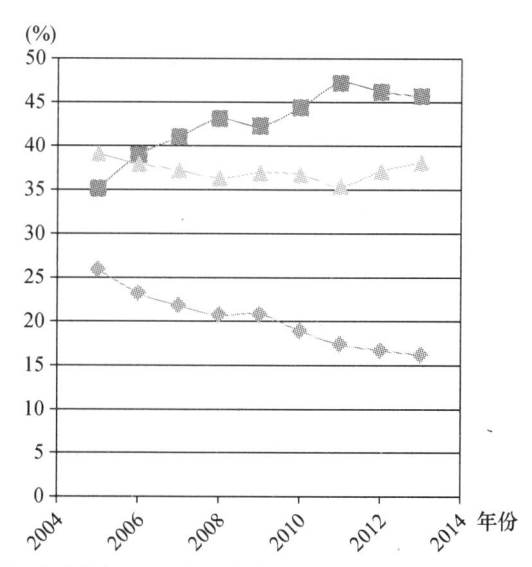

图8-5 2008—2013年赣州市三大产业占比变化趋势

赣州市要打造特大城市,不仅要在地区 GDP、人口规模、城市面积上实现量的突破,在服务业占地区 GDP 比例上、服务业总量上以及现代服务业的结构等方面也要缩小差距。

二 结构不合理

首先,赣州市服务业结构不合理体现在企业组织规模小,形成不了有品牌、投资主体多元化的、大型集约化的企业集团,实现不了规模效益。这种情况在赣州市服务业的各个行业普遍存在。

其次,行业结构不合理。2010 年,赣州市交通运输、仓储和邮政业等三大传统服务业增加值比重为 15.1%,而现代物流、金融保险、商务服务、科技信息等具有在中心城市高度聚集、需求潜力巨大的生产性现代服务业的发展不够充分,比重明显偏低。赣州市金融业实现增加值 31.02 亿元,占服务业经济比重为 7.55%,商务服务、科技信息等服务业增加值所占比重不到 5%。

尽管近几年赣州市服务业内部结构有所改善,新兴产业有一定的发展,但还没有成为产业增长的主体,传统产业和一般产业仍是带动服务业增长的主要力量。各项统计指标都显示,赣州市服务业主要集中在商贸、餐饮、仓储、邮政等传统服务业上,传统服务业仍占主导地位,且升级改造的步伐不快。会展、软件与信息服务、咨询、科技服务等知识密集型、技术密集型的现代服务业发展不充分,服务业仍处于低层次结构水平,较之厦门、杭州等国内发达城市有较大差距,与国外先进城市相比差距更大。而且,具有区域竞争力的产业优势不够突出,能在国际上叫板的服务业大集团、大公司几乎没有。

第三,人员结构不合理。现代服务业的发展需要各种人才,像企业管理、市场服务、科技研发、技术推广、信息技术、电脑软件、电子商务、金融保险、咨询中介、综合物流等知识密集型服务行业的发展,更离不开高端人才的支撑。赣州市虽然劳动资源丰富,但是缺乏高素质、高技能、有创新力的人才,特别是从事国际商贸、高级创意策划和现代科技服务的人才。赣州市的高学历、高级职称人员主要集中在教育卫生、农业、机关团体、金融运作等部门,多数现代服务行业专门人才稀缺。

第四,技术结构不合理。现代服务业发展离不开创新技术的支撑。赣州的现代服务业,比如金融业、信息服务业、商务服务、文化创意、人力资源培训等行业的发展,明显缺乏应有的技术支撑,尤其缺乏拥有自主知识产权或技术核心竞争力的支撑。

三 城镇化水平偏低

城市化是服务业发展的需求基础,城市化过程诱发第三产业新行业出现和推动传统行业的发展。城市化过程中的工业集聚促进了服务业中生产性服务业的发展。城市化过程中的人口聚集还促进了民生性服务业规模扩展,与劳动力配置相关的教育、科学、文化、卫生、培训、中介市场的发展。就此而言,城市化为服务业的发展提供了天然的土壤,城市化的过程就是服务业不断发展和升级的过程。2010 年,赣州市总人口为 836.84 万,城镇化率仅为 42.5%,低于全省城镇化率平均水平几个百分点。赣州市第二产业发展迅速,在 GDP 中所占比重较大,对经济的贡献率很高,而城镇化还属于初级阶段,城镇化水平相对较低。《赣州市城市总体规划(2006—2020)》提出力争 2020 年,中心城市建成区面积达到 140 平方公里,规划区常住人口达到 168 万,城镇人口 139 万。虽然到 2010 年赣州市中心城区面积扩大了 81.2 平方公里,但与城市建设要求相比,城市规模的扩张速度较慢,与人口的聚集没有很好地衔接,限制了服务业消费市场的发育。

四 消费结构升级较慢

消费结构升级是一个十分复杂的过程,是经济水平、社会产品供给状况、居民收入状况、国家消费政策、居民消费习惯以及国家消费环境等综合经济指标的反映,受多方面条件的制约。同时,消费结构升级很难自发实现,需要进行有效的激发,在政策上加以引导尤其重要,因此消费结构升级需要政府调控与市场机制共同作用。由于服务业涉及的行业门类多、而政府重点是在交通运输业、房地产业、旅游业等重点行业出台了一些配套政策,无法引导整个服务业的消费结构升级。2010 年,赣州市虽然在全省的 GDP 总量排名第二,但人均 GDP 只有 13377 元,与全省人均 GDP 21170 元有很大的差距,农民人均纯收入仅有 4182 元。作为江西南部重要的城市,赣州市服务业发展的速度与工业发展的速度相比较慢,占 GDP 的比重徘徊不前。2010 年,赣州市城镇居民人均可支配收入为 14203 元,全省平均 15481 元少 1200 元。在赣州市居民的消费结构中,生存资料消费仍然占据了主导地位,发展资料消费和享受资料消费的比重偏低。特别是文化娱乐等方面的消费偏低。只有随着消费结构的升级和优化,才能进一步驱动经济的增长。

五　发展观念落后，投入相对不足

服务业是能耗低、就业量大、污染少、附加值高的产业，加快服务业发展是促进消费、扩大内需、调整经济结构的客观需要。但部分地方和部门存在轻视发展服务业的观念，认为服务业只是制造业的附属物，忽视服务业的发展，许多生产性服务业至今仍被当作工业。观念上的落后，直接导致对服务业发展的重视程度不够，服务业仍然是赣州市国民经济的薄弱环节。赣州市还处于工业化加速发展阶段，相当长的时期内工业依旧保持高速增长，社会资源配置仍然向工业倾斜，客观上也会造成服务业发展相对较慢的现象。近几年，赣州市出台了一系列关于促进工业经济发展的政策措施，安排了1600万元工业发展专项引导资金，帮助企业争取电价扶持政策。2008年，赣州市设立了服务业发展引导资金，每年为100万元。但从2008年以来，实际用于扶持服务业项目的资金不到30万元。与工业相比，投入太少。对科技含量高的信息传输服务业、科学研究服务业等投入不足，所产生的附加值低。

六　市场化程度低

改革开放的滞后导致服务业内部还存在着结构性低水平的状况。批发零售、餐饮类的生活性服务业长期占主导地位，而金融保险、物流、科技信息的生产性服务业严重落后。由于法人治理结构、执行会计准则以及财务管理等方面的缺陷，文化、体育、卫生等许多应当作为商业化经营的行业其融资能力比较差，主要是依赖财政的投入，缺乏市场资源配置和自我发展的机制。当前生产性服务业的行业垄断现象较为普遍，市场准入的限制较多，竞争不充分，服务水平也不高。多数服务产品的价格仍主要由政府制定和管理，市场决定服务产品价格的机制尚未建立，市场对资源配置发挥的作用不大。

七　平台建设滞后，聚集度不高

首先，赣州市基础设施平台建设滞后。体现在两个方面：第一，赣州市服务业自身的基础设施不完善，比如信息服务业、金融业、商务服务业、医疗社保业等服务行业的基础设施与发达城市相比，差距甚远。第二，为赣州市现代服务业发展提供必要保障条件的公共基础设施也有待改善，包括交通基础设施、能源基础设施、环保基础设施等。

其次，赣州市产业集聚区建设滞后。目前，赣州市服务业集聚区除部分专业市场以及赣州市总部经济集聚区正在实施之外，其他服务业集聚区尚未启动，赣州市服务业项目布局相对较小较散，服务业产业集聚度有待进一步提高。

八 对外辐射能力较弱

按照赣州市的城市定位，赣州市现代服务业的发展将来必须具有对外辐射的能力，成为赣粤闽湘边际的增长极。这种辐射作用，一方面体现在就地提供服务，另一方面体现在"走出去"服务。然而，赣州市现代服务业发展不管是就地提供服务，还是异地提供服务，其辐射作用都还未显现。

仅本地辐射能力而言，虽然赣州市面积达3.94万平方公里，2010年末，其公安户籍总人口也达到907.27万人，但是，目前来看，赣州市中心城区"首位度"偏低，辐射带动力不强。

第九章 赣州市现代服务业发展顶层设计

第一节 发展思路

以科学发展观为统领，突出又好又快发展的主题，紧紧抓住赣州市纳入鄱阳湖生态经济区建设及积极申报中央苏区振兴规划重大战略机遇，以产业结构调整和产业升级为主线，充分依托赣州市自然资源、生态资源和文化资源的基础和优势，以重大项目为抓手，以科技创新、体制机制创新为动力，积极构建"12475"现代服务业空间构架，推进"233"重点产业发展，构筑生态文明位于前列、结构优化位于前列、效能突出位于前列、布局合理位于前列的现代服务业产业体系，为建设创业、宜居、平安、生态、幸福赣州市打下坚实基础。

其指导思想的核心战略思路是：

一　坚持"一个统领"

以科学发展观统领赣州市现代服务业发展全局，正确处理发展与可持续、资源开发与环境保护、产业文明与生态文明之间的关系。

二　策应"两大战略"

赣州市已纳入鄱阳湖生态经济区建设国家发展战略，并正积极申报中央苏区振兴规划国家发展战略。现代服务业发展要紧紧抓住这两大国家发展战略机遇，一切服务于两大战略建设，一切支撑两大战略建设。

三　贯彻"两条主线"

赣州市现代服务业发展过程中，要始终贯彻"产业结构调整、产业升级"两条主线，提高产业发展质量。产业升级要求本市现有大体量的传统服务业，通过产业升级换代，转化至现代服务业；产业结构调整要求改变服务业各自为政的状态，加强资源整合，形成全市一盘棋的统筹发展格局。

四　依托"三种资源"

赣州市现代服务业发展要充分依托和挖掘本市具有核心竞争力的三种资源：以钨、稀土和脐橙为代表的自然资源，以森林覆盖率和负离子含量为代表的生态资源，以红色历史以及客家文化为代表的文化资源。

五　构建"12475"空间布局

"1"："一核"是指以赣州市中心城区作为赣州市现代服务业发展的核心。

"2"："两轴"是指"京九沿线发展中心轴"和"赣粤闽文化旅游扩展轴"。

"4"："四中心"是指赣粤闽湘四省边际区域性金融中心、现代物流中心、旅游中心和商贸中心。

"7"："七区"是指赣粤闽湘四省边际区域性总部经济集聚区、现代商贸集聚区、现代商务服务集聚区、会展经济集聚区、专业市场集聚区、文化创意产业集聚区、科技与信息服务集聚区和现代旅游集聚区。

"5"："五基地"是指钨稀科技服务基地、优质脐橙科技服务基地、客家文化体验基地、红色旅游休闲基地和现代物流服务基地。

六　推进"233"重点产业发展

"2"：两个先导产业，现代物流业和商务服务业。

"3"：三个支柱产业，现代金融业、现代旅游业和现代商贸会展业。

"3"：三个新兴产业，文化创意产业、信息和科技服务业和社区服务业。

七　力争"四个前列"

全面建设、构筑现代服务业产业体系，并力争生态文明位于前列、结构优化位于前列、效能突出位于前列、布局合理位于前列。

第二节　发展原则

一　坚持市场配置、政府调控

按照产业化、市场化、社会化的方向，充分发挥市场机制配置资源的基础性作用和企业的竞争主体作用，推进服务业的市场化、社会化进程，提升国际竞争力。加快政府职能转变，增强政府服务意识，发挥政府规划引导、资金支持和政策导向作用，创造良好的发展环境。

二 坚持重点突破、全面发展

坚持"高端、高效、高辐射力"的产业发展方向，促进现代服务与传统服务相结合、生产服务与消费服务相结合、外向服务与内向服务相结合、城区服务与郊区服务相结合，依托赣州市的区位优势和产业基础，运用差异化政策推进重点产业、重点区域的发展，构建主业突出、联动互促、可持续发展的服务业体系，促进全市服务业的全面协调快速发展。

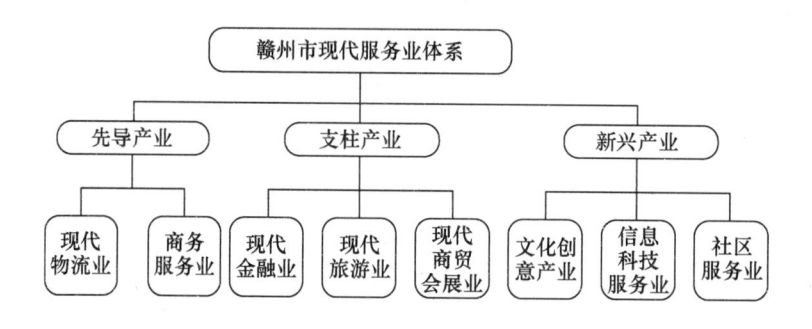

```
                    赣州市现代服务业体系
          ┌──────────────┼──────────────┐
        先导产业        支柱产业        新兴产业
        ┌──┴──┐     ┌────┼────┐      ┌──┼──┐
      现代  商务   现代  现代  现代   文化  信息  社区
      物流  服务   金融  旅游  商贸   创意  科技  服务
       业    业     业    业  会展业  产业  服务业  业
```

图 9-1 赣州市现代服务业体系

三 坚持统筹规划、各有侧重

按照"统筹协调、融合发展"的要求，在全市范围内优化配置资源，围绕自身特色和比较优势实现差异化错位发展，形成区域功能明确、产业特色鲜明、配套服务完善的服务业发展格局。坚持在一些有条件的区、市、县形成各具特色的服务业集聚区，对现代服务业的发展重点布局，逐步建立起与经济社会发展水平相吻合、与现代制造业相配套、与城市化进程相协调、与市民需求相适应的现代服务业体系，使现代服务业成为招商引资的支撑平台、先进制造业的服务平台、人民群众生活服务平台和提升城市功能的公共服务平台。经济发展相对落后的地区要坚持走新型工业化道路，加快社会主义新农村建设，重点发展服务于制造业、农业和农村经济的生产性服务业。

四 坚持改革开放、自主创新

充分发挥区位和资源优势，抓住经济全球化、产业转移的契机，不断深化体制改革，在更广领域、更深层次上参与国际分工与合作，以国际化带动服务业发展。以开放促创新，以创新促发展，加快制度创新和产业创新步伐，改善投资环境，吸引各种生产要素聚集，营造良好的外部环境与内在动力，促进资源优化配置，提高服务业发展的综合竞争力。

第三节　发展目标

一　规划期（2015—2019 年）

加快发展现代物流、商务服务等先导产业，做大做强现代金融业、现代旅游业、现代商贸会展业等支柱产业，积极培育文化创意产业、信息和科技服务业、社区服务业等新兴产业，着力构建"一核"（即以赣州市中心城区为核心，包括章贡区、赣州市开发区、赣县、南康、上犹）、"二廊"（即由中心城区向南北延伸的赣粤产业走廊、向东西延伸的赣闽产业走廊）和"三圈"（即以中心城区为中心节点、瑞金和龙南两个次中心节点为核心的三个"半小时城市圈"）的区域发展格局，实现区域布局改善、结构优化、协调性提高，将赣州市打造成赣粤闽湘四省边际的现代服务业区域性中心。

（一）总量目标

2015—2019 年间，赣州市服务业发展的主要目标是：初步建立门类比较齐全、特色明显、优势突出的现代服务业体系，为逐步形成现代产业结构奠定坚实基础。2015—2017 年为服务业的增长提速期，三年内增速分别达 12.4%、13.5%、15.1% 以上，到 2017 年，服务业增加值达到 1294 亿元以上。2018—2019 年为服务业的发展提升期，两年内增速分别为 16.6% 和 17.3%，到 2019 年，服务业增加值达到 1842 亿元以上。服务业增加值年均增长 14.84%，实现 2019 年服务业增加值比 2015 年翻一番。

表 9-1　赣州市服务业 2015—2019 年规划期总量目标

指标	增长提速期（年）			发展提升期（年）	
	2015	2016	2017	2018	2019
增速（%）	12.4	13.5	15.1	16.6	17.3
增加值（亿元）	975.26	1135.07	1294.08	1485.56	1842.56

（二）结构目标

到 2019 年，服务业增加值占地区生产总值比重超过 39%，为形成以服务经济为主的产业结构奠定基础。现代服务业得到快速发展，对第一、第二产业的支撑作用明显增强。

（三）空间发展目标

围绕建设赣粤闽湘四省边际区域性服务业中心的目标，以赣州市中心城区为中心，"三圈互动"的现代服务业空间发展格局初步形成。

（四）吸纳就业目标

服务业固定资产投资（500 万元以上项目）年均增长 18%，2019 年投资额超过 1550 亿元人民币；服务业新增从业人数年均增长 8 万人，2019 年服务业吸纳就业人数达到或接近 220 万人，占全部就业人口的比重达 40% 左右，就业吸纳能力进一步增强。

二　展望期（2020—2024 年）

服务业对第一、第二产业的带动力显著增强，到 2024 年，形成层次合理、功能完善、特色鲜明的服务业体系，形成统一开放、公平竞争、规范有序的服务业发展市场体系，建立与国际接轨的服务业运行环境，力争使服务业增加值占地区生产总值的比重进一步提高，成为赣州市现代产业体系的核心，成功实现服务经济转型。

第十章　赣州市现代服务业发展空间布局

第一节　理论基础

一　产业集聚与产业集群理论概述

（一）产业集聚理论

产业集聚是指同一产业在某个特定地理区域内高度集中，产业资本要素在空间范围内不断汇聚的一个过程。产业集聚问题的研究产生于19世纪末，马歇尔在1890年就开始关注产业集聚这一经济现象，并提出了两个重要的概念即"内部经济"和"外部经济"。马歇尔之后，产业集聚理论有了较大的发展，出现了许多流派。比较有影响的有韦伯的区位集聚论、熊彼特的创新产业集聚论、E. M. 胡佛的产业集聚最佳规模论、波特的企业竞争优势与钻石模型等。

产业集聚的集聚效应主要体现在以下几个方面：

1. 外部规模经济

规模经济有外部规模经济和内部规模经济之分，前者指产业集聚的外部经济效益，后者是指随企业自身的规模扩大而产品成本降低的经济效益。产业集聚可以提高劳动生产率。英国经济学家马歇尔发现，集中在一起的厂商比单个孤立的厂商更有效率（外部经济）。相关产业的企业在地理上的集中可以促进行业在区域内的分工与合作。主要表现在：

（1）有助于上下游企业都减少搜索原料产品的成本和交易费用，使产品生产成本显著降低。

（2）集群内企业为提高协作效率，对生产链分工细化，有助于推动集群内企业劳动生产率的提高。

（3）集聚使得厂商能够更稳定、更有效率地得到供应商的服务，比较容易获得配套的产品和服务，及时了解本行业竞争所需要的信息。

（4）集聚形成企业集群，有助于提高谈判能力，能以较低的代价从政府及其他公共机构处获得公共物品或服务。

（5）由于集聚体本身可提供充足的就业机会和发展机会，会对外地相关人才产生磁场效应。集聚区内有大量拥有各种专门技能的人才，这种优势可使企业在短时间内以较低的费用找到合适的岗位人才，降低用人成本。

2. 创新效益

产业集聚可以促进创新。企业的创新常常来源于企业之间，企业与用户之间的互动。在产业集聚中，新工艺、新技术能够迅速传播。企业更容易发现产品或服务的缺口，受到启发，发现市场机会，研发新的产品。由于集聚，不同公司员工之间接触沟通的机会增多，有助于相互间的思想碰撞而产生创新思维。同一园区企业管理人员与技术人员的定期交流会对各个企业带来创新灵感，这是知识技术外溢性的体现。

3. 竞争效益

波特的企业竞争优势的钻石模型中四个决定因素为生产要素、需求条件、相关与支持产业、企业战略结构和同业间竞争，这四个因素是企业拥有竞争优势的必要条件。企业是区域经济发展的主体，产业园区的集聚企业具备这些条件，为提高本企业、本行业甚至本区域的竞争力提供了可能。产业集聚加剧了竞争，竞争是企业获得竞争优势的重要来源。竞争不仅仅表现在对市场的争夺，还表现在其他方面：同处一地的同行业企业有了业绩评价的标尺，可以相互比较。这给企业带来了创新的压力与动力，迫使企业不断降低成本，改进产品及提高服务，追赶技术变革的浪潮。集聚区内的企业比起那些散落在区外的企业，具有更强的竞争优势，更容易进入这一行业的前沿。

（二）产业集群理论

美国商学院波特教授1990年在《国家竞争优势》一书中正式提出产业集群概念。根据波特（M. Porter）的定义，产业集群是一组在地理上靠近的相互联系的公司和关联的机构，它们同处或相关于一个特定的产业领域，由于具有共性和互补性而联系在一起。波特教授在其研究里极力强调地理群聚现象对于生产力和创新能力的意义。产业集群，有时简称集群，用来定义在某一特定领域中，大量产业联系密切的企业以及相关支撑机构在空间上集聚，并形成强劲、持续竞争优势的现象。

集群具有专业化的特征，其成员企业包括上游的原材料、机械设备、零部件和生产服务等投入供应商；下游的销售商及其网络、客户；侧面延伸到互补产品的制造商，技能与技术培训和行业中介等相关联企业以及物流服务提供商等。集群具有地理集聚的特征，在产业关联及其支撑企业、相应支撑机构（如地方政府、行业协会、金融部门与教育培训机构）在空间上集聚，是一种柔性生产综合体，往往代表着区域核心竞争力。

集群理论强调在区域经济一体化和信息技术发展的背景下，不同区域在生产网络中所扮演的角色不同。一些区域成为某个产业的创新中心，集聚了大量相关技术的教育研究机构和企业的研发部门，掌握核心技术与产品创新，把握产业的发展趋势与走向；另一区域则成为生产和加工制造的基地，其技术力量依赖创新中心的扩散。

产业集群理论是新型区域发展理论，鉴于我国存在较大的区域差异性，根据我国国情此理论有着很大的实用性。其原因有三：第一，相对于其他区域经济理论来说，梯度推移、增长极理论强调区域空间发展不平衡，对于相对落后的国家或区域要集中资源，首先发展高梯度的区域或增长极区域，然后逐步发展非核心区域。这些理论片面、静态地看待区域发展条件，并且忽略了人的能动性。而产业集聚理论不是简单地争论区域发展的平衡性与否，而是强调发挥区域各种资源要素的整合能力，追求适合于区域具体特征的区域发展道路，如浙江义乌的小商品市场。第二，产业集群理论突出技术进步与技术创新。创新源于社会化的学习过程，包括文化、制度等非经济因素，集群的产业氛围可以培养生产要素中劳动力对多种产业相关知识与创新的敏感性。梯度推移理论强调高区位地区的创新，低区位区域只能接受这种转移，而忽视了低区位区域创新的能动性。增长极理论更多是产业或区域的不均衡发展，而没有关注发展的原动力——创新。第三，产业集群还强调区域发展要素中资源整合的协同效应。除了积极寻求外来资本、技术、管理经验等要素的作用外，更强调区域自身发展能力的培育，使区域成为有很强"学习能力"的学习型区域。通过不断整合自身资源与外界经营环境相适应，使区域具有动态的竞争优势。

二 现代服务业产业集聚区理论基础

（一）现代服务业集聚区的概念

现代服务业集聚区是以某一服务产业为主体，相关服务产业相配套，产业特色鲜明，空间相对集中，具有资源集合、产业集群、服务集成功能，现代服务业集聚度达到一定水平的区域。现代服务业集聚区是现代服务业中的新型业态，是服务业发展的重要载体。上海首先提出了现代服务业集聚区的概念，并对其内涵不断进行充实发展。

（二）现代服务业集聚区的作用

现代服务业集聚区具有产业集聚、空间集约、高效连通的特点，通过合理布局和有效开发，有助于在较短时间内形成服务业发展的新高地，推动经济增长方式转变，促进现代服务业集约化、节约型发展，有利于实现服务组织机构的网络化，促进知识交流与服务创新。

（三）现代服务业集聚区的主要发展形态

1. 中央商务区（CBD 或微型 CBD）

它是指以城市经济为核心，以金融、商贸、商务活动为主体，高级酒店、高级零售和高级公寓相配套，企业总部、地区总部集中，交通通达性良好的城市中心区域。

中央商务区（Central Business District，CBD）这一概念产生于 1923 年，由美国社会学家伯吉斯（E. W. Burgess）首先提出，他以芝加哥城市发展模式为蓝本，认为城市空间结构呈同心圆圈式发展，其中心为城市地理及功能的核心区域，这个地区往往是城市最早的发源地，交通的中枢，容纳了城市中功能层次最高的行业，主要包括零售商店、办公机构与娱乐场所以及其他公共建筑，这个地区称为中央商务区。随着产业结构的调整、升级，中心区功能的更替，城市不断地呈圆心式向外扩展，形成功能各不相同的几个圈层，即 CBD 功能转换区、一般住宅区、高级住宅区和城市边缘区。1939 年，霍依特（H. Hoyt）又提出环绕 CBD，城市各项功能沿城市轴线向外呈放射型扩展，形成幅面与大小各异的扇面。1945 年哈里斯与乌尔曼（C. D. Harris and E. L. Ulman）又提出了城市不是围绕单一核心发展而是通过一组独立的核心共同发展的，城市可以有多个核心。20 世纪 70 年代后，尤其 80 年代以来，随着世界经济由工业化向信息化转型，以及全球经济一体化，CBD 成为国际化大城市的特定概念，特指这类城市中与全球经济一体化直接关联的商务中心办公区。在发达国家，CBD 是一个地理研究概念；在发展中国家，CBD 建设往往就成为一种城市发展的策略。CBD 如今成了中国各大城市的一个重点，有的城市甚至提出将建立多个 CBD。

2. 创意产业园

它是指以研发设计创意、建筑设计创意、文化传媒创意、咨询策划创意和时尚消费创意为主体,通过创意设计和改造,成为激发创意灵感、吸引创意人才、集聚创意产业的场所。

创意产业园是产业集聚的载体,其主要构成应有相关文化创意设计方面的企业,有提供高科技技术支持(如数字网络技术)的企业,有国际化的策划推广和信息咨询等中介机构;还有从事文化创意产品生产的企业和在文化经营方面富有经验的经纪公司等。这种相互接驳的企业集群,构成立体的多重交织的产业链环,对提高创新能力和经济效益都具有实际意义。

大多数大城市在实现工业化后,都把发展创意产业作为催化经济转型的重要战略举措。创意产业已不仅是一个发展的理念,而是有着巨大经济效益和社会效益的现实。只有促进创意成果转化为经营资源,通过向传统产业的渗透和产业链的整合与延伸,进行深度开发,才能充分获取创意产业的效益。

发展创意产业的核心是要构筑创意产业链,并尽量拓展延伸,以形成规模,获得最大经济效益。要在较短的时间里领跑全国,赶上西方国家,就必须打造出若干符合市场规律的、完整的创意产业链,并围绕产业链培育出一批富有竞争力的创意产业集群。

例如,上海应以现有的创意产业集聚地为基础,加强区域和行业的协调,从完善创意产业链和优化资源配置出发,进行规划和整合,探索建立几个功能定位合理、具有明显特色的创意产业园区。如上海张江文化科技创意产业基地以浦东软件园为依托,以先进的科技水平、多样的艺术形式、健康的文化内容、现代的产业功能为发展主线,重点建设文化与高科技密切结合的文化科技创意产业,集中体现了"研发、培训、孵化、展示、交易"五大功能。因此,可以以张江文化科技创意产业基地为龙头整合目前分散在各区的动漫和网络游戏业、多媒体内容产业和影视后期制作业,加强合作,共铸并共享"上海文化科技创意产业基地"品牌,形成优势,实现共赢。

3. 科技创业园

它是指以科技创业为重点,以技术公共服务平台和产业孵化为载体,为各类中小企业提供各类专业技术服务的集技术检测、技术推广服务、工程和技术研究与试验、成果转化等功能于一体的区域。

科技创业园是科技企业孵化器的一种形式。科技企业孵化器是以促进科技成果转化、培养高新技术企业和企业家为宗旨的科技创业服务机构，也称高新技术创业服务中心。包括综合孵化器、专业技术孵化器、特色产业孵化器和大学科技园等。它是国家创新体系的重要组成部分，是区域创新服务体系的重要核心内容，是培育科技型中小企业、培养新的经济增长点、规模性增加就业岗位的重要手段。它的主要功能是：以科技型中小企业为服务对象，为在孵企业提供研究开发、中间试验、生产经营所需的场地和办公方面的共享设施，提供政策、法律、管理、财务、融资、市场推广和培训等方面的服务，以降低企业的创业风险和创业成本，提高企业的成活率和成功率，为社会培养成功的科技企业和企业家。

4. 软件园

它是指以软件开发、生产、售后服务为核心，城市规划区和工业开发区内众多软件企业和相关服务机构集聚的区域。

随着互联网的发展和普及，软件的应用已经深入到社会生活的各个角落，在许多发达国家，软件产业已经成为国民经济的支柱产业，其发展水平成为衡量一个国家现代化水平的重要标尺。因此，大力发展我国的软件产业成为当前最紧迫的任务之一。

1992年，为了促进我国软件行业快速、健康的发展，当时的电子工业部率先命名了我国最早的三大软件基地，也就是人们常说的软件园，即北京软件基地、上海浦东软件基地和位于珠海的南方软件基地。随后，在2001年7月，国家计委和信息产业部在原有软件园的基础上，确定北京、上海、西安、南京、济南、成都、广州、杭州、长沙、大连、珠海为国家重点建设的11个国家级软件产业基地。如今，一批软件园遍布全国各地，成为我国软件产业的中坚力量。据统计，2001年软件园的销售收入245亿元，占全国软件销售收入的80%以上，充分显示出软件园在我国软件产业发展中的重要作用。截至2008年，软件园的销售收入达到5000亿元，发展势头迅猛。

5. 现代物流园

它是指以现代物流产业为主体，以物流园建设为主要形态，重点布局在城市规划区和工业开发区内，形成社会化加工、配送、分拣、包装、仓储、运输、货代、信息有效集中的区域。

现代物流园包括物流中心、配送中心、运输枢纽设施、运输组织及管理中心和物流信息管理中心等适应城市物流管理与运作需要的物流基础设施；作为经济功能区，其主要作用是开展满足城市居民消费、就近生产、区域生产组织所需要的企业生产、经营活动。

按照对物流园所下的定义，现代物流园主要具有两大功能，即物流组织管理功能和依托物流服务的经济开发功能。

(1) 物流园区的物流组织与管理功能。一般包括货物运输、分拣包装、储存保管、集疏中转、市场信息、货物配载、业务受理等，而且多数情况下是通过不同节点将这些功能进行有机结合和集成而体现的，从而在园区形成了一个社会化的高效物流服务系统。

物流园区是物流组织活动相对集中的区域，在外在形态上，不同的园区有相似之处，但是，物流的组织功能因园区的地理位置、服务地区的经济和产业结构及企业的物流组织内容和形式、区位交通运输地位及条件等存在较大不同或差异，因此，物流园区的功能不应有统一的界定。

(2) 物流园区的经济开发功能。主要是物流基础设施项目的经济开发功能和新建设施的开发功能。①新建设施的开发功能。②既有设施及资源的整合功能，还有完善的物流服务所支持的经济开发功能。

(3) 物流园区的作用。物流园区的作用是与其功能密不可分的，从功能角度分析，物流园区的作用主要体现在对经济社会发展的促进、对区域物流系统和城市物流功能区的完善，以及对物流企业和物流效率的影响三个方面。

6. 文化休闲旅游区

它是指以旅游资源为依托，通过完善适宜人居的旅游配套设施和打造有震撼力的旅游文化吸引物，提供观光、休闲、商务、会议、培训、疗养等综合功能的区域。

文化休闲旅游区的创建，可以将休闲旅游业相关企业、供应商、关联产业和专业协会等机构加以整合，形成产业链、产业群和产业面。休闲旅游供应商和服务商以及相关企业和部门，为了共同的目标，建立起紧密的联系，协同协作，提高综合竞争力。

7. 大型专业市场

它是指以专业化分工为特征，对某一类产品销售和该产业升级起到推动作用，进而拉动当地经济的特色区域和专业市场。

专业市场是集贸式市场组织的典型，它由乡村集市发展而来，后由农村到城市郊区，渐渐发展为大型专业市场和专业两种形式。随着竞争的加剧、品牌的集中和消费力的提高，专业市场正面临着一系列的挑战，也导致了其表现形式发生了一系列的变化。在市场竞争中，小商品市场、纺织服装类、皮具、家具建材、五金机电、物流主导等因其特有的优势属性成为具有竞争力的专业市场。

（四）现代服务业集聚区发展的基本原则

（1）坚持与布局规划相结合。坚持规划先行，增强规划的严肃性，避免重复建设和无序竞争。形成层级结构分明、功能完整突出的服务业空间布局架构。

（2）坚持与优势资源相结合。充分挖掘和发挥我市人文、旅游和制造业三大资源优势，优先发展旅游、物流、文化和社区服务等具有比较优势的服务业，大力发展交通运输、金融、会展和信息服务等具有市场潜力的服务业。

（3）坚持与品牌工程、项目建设相结合。各地建设现代服务业集聚区，要结合区域特点和优势，走特色之路，错位发展，力争形成相对优势，培育特色品牌。要以服务业重大项目为载体，特别要加快推进产业带动性强的功能性项目建设，发挥导向性作用。

第二节 战略定位与功能分区

一 战略定位

立足赣州市现有资源条件和产业基础，利用赣州市四省通衢的交通与区位优势，围绕建设创业、宜居、平安、生态、幸福赣州市和赣粤闽湘四省通衢的特大型、区域性、现代化中心城市，着力打造"一核、两轴、四中心、七区、五基地"，为将赣州市打造成为江西省次中心城市、国家服务业示范城市、中国宜居宜业宜商城市，形成一批具有深厚影响力的平台，促进经济社会发展提速、提质、提效，努力实现发展规模、发展层次和发展水平的新跨越。

二 功能分区

（一）"一核"

"一核"即以赣州市中心城区作为赣州市现代服务业发展的核心，包括章贡区、开发区、赣县、南康、上犹,该核心对赣州市建设成为赣粤闽湘四省通衢的特大型、区域性、现代化中心城市发挥最直接的龙头作用,具有最重要的战略地位。

以章贡区、开发区两区现代服务业的快速发展带动周边赣县、南康、上犹等地仓储基地、物资集散、物流中心、专业市场以及生态旅游、会展等经济,形成板块联动效应,从而形成稳定而高速的核心经济增长极,为全市现代服务业的发展发挥主导作用。

(二)"两轴"

"两轴"即指"京九沿线发展中心轴"和"赣粤闽文化旅游扩展轴"。其中,"京九沿线发展中心轴"贯穿中心城区,承载了现代商贸、现代商务服务等核心产业的快速发展;"赣粤闽文化旅游扩展轴"以中心城区为焦点东西延伸,重点发展红色文化旅游、客家文化旅游、堪舆文化旅游、绿色生态休闲旅游等产业,成为赣州市特色产业的聚集区,推动赣州市经济再上新台阶。

图 9-1 赣州市功能分区

资料来源:《赣州市统计年鉴》(2013)。

(三)"四中心"

将赣州市打造成赣粤闽湘四省边际区域性金融中心、区域性物流中心、区域性旅游中心和区域性商贸中心。

(1) 区域性金融中心。以章贡区为核心发展对象,规划建设"金融商务核心区"和金融信息平台,积极整合赣州银行、赣州市农业银行等本地金融资源,做大做强本地金融机构;优化金融生态,发展基金管理、金融租赁、财务管理、信托管理以及后台服务等新兴金融业态和金融产品,引进域外金融机构;探索建立稀有金属、土地使用权、林权、碳汇权等市场交易和金融结算平台,形成交易中心、结算中心;完善金融机构信贷投入激励机制,调动金融机构支持全市经济发展的积极性和主动性,活跃金融市场,从而有力构建四省通衢区域性金融中心。

(2) 区域性物流中心。立足中心城区区位特点,以发展物流配送中心为重点,以物流企业为主体,加快发展现代物流业。规划建设中心城区物流配送中心和仓储运输中心,促进第三方、第四方物流企业发展,努力形成以中心城区为核心、覆盖四省八市"三小时服务圈"。

同时,依托龙南口岸设施的优良条件,建立与经济发展水平相适应的、体系健全、结构合理、高效便捷和特色鲜明的现代物流服务体系,以龙南、瑞金两个次中心城市为赣州市物流发展的重要节点,积极创造条件,引进国内外知名物流企业落户,引进国际大型物流企业设立分支机构,将赣州市打造成为赣粤闽湘四省边际功能最强、成本最低、流量最大的物流中心。

(3) 区域性旅游中心。依托赣州市红色文化、客家文化、宋城文化与堪舆文化资源优势,推行"文化+旅游"发展模式,大力发展赣南特色文化和生态休闲旅游,重点规划宋城游、乡村休闲游、生态休闲旅游、佛教文化游、堪舆文化游、民俗文化旅游等旅游形态和产品,积极配套发展关联产业,加快促进文化产业与旅游产业联动发展。加快旅游商品研发、生产销售体系建设,形成文化休闲中心和会务商务中心。充分利用上犹、崇义、大余等地的绿色生态资源,发展乡村生态旅游和农业休闲观光旅游,打造对接粤港澳、闽台地区的旅游后花园,力争成为江西省旅游强区和国内知名旅游目的地。

(4) 区域性商贸中心。搞好中心城区商业网点规划,引导商业空间布局与城市建设同步发展;加大赣州市开发区城市综合体和赣州市开发区高校园区综合服务区招商推介力度,加快项目建设提升我区服务业发展环境；扶持壮大现有专业市场，加快发展新兴特色批发市场和规模农产品交易市场，扩大区域辐射力和覆盖面。

重点发展大型百货、购物中心、专卖店、超市连锁、电子商务、产品批发配送、特色商业街、高档酒店、餐饮、社区便民店等产业。重点做好中心城区农产品交易市场升级改造，高品位打造中航城、国际时代广场、万盛MALL、粮油大市场、有色金属交易中心等重点建设项目，到2015年成为赣粤闽湘四省通衢的区域性商贸中心。

（四）"七区"

"七区"即赣粤闽湘四省边际区域性总部经济集聚区、现代商贸集聚区、现代商务服务集聚区、会展经济集聚区、文化创意产业集聚区、科技与信息服务集聚区和文化旅游集聚区。

（1）总部经济集聚区。总部经济是产业分工的高端环节。规划期内，积极吸引企业集团及现代服务业企业、研发机构等入驻总部经济区，初步形成总部经济区的基本框架，基本形成"总部企业集聚、科技含量高、现代服务业发达、功能配套齐全、辐射带动能力强"的格局，集中建设一批高档写字楼作为总部经济发展的载体，统筹规划建设总部经济区配套服务设施。

（2）现代商贸集聚区。以开发区原有商贸市场为依托，结合创新区赣州市火车南站地区的建设，规划设立以大型生产资料专业交易市场和生活消费品大型专业交易市场为主体的商贸市场区。以南康家具与服装两个专业市场为依托，大力推进三江统筹城乡发展示范区商业设施布局规划、泓泰家具市场、成品服装市场等重点项目建设。同时，在该区内建立钨及稀土产品展示交易中心、稀有有色金属原料市场等生产服务型特色商贸平台。提升服务，做大做强，立足本区，辐射四省周边区域。

（3）现代商务服务集聚区。按照"全力打造赣州市中心城区专业化商务服务中心"的要求，充分发挥以章贡区为核心的赣州市中心城区的综合优势，提高服务功能，增强影响力、带动力和辐射力，整合资金、人才、信息等资源，引导各类社会商务中介服务组织集聚发展，规划发展现代中介服务街区，打造具有赣州市特色的商务服务街，从而促进商务大发展，力争总量上一个新台阶，并逐步缩小地区间差别。

（4）会展经济集聚区。以赣州红博会、赣州钨稀交易会、赣州橙交会和赣州世客会即"赣州四会"为平台，打造具有产业特色和地方特色的专业会展品牌。以电子信息技术装备本市会展业，推广借鉴"网上会展"等新型业态，提高会展业科技含量和技术水平，让赣州市最具优势的钨、稀土和脐橙走向世界。同时，依托上犹地处赣州半小时经济圈和自然环境、生态旅游休闲度假等良好优势，面向赣州市，建设会务中心、休闲度假中心，使之成为赣州市举办国内和国际各类会议和展览活动的集聚地，积极申办和举办具有区域影响力的综合或单项特色活动，从而带动赣州市加快融入全球经济一体化。

（5）文化创意产业集聚区。紧紧抓住创意产业兴起的机遇，突出创意、创新、创造，加快规划建设创意产业园，积极发展以服饰设计、箱包设计、包装设计等为主的工业与工艺设计创意，大力发展以广告设计、会展设计、景观艺术设计等为主的时尚设计创意，培育发展以智能媒体内容为代表的数码设计创意，鼓励发展文化创意服务外包，打造成为江西南部乃至赣粤闽湘四省边际区域重要的文化创意产业基地和文化创意产品展示和交易中心。

（6）科技与信息服务集聚区。按照"建设'智能赣州'"的要求，以信息网络建设为基础，以信息资源开发利用为核心，以信息技术创新为保障，全面推进政务信息化、企业信息化和社会公共领域信息化，初步形成信息资源开发、共享、应用体系，基本建成结构网络化、手段现代化、功能社会化、经营产业化的信息服务体系。以章贡区、开发区为科技与信息服务的龙头，带动周边县市区共同繁荣发展。

同时，构建以企业为主体的产学研技术创新联盟，发展一批国家级与省级工程技术研究中心、重点实验室等科技服务平台，着力打造钨和稀土等重点产业类的工程研究中心。加快发展一批科技评估、技术产权交易、工业设计和节能服务等专业化科技服务机构。

（7）文化旅游集聚区。依托赣州市丰富的旅游文化资源，推动文化旅游的集聚发展。以章贡区内全国保存最为完好的宋代古城墙及古建筑等文化遗产为基础，以中国赣州市宋城文化节的举办为契机，打造宋城文化旅游集聚区；发挥瑞金、兴国、宁都、于都、石城、会昌、寻乌等红色资源优势，打造红色旅游集聚区；以五龙客家风情园、赣县白鹭民居、龙南燕翼围、关西新围、乌石围、石城九十九间半等客家文化景点为基础，打造客家文化旅游集聚区；依托章贡区杨仙岭风水文化旅游区、兴国三僚中国风水文化第一村等风水资源，打造堪舆文化旅游集聚区；塑造森林生态、温泉养生度假和休闲农业三大生态旅游品牌，推动旅游开发与生态保护共赢发展，重点建设石城九寨温泉度假庄园、于都黄麟温泉旅游度假村、龙南九龙湾国际温泉休闲度假区、会昌汉仙岩景区、通天岩风景区创建国家5A旅游区、瑞金红色旅游景区创建国家5A旅游区、峰山国家级森林公园、上犹陡水湖景区、龙南武当山风景名胜区、石城通天寨景区、大余梅关—丫山风景区、全南赣江源生态旅游区，打造休闲养生生态旅游集聚区。

第三节　特色基地

一　特色产业基地相关理论

（一）特色产业基地的内涵

"产业基地"一词最早是由简·霍兰德在研究企业战略联盟和产业集群时提出的概念。他认为，产业基地是指在一个相对集中的区域，积聚一个或几个产品特色鲜明、技术含量高、产业规模大、经济效益好、市场前景广的产业链或产业群体，是一个或几个相关产品密集区、企业密集区、研发密集区、人才密集区，是一种新型的生产和管理方式。

关于特色产业基地的定义，目前没有统一的、权威的标准界定。我国较早在政府文件中对特色产业基地进行定义的是国家科委在《国家火炬计划特色产业基地认定和管理办法》（国科火字［2001］号，2010年修改）中指出的，"特色产业基地是指在特定地域内，在实施火炬计划的基础上，发挥当地的资源和技术优势，依托一批产业特色鲜明、产业关联度大、技术水平高的高新技术企业而建立起来的高新技术产业集群"。由此可见，这一定义主要界定的是"火炬计划特色产业基地"，简称为特色产业基地。

此外，国家发展改革委员会对高技术产业基地的定义是，"对高技术产业发展和区域经济发展具有支撑示范和带动功能的特色高技术产业集聚区"。这一定义也突出强调高技术特色，因此也被简称为特色产业基地。

辽宁科学技术计划项目软科学研究课题组经过多年的研究，在《特色产业基地的理论与实践》一书中，从揭示客观经济事物本质的角度作出定义，即特色产业基地是由民间组织或者政府，自发形成或者规划引导，以区域特色资源为基础，以特色产业或产品为轴心，以产业链的核心企业为主导，通过经济价值和地理位置形成具有较高关联度、经济上竞合发展、行政上有序和谐、文化上兼容相通、产业集群效应突出的产业聚集区域。

产业基地作为一种独特的产业组织形式，能够形成集群效应和规模经济，吸引区外的技术资本和劳动等经济资源向基地集中。产业基地本质上是一种产业集中区，产业集群是特色产业基地发展的基础。特色产业基地是适应产业集群发展的有效组织形式，是产业集群发展到一定阶段的产物。特色产业基地与产业集群最突出的共同点是地理的集中性，两者都是许多企业在某一区域聚集，形成一个以企业为主体的空间聚集体。产业基地与产业集群两者都具有公共服务基础设施等资源共享的特点。特色产业基地强调现代产业分工协作和园区内部企业的网络联系，这一特点与产业集群专业化经营的特点之间具有一定的一致性。

特色产业基地区域内部具有正向累积性和因果循环效应，是地方产业结构优化升级和发展方式转变的重要载体和推动力量。在世界范围内，无论是发达国家还是发展中国家，建设以产业链为基础、相关配套产业高度聚集的产业基地已成为促进经济发展的一种崭新的产业、技术创新的组织形式被世界广泛采纳，并已经成为发展的必然趋势。

（二）特色产业基地的基本特征

产业基地作为一种空间经济集聚体，是许多工业企业在某地聚集的区域，这种聚集或是政府为发展区域经济事先划定一块区域，然后再引入企业而形成，或是企业基于该区域的某种资源优势自发聚集，政府再加以划定而形成，特色产业基地在此基础上更强调具有地方特色。显然，产业基地作为一种经济集聚现象，要体现出规模经济、范围经济、外部经济以及特色经济效果，具有内在的形成机理。

特色产业基地一般出现在各类经济开发区体系内，多以产业园区模式形成。根据我国特色产业基地发展十几年的实践，特色产业基地一般具有以下三个基本特征。

1. 产业高度聚集

产业的高度聚集是特色产业基地的本质特征。特色产业基地由若干个具有成员间专业化分工、上下游协作配套的关联产业集群聚集而成。特色产业基地中至少有一个具有强大推动效应的龙头或者骨干企业。特色产业基地的企业以龙头企业和骨干企业为核心，在分工协作的基础上，以产业链为依托，形成层次分明的企业群。龙头或骨干企业在基地产业发展中起到领头羊作用，是特色产业基地的重心，通过集聚作用与辐射作用推动特色产业基地发展过程中支配、乘数和溢出效应的发挥。

2. 资源要素具有独特性

区域资源要素独特性特征是特色产业基地的基本特征。资源要素是特色产业基地形成与发展的基础，资源要素在空间上的不完全流动性是特色产业基地产生的根本原因。特色产业基地所处区域内资源要素的稀缺程度越高，独特性越强，特色产业基地的产业特色越突出，产业发展的竞争优势越强，向优势产业转变的潜力越大。

3. 具有比较优势

比较优势是特色产业基地的经济特征。特色产业基地中的产业发展依托于当地某种特色资源和技术优势，尤其是产业创新能力和产业技术能力。特色产业基地在对区域内特色资源或特色产品进行产业化开发中逐步形成产品优势或市场优势。这种比较优势包含区域间比较优势和区域内比较优势两个方面，主要表现在相比其他区域相同产业或者相同区域其他产业更具竞争力，更具备向顶端优势转变的潜力。

二　赣州市现代服务业特色基地

依托赣州市优越的自然环境、丰富的人文内涵、丰富的自然资源与得天独厚的四省通衢区位优势，着力打造一个世界级特色基地——钨稀相关产品科技服务基地；两个国家级特色基地——优质脐橙科技服务基地、客家文化体验基地；两个省级特色基地——红色旅游产品综合展示基地、现代物流服务基地。

（一）钨稀科技服务基地

赣州市稀有金属与矿产资源十分丰富，钨与稀土藏量在世界领先，且目前已初步形成了国家钨与稀土产品质量监督检验中心（被科技部授予国家科技兴贸创新基地，国家火炬计划赣州钨与稀土新材料特色产业基地）、若干稀有金属、电子产品、新能源加工等产业基地等为代表的高新产业聚集区，具有良好的前期基础。规划期内，将以开发区内各高校园区、钨与稀土产品质量监督检验中心为主要依托对象，着力打造全球钨与稀土产品标准评测、质量监督、检验一体化的测定中心，提供钨、稀土矿等稀有金属的国际化认证，包括国际上最权威的钨与稀土产品标准评测定级、质量监督检验等。

（二）优质脐橙科技服务基地

赣南脐橙，全国闻名，近年来赣州市已经形成了稳定的脐橙种植、销售包括进出口贸易的产业链，赣州市境内几乎各县均有各自品牌脐橙远销国内外。规划期内，将以信丰、瑞金、寻乌、安远等县的脐橙种植、交易为主要依托对象，联动周边县市区共同打造国家级优质脐橙科技服务基地，对国内各类脐橙品牌、种类及等级进行定标、定级等权威评测，构建全国最大的脐橙科技服务基地，进而带动以脐橙为代表的整个大宗农产品科技服务市场的发展。

（三）客家文化体验基地

结合赣州市的客家文化底蕴与人文景观，以龙南、石城、赣县为依托，打造国家级的客家文化体验基地。一方面，让传统的客家文化资源得到更广泛的传播与延伸；另一方面，将客家文化与新兴科技服务产业结合，着力构建以客家文化理念为特色的各类文化创意产业，让全国乃至全世界更多人了解客家文化，让赣州市成为一个繁华的客家文化体验基地。

（四）红色旅游休闲基地

结合江西省红色旅游的主题，发挥瑞金、兴国、宁都、于都、石城、会昌、寻乌等红色资源优势，打造江西省红色旅游产品展示基地。充分利用丰富的文化和竹木、地矿等资源，积极引导和支持旅游特色商品开发，努力培育名牌旅游商品；加强与高等院校、科研机构的合作，重视民间工艺品的创新，把传统工艺与现代意识有机地结合起来，着力开发一批特色红色旅游产品；将传统旅游与现代科技手段结合，提升一批红色旅游文化产品，如"红赣州◇YD◇客天下"大型演艺项目、赣州红博会等，将赣州打造成红色旅游产品的综合展示基地。

（五）现代物流服务基地

以融入"长珠闽"区域物流网络体系为出发点，充分发挥区位和对外交通便捷的优势，通过整合和新建相结合的方式，积极开发赣粤闽湘四省通衢区域性物流中转和配送产业，构建赣州市现代物流基础设施平台和信息平台，建立多功能、多层次的现代物流服务网络体系。建成以综合物流园区、物流中心和配送中心以及运输服务中心为节点，以铁路和高速公路为主干线的高效的现代物流中心，并构建完善的物流综合信息平台，将赣州市打造成面向东南沿海，培育和完善"结构合理、设施配套、技术先进、运转高效"的现代物流体系，发展成为面向"珠三角"现代物流网络体系中的重要枢纽和节点城市，进而成为江西省重要的省级现代物流服务基地。

第十一章 赣州市现代服务业先导产业发展

第一节 现代物流业

一 理论基础

(一) 现代物流业的概念

现代物流业是指原材料、产成品从起点至终点及相关信息有效流动的全过程。它将运输、仓储、装卸、加工、整理、配送、信息等方面有机结合、形成完整的供应链,为用户提供多功能、一体化的综合性服务。现代物流业是一个新型的跨行业、跨部门、跨区域、渗透性强的复合型产业。现代物流业所涉及国民经济行业具体包括铁路运输、道路运输、水上运输、装卸搬运及其他运输服务业、仓储业、批发业、零售业等。

信息化技术的突飞猛进,为现代物流产业的发展带来巨大的推动作用。在促进物流产业加速发展的几个基本条件中,电子商务是最重要的因素。网上购物的兴起,信用制度的完善,使相应货品配送的服务需求量越来越大。专家预言,21世纪的物流与配送是把握市场的关键所在。

目前国际上流行的趋势,是对于涉及运输、仓储、装卸搬运、包装、流通加工、配送和流通信息处理7个方面的现代物流企业,逐步向规模化、网络化、利用信息技术为客户提供低成本服务方向发展。有关研究人员认为,未来电子商务运作模式基于计算机网络间的信息交换,供应商、制造商及客户间通过信息网络交换货品订单等多项商务内容,直接由配送中心、物流企业来衔接生产、批发、零售和销售各环节。现代物流业不仅能使更多的企业实现"无仓库无车队"运作,更多商品实现"不停留不留地"卸运,而且能提高现有交通运输设施的使用效率,实现高效低耗的物流过程。

（二）现代物流业的发展特点

1. 物流基础设施建设迅猛增长

过去的 20 多年中，服务业在中国发展很快，其发展速度超过了工农业。服务业的比重在 20 多年中增长了 10 多个百分点。中国物流业的基础设施建设也迅猛增长，交通设施及工具、仓储设施、商业网点、配送体系、信息技术和配套服务设施等方面均已取得了长足进步。东部地区及东南沿海的物流"硬件"在许多方面已接近或达到世界先进水平。例如，我国一些港口设备、交通设施、仓储设备、商业自动化设备的配置，由国家、地方和企业斥巨资建设。有些装备的先进性超过了发达国家相应的设施。但从整个国民经济运行质量和国民经济发展的要求来看，对物流业的投入仍显不足，今后首先要解决的是投资效益的准确计算、东西部协调发展和现有设备的充分利用问题。

2. 物流一体化程度不高

主要表现在：物流交易系统分内贸、外贸；运输行业分属数个部、委、局机关；流通受地方保护主义限制，导致各行业、各地区用尽一切办法进行物流垄断和不正当竞争。重复布点、重复投资带来浪费严重，而市场垄断又带来物流服务严重的低质量和低效益。

3. 物流国有化比例太大

外贸、民航、铁路、包装、通信等部门高度国有化，使得这些部门政企不分，官商作风严重。我国出现的经济犯罪也大多在物流领域发生，更使物流消费者失去对服务供应者的信任。

4. 物流各行业条块分割严重

物流各行业间的条块分割不是学术界、企业界所能解决的，急需国家总体协调，还要结合政府机构改革、法制改革、人事制度改革、全国经济改革、商业制度改革和社会保障体制改革。只有这样，才能从根本上理顺物流行业的各种关系。但遗憾的是，目前现代物流的观念只在学术界讨论，"第三方物流"仅靠少数企业推动，供应链管理仍然困难重重。许多决策人士对物流的重视只是停留在加大基础设施建设的投资上。结果，重复投资给物流带来了更多的麻烦。

5. 与物流相关的服务体系落后

金融、结算、保险、通信、信息技术等行业同样处于高度垄断、低质低效的发展阶段，因而在物流领域推广电子商务是很困难的。物流服务水平的落后给我国生产行业增大了成本，而与物流服务相关的服务水平落后，又给物流业企业本身增加了成本。另外，我国物流业企业内部自办各类专业服务，其专业化程度又不高，致使物流服务整体效益低下。

(三) 现代物流对国民经济的作用

1. 物流是国民经济的基础之一

物流对国民经济的动脉作用而言物流是国民经济的基础。物流通过不断输送各种物质产品，使生产者不断获得原材料、燃料以保证生产过程的正常，又不断将产品运送给不同需求者，以便这些需求者的生产、生活得以正常进行。这些互相的依存，是靠物流来维系的，国民经济因此才得以成为一个有内在联系的整体。

从物流对某种经济体制和实现这一经济体制的资源配置的作用而言，物流是国民经济的基础。经济体制的核心问题是资源配置，资源配置不仅要解决生产关系问题，而且必须解决资源的实际运达问题。有时候，并不是某种体制不成功，而是物流不能保证资源配置的最终实现，这在我国尤为突出。物流还以本身的宏观效益支持国民经济的运行，改善国民经济的运行方式和结构，促使其优化。

2. 物流从某种意义上是国民经济的支柱

物流对国民经济起支柱作用，或物流与其他生产活动一起起支柱作用。特别是处于特定的地理位置或特定的产业结构条件下的国家和地区，物流在国民经济和地区经济中能够发挥带动和支持整个国民经济，成为国家或地区财政收入的主要来源，能创造更多的就业领域，成为科技进步的主要发源地和现代科技的应用领域。如新加坡、中国香港、巴拿马等国家和地区，尤其是日本，以流通立国，物流的支柱作用更加显而易见。

3. 物流现代化可以改善我国的经济运行

我国经济虽然取得了持续、快速、健康的发展，但是经济运行质量不高，"粗放式"的问题还很严重，尤其作为支撑国民经济运行的"物流平台"问题更为突出。各种物流方式分立，物流基础设施不足，物流技术落后等问题如果能够得到全面的、系统的改善，可以使我国国民经济的运行水平得到很大提高。

4. 物流产业可以有效改善我国产业结构

由于我国国土面积大，经济发展和物流关系就显得更为密切，物流产业对我国而言，相对重要得多。物流产业过去没有受到我国经济界应有的重视，发展迟缓，这个问题如果仍然得不到解决，对于我国未来的经济发展是极为不利的。尤其是现代通信技术和计算机技术支持的电子商务普遍运行之后，一个落后的物流产业会制约国民经济的发展。因此，重视建立新的物流产业，才可以使我国国民经济出现合理、协调的发展局面。

二　赣州市现代物流业发展实例研究

（一）发展目标

力争到 2019 年，基本建立起布局合理、技术先进、节能环保、便捷高效、安全有序的现代物流服务体系；基本建成赣粤闽湘四省通衢的现代物流网络体系中的重要枢纽和节点城市。

（1）总体规模进一步扩大。全市社会物流总额年均增长 13% 以上，赣州市社会物流增加值占 GDP 比重 10% 以上，占服务业比重 20% 以上，对经济增长的贡献率提高 2—3 个百分点，社会物流成本占 GDP 比重 18% 以下。

（2）空间布局进一步优化。赣州市城区核心区基本建成，龙南、瑞金两个中心区聚集能力不断提升，辐射功能不断增强，形成高效便捷、货畅其流、集散有序的现代物流网络，构建承东启西、沟通南北的大开放式物流框架。

（3）基础设施进一步完善。一批园区配送工程基本建成并投入运营；赣州市物流公共信息平台建成并投入使用；一批多式联运工程和专业物流基地基本建成。

（4）物流企业进一步发展。到 2019 年，全市规模以上物流企业将达 120 家，AA 级物流企业 10 家，AAA 级物流企业 5 家；培育 1—2 家年营业收入超亿元的第三方物流企业。

（5）体制机制进一步完善。现代物流发展的体制机制性障碍基本消除，开放水平进一步提高；政府的引导作用和企业的主体作用得到充分发挥；形成统一开放、公平竞争、规范有序的现代物流业发展环境和市场环境。

（二）发展布局

形成"一个园区、两个平台、六个中心"的发展布局。"一个园区"即赣州市综合物流园区国际物流业务。主要与东南沿海港口合作，实施铁海联运、实现货物联运换装，其作业主要涉及进出口商品检验检疫、海关监管、保税等环节。赣州市综合物流园区主要提供物流分拨、仓储服务、加工增值、展览展销、运输与转换、物流信息服务、物流设备制造、物流管理办公及其他配套服务等。

在此基础上，结合赣州市中心城区以及龙南、瑞金等次中心城市的信息化建设，建立一套功能强大、设施完备的物流信息平台。物流信息平台全面支持并满足赣州市物流系统运作的信息需求，通过数据交换和信息跟踪等现代技术手段实现社会物流资源的整体优化配置；运用物流公共信息平台，通过电子交易等手段进一步整合物流供需市场，强化物流市场机制的规范与管理，加强政府与企业的信息沟通与共享，从而强化政府对物流发展的宏观管理与调控，为物流发展及规划提供信息化决策支持手段；同时通过物流信息平台，建立起赣州市与国内外物流相关信息的沟通渠道，从而进一步扩大赣州市在国内外的影响与综合竞争能力。

"两个交易平台"。其一，指农产品电子交易平台。通过农产品电子交易平台实现赣南脐橙等大宗农产品网上拍卖、网上现货交易、现货订单交易和信息服务等主要功能，并通过赣州物流体系完成现货交割、"门到门"物流配送服务。农产品交易平台有利于创新脐橙的交易模式，提高赣南脐橙的标准化，拓宽市场销售渠道，打造赣南脐橙世界品牌。其二，指有色金属电子交易平台。该平台主要功能包括有色金属现货贸易与流通、供应链融资、信息传导、商品投资和保值、商品定价。赣州市有色金属资源十分丰富，但一直没有现代化的电子交易平台，没有形成国际定价权、话语权，电子交易平台有望填补这一空白，提升赣州市有色金属产业链价值，而且矿产资源通过电子商务平台进行交易，使企业之间可进行"零距离"接触，交易成本将大幅降低。

"六个物流中心"。结合赣州市"二纵二横二斜高速公路主骨架"和"三纵三横一环干线公路网"交通建设规划，结合赣州市下辖县（区）区位优势以及产业特点，组建"六个物流中心"，分别是赣州市黄金物流中心、章贡区沙河工业园物流中心、赣州市水西货运码头物流中心、南康市龙岭物流中心、瑞金物流中心和龙南物流中心。

（三）发展重点

1. 建设一批物流基础设施

（1）赣州市综合物流园区。2014年，全面完成赣州市综合物流园区建设，成为集仓储配送、包装加工、物流信息、展览展销等功能于一体的辐射江西中南部和赣粤闽湘四省边际区域并成为"长珠闽"体系中的富有标志性、发挥核心作用的综合型物流园区。

图 11 -1　赣州市物流中心分布

资料来源：《赣州市统计年鉴》（2013）。

（2）赣州市空港物流园区。本着"统一规划、内外联动、多元投资、创新机制、多式联运"的思路，将高起点、高标准地物流园区建成以国际中转、多式联运为主的国际空港物流园区。以铁路、公路、航空等运输方式为依托；以国际、国内现代综合物流运作为平台；以高附加值商品的航空运输为主导；以第四方物流服务为主，集快速集散、中转、配送等功能于一体，为赣州开发区、赣州出口加工区和周边地区企业提供国内外物流服务，成为综合航空港物流园区和区域性物流中心。

（3）中心城区六大物流节点。2012 年，全面启动中心城区六大物流节点建设，争取在三年内有 4—5 个物流节点全面完成建设，并在五年内发挥作用，满足中心城区物流需求，为工商企业和城乡居民提供物流服务。

（4）县级物流中心。2013 年全面完成 16 个县级物流中心建设，成为本县范围内物流功能、物流企业和物流市场的集聚中心，承担为城区居民生活日用品提供物流服务，为工业园区企业原材料和产成品提供运输、仓储配送服务，为农村生产资料和农副产品提供储运配送服务。

（5）专业物流基地。2015年基本完成专业物流基地建设，基于赣州市坚实的产业基础，大力发展专业物流，规划建设粮食、家具、脐橙、果蔬、农产品、盐业、有色金属等专业物流基地。

（6）多式联运物流工程。2015年新开赣州—惠州、赣州—虎门、赣州—九江、赣州—香港等四条农副产品绿色通道；基本完成赣州市南、黄金机场、定南、龙南、瑞金无水港和定南县公路货运甩挂中心等多式联运物流节点规划建设。

2. 建立一套现代物流技术

（1）赣州市物流公共信息平台。2012年，正式启动赣州市物流公共信息平台建设，三年全面完成监控中心、资讯中心、交易中心、数据中心、增值服务中心和政府管理中心6大模块建设并投入运营，整合全社会微观物流资源，实现快捷、便利、实时的物流信息交流。

（2）物流装备现代化。加强物流标准的推广和物流技术应用，鼓励物流企业应用供应链管理技术和信息技术，各级政府对物流企业的物流现代化建设要积极给予扶持。

（3）赣州市物流统计指标体系。建立和完善物流统计工作制度和物流统计指标体系，加强现代物流业发展的监测、预测和信息发布，发挥信息引导作用，促进现代物流业持续、快速、健康发展。

3. 发展一批大型物流企业

（1）发展规模以上物流企业。坚持每年组织规模以上物流企业申报评审工作；对在赣州市新登记注册并纳税，且一次性固定资产投资额（下同）达1000万元以上的物流项目给予投资奖励。投资额为1000万元以上的，一次性奖励5万元；投资额为2000万元以上的，一次性奖励10万元；投资额为5000万元以上的，一次性奖励15万元。

（2）发展品牌物流企业。对获得中国品牌、中国驰名商标的物流企业，受益财政一次性给予10万元奖励，对获得江西省著名商标、江西省知名商号的物流企业，受益财政一次性给予5万元奖励。

（3）建设乡村物流网点。对设有配送中心，配送率达40%以上的物流企业，根据营业面积达40平方米以上、改造或建设网点10个以上、20

个以上，受益财政分别一次性给予500元、5000元、1万元的奖励；建设农村烟花爆竹配送中心。

4. 优先发展农产品冷链物流

（1）发展创新物流模式。发展"农超对接"、"农校对接"、"农企对接"等产地到销地的直接配送方式，发展农民专业合作组织，加强主产区大型农产品集散中心建设。

（2）加大物流基础设施设备投入。2013年完成规划建设各种冷库达100个，完善鲜活农产品储藏、加工、运输和配送等冷链物流设施，提高鲜活农产品冷藏运输比例。

（3）完善农产品物流监管。推动农产品包装和标识标准化，完善原料基地生产标准与规范、预冷与贮藏标准、加工标准等，实现从田间到餐桌的全程控制，推行专业认证和市场准入制度，建立农产品冷链物流质量安全屏障。

【深度阅读】

现代物流产业是指将运输、仓储、装卸、加工、整理、配送、信息等方面有机结合，形成完整的供应链，加速原材料、产成品流动，为用户提供功能化、一体化综合性服务的行业。

一 发达国家现代物流发展模式

1. 美国：整体化的物流管理系统

美国是世界上最早发展物流业的国家之一，也是物流业发展较为成熟的国家，2000年美国物流产业规模达9000亿美元，占美国GDP的10%以上，有超过1000家专门提供物流服务的公司。美国物流模式强调"整体化的物流管理系统"，是一种以整体利益为重，冲破按部门分管的体制，从整体进行统一规划管理的方式。美国的全国物流体系各组成部分均居世界领先地位，而其中尤以配送中心、速递、第三方物流等最为突出。目前，美国使用第三方物流的企业比例约为58%，而且其需求仍在不断增长。整个美国第三方物流业的收入以年均15%—20%的比例递增，由1994年的150亿美元增长到2000年的500亿美元。美国的第三方物流，不仅承担仓储或运输的单项业务，而且负责配货、送货、库存管理、收货验货以及调货分装等综合性客户物流业务。

2. 日本：政府主导的物流系统

日本在物流产业的发展过程中，政府体现出较强的导向作用。日本政府主要通过规划优先、加大投入和出台政策三大手段加强对物流产业的引导。首先是规划优先。考虑到国土面积小，国内资源和市场有限，商品进出口量大的实际情况，按照"流通据点集中化"战略，在大中城市的郊区、港口、主要公路枢纽等区域规划建设物流园地。同时倡导发展"城市内最佳配送系统"，围绕某个标准轴心，将城市内无规则发生的各种方向、数量、时间的货运需求加以汇总，实现混载配送，提高配送效率。其次是政府加大物流基础的资金投入和建设。在科学规划的基础上，日本政府于1997年制定了《综合物流施政大纲》，对主要的物流基础设施，包括铁路、公路、机场、港口、中心基地建设，提供强大的资金支持。如日本最大最新的综合物流中心——和平岛货物中心建设总投资572亿日元，其中70%由中央财政出资，20%由东京地方财政出资，10%由企业投资。从20世纪60年代至今，日本已建成20多个平均占地74公顷的物流园区。第三是出台相关政策，鼓励现代物流产业发展。在完善道路设施、改善城市内河运输条件、缓解城市道路阻塞、发展货物联运等方面，日本政府出台了许多如放松政府管制、建立政府部门协调促进机构、提供政府援助等可行的鼓励政策。日本物流业在短期内就得到迅速发展与日本政府对物流业的宏观政策引导有着直接的关系。

二 我国现代物流业发展状况

我国物流业起步较晚，进入21世纪，现代物流业发展受到前所未有的关注，国内物流热持续升温，发展势头迅猛。广东、江苏、天津、上海、浙江等省市行动迅速，在实际工作中创造性地开展工作，各地政府纷纷对本地区的物流业发展作出规划，进行规范，制定政策，扶持重点项目，抓紧园区建设，加大投入力度，已经在新一轮的竞争中抢占了先机，占领了制高点。天津市作为北方第一大港口城市，已摆开要做北方物流"盟主"的架势。目前，天津市有2/3的企业将业务拓展到全国范围，1/3的企业把业务拓展到国外，实现了与国际物流市场的对接；上海市作为长江沿岸龙头，物流业产值以年均22%的增幅迅猛发展，立志要做全球的物流的中心枢纽；广州市作为珠江大三角重要组成部分，声称要成为亚太地区最大的物流中心。

三 我国现代物流业发展趋势

（一）物流业需求呈扩张趋势

国家强调要加快转变经济发展方式，走中国特色新型工业化道路，实行产业结构优化升级，经济增长由主要依靠投资、出口拉动向依靠消费、投资、出口协调拉动转变，由主要依靠第二产业带动向依靠第一、第二、第三产业协同带动转变。经济发展的热点地区，国际上由发达国家向发展中国家转移，国内由东部沿海地区向中、西部地区转移。这两个"转变"和"转移"，带来物流需求"量"的扩张和"质"的提升。

（二）企业物流社会化与专业化趋势明显

在市场激烈竞争压力下，越来越多的制造企业开始从战略高度重视物流功能整合和物流业务分离外包。外包的环节由销售物流向供应物流、生产物流、回收物流拓展，由简单的仓储、运输业务外包向供应链一体化延伸。企业物流的专业化趋势也相当明显，几乎所有大型连锁企业都在力图优化自己的专业供应链。制造企业对第三方物流提出了面向高端的物流服务需求，要求物流企业能够提供专业化的解决方案和运作模式。

（三）物流企业呈个性化趋势

主要表现为传统服务的整合和专业化服务的创新。普通型的低端服务利润会越来越薄，而创新型业务、增值型服务和适合客户需要的特色服务将获得更大发展空间，专业化物流的发展会更加深入。制造、商贸企业对供应链管理的重视，将会推动物流企业向专业领域渗透，加速与供应链上下游的联动。物流企业针对客户个性化的需求，大力发展增值型、创新型业务，自主物流服务的品牌价值越来越重要。

（四）物流市场细分化与国际化的趋势明显

各行业物流的规模、结构和要求不同，其物流需求的速度、成本和服务也有很大差别，这就加速了物流市场的细分化。中国的物流市场正在成为国外企业关注的重点，投资的热点。一些国际化的企业将加快并购国内企业，完善在中国的网络布局，国内的物流网络逐步成为全球供应链网络的一部分。面临国际化竞争，国内大型物流企业将随着中国产品和服务走出国门。

（五）区域物流呈集聚与扩散之势

区域物流集聚的"亮点"有：一是围绕沿海港口形成的"物流区"。二是围绕城市群崛起的"物流带"，如成渝地区的综改试验区，"两型社会"试点的武汉城市群和湖南长株潭地区。三是围绕产业链形成的物流圈，如青岛的家电、长春的汽车、上海的钢铁、汽车和化工等。区域物流扩散的"热点"有：一是东部沿海地区物流服务向中西部地区渗透和转移。二是农产品进城和日用工业品及农用生产资料下乡推动的城乡"双向物流",带来现代物流方式由城入乡的扩散。三是大量依靠国外进口的资源型企业由内地向沿海外迁,以优化产业布局。

(六) 物流基础设施建设与整合的趋势明显

交通运输设施建设将得到加强,中转联运设施和综合运输网络布局逐步完善;多式联运将得到发展,物流设施的系统性、兼容性将大大提高;市场机制在资源的整合、功能的拓展和服务的提升上将发挥作用;各地加快物流聚集区建设,在大中城市周边和制造业基地附近和交通枢纽将合理规划、改造和建设一批物流园区和配送中心。

物流向专业领域渗透是物流业发展的趋势,物流业、交易市场及商贸流通相互融合是物流业发展的方向。物流专业市场在我国刚刚起步,发展前景光明。如东北亚煤炭交易中心,希望在促进煤炭市场交易与煤炭物流服务的融合,提升物流与供应链管理服务价值,开创新理念、新技术、新模式,推动煤炭物流发展做出新贡献。

第二节 商务服务业

一 理论基础

(一) 商务服务业的概念

商务服务业属于现代服务业的范畴,包括企业管理服务、法律服务、咨询与调查、广告业、职业中介服务等行业,是符合现代服务业要求的人力资本密集行业,也是高附加值行业。

商务服务业已成为拉动经济发展的重要力量。加快发展商务服务业,积极开发新的服务渠道和服务产品,提高服务质量,降低服务成本,扩大服务消费规模,提高服务业的比重,可以有效减少经济增长对资源的消耗及对环境的负面影响,对于节约能源资源、提高资源利用效率具有重要意义。我国历来重视服务业发展,近年来制定了一系列鼓励和支持服务业发展的政策措施,取得了明显成效,服务业规模继续扩大,结构和质量得到改善。

(二) 商务服务业的产业特性

综合发达国家、地区和我国商务服务业发展的实践,商务服务的产业特性有四：

（1）高成长性。商务服务业作为现代新兴的生产服务业，一个突出的特点就是成长性强，尤其是在工业化中后期表现出较高的增长速度。

（2）具有高人力资本含量、高技术含量、高附加值三高特征。商务服务业提供的服务以知识、技术和信息为基础，对商业活动的抽象分析和定制化程度高，以知识要素投入生产过程，表现为人力资本密集型。

（3）具有顾客导向型的价值增值效应。商务服务企业通过与顾客的不断交流和合作，提供专业化的增值服务，使其自身蕴涵的价值效应得以放大和增强。知识、经验、信息、品牌和信誉是知识密集的专业服务公司赖以创造价值的要素，也是专业服务公司各条价值链的主体部分。

（4）强集聚性和辐射力。国际经验表明，商务服务业高度聚集于国际大城市，强力辐射相关工业产业。跨国公司以此进行全球统一管理和协调，提高其区域控制力。

（三）我国商务服务业发展的驱动机制[①]

1. 专业化分工深化产生的需求拉动

在工业化中后期，商务服务业成长性较强，不仅发展速度快于其他产业，且其发展过程还伴随着大量新产业和新业态的出现。究其原因，主要是经济专业化程度不断提高的结果。商务服务业中的每一个行业都是一定阶段经济分工深化的产物，特别是在制造业迂回程度和加工深度不断提高并呈现服务化的趋势下产生壮大的。随着大规模生产体系的瓦解和灵活性生产组织理念的诞生，加上市场竞争的加剧，生产性企业追逐利润和创新发展的动力不断增强，专业化程度不断提高，内部分工不断细化，非核心业务外包出去的意愿和倾向逐渐增强，越来越多地需要利用分工更为专业、功能更为强大的服务型企业来整合自身的技术平台和服务平台，这样便派生出制造业对商务服务的需求，具体体现在对制造业链条上的各种技术咨询和专业服务、品牌管理和营销渠道等关键环节的强烈需求，以满足生产企业节约成本、降低风险，敏捷化和个性化的发展要求。

2. 体制改革释放的供需动力驱动

企业层面的体制改革，特别是国有企业改革的推进，使得企业对会

[①] 引自郭怀英《商务服务业的产业特性与驱动机制分析》，《中国经贸导刊》2010年第7期。

计、法律服务的需求不断上升，从需求层面促进了会计、律师等专业服务的发展。1980年中国出现了第一家会计事务所。1992年以后国家推动建立现代企业制度，开始重视相应的中介服务机构建设与管理，部分地区开始率先进行律师体制改革，国家统办律师事务所的体制被打破，企业与政府对律师服务的需求不断增加，律师事务所成为市场的专业服务组织。

政府层面的管理体制改革，从供给层面推动了咨询业的发展壮大。我国咨询业起步于改革开放初期。随着政府管理体制改革的不断推进，20世纪80年代初全国相继出现了各类工程咨询、投资咨询、科技咨询、管理咨询以及信息咨询等机构。随着投资体制改革的推进，政府明确规定了投资项目申报必须包括可行性研究报告，从而推动了投资咨询机构的发展。随着科技体制改革的深化，科研机构开始进入科技咨询服务领域，由此产生了大量的科技咨询机构。进入21世纪后，随着政府体制改革的逐步深化，我国咨询机构呈多元化发展趋势，无限责任、私营、合资咨询机构的数量迅速增加，非国有咨询机构数量远远超过国有咨询机构。

3. 国际化程度提高产生的供需拉动

商务服务业是国际经济对全球市场细分、产业转移和生产型企业应对全球化发展需要而产生壮大的。随着中国商务服务贸易开放步伐的加快，各种形式的中外合资、合作商务服务企业数量逐步增加，增加了国内商务服务领域供给能力和业务品种。同时，国际化程度提高还从三方面增加对中国专业服务的需求：一是随着中国经济国际化程度的加深，加速了跨国公司资本、劳动和技术在中国范围内的优化配置，跨国企业业务模式日趋细分，为了提高其对中国的区域控制力，需要对散布于中国的生产基地、原材料基地、销售网络进行统一管理和协调，需要在中国设立亚太总部和适应性的研发基地、物流基地，由此便产生了对部分国内法律、会计、管理咨询、市场研究等专业服务方面的需求。二是随着国际国内市场的双向开放，加速了企业建立现代企业制度及改组、重组、境内外融资的步伐，增加了国内企业对国外东道国的投资环境、相关政策、市场需求等方面的咨询需求。三是随着国内市场国际化程度的不断提高，市场竞争更加激烈，市场的不确定性和信息的不对称性加强，对专业服务等外脑咨询的需求增加。

4. 信息网络技术产生的供给驱动

20世纪90年代以来，信息通信技术应用领域不断扩大，技术竞争逐步加剧，第二、第三产业融合趋势不断增强，商务服务范畴更加广泛。加速发展的信息网络技术，刷新了传统商务服务概念，创新了服务提供的途径以及用户界面的互动方式，创造了商务服务的新途径，大大拓展了服务提供的范围和可交易性，许多新的服务模式、新的商务服务品种和种类由此产生。一些行业的共性技术服务平台、信息服务平台和商务服务平台就是这方面的典型。新技术的应用，促进了传统的科技服务形式和电子商务相结合，引起了服务模式的创新，使得这些服务平台能够集成各方资源和信息，整合政府、研究部门、企业、协会等多方力量，为企业、政府提供更为强大、更为专业化的服务。

二 赣州市商务服务业发展实例研究

（一）发展目标

到2019年，全市商务服务业增加值力争达到50亿元以上。集聚一批国内外商务服务企业和总部企业，以提供全面、优质、高效的商务服务为重点，拓宽商务服务领域，扩大商务服务规模，完善商务服务体系，增强商务服务功能，规范商务服务市场，提高商务服务水平，基本形成符合市场经济要求、与国际通行规则衔接、门类齐全、运作规范的现代商务服务体系。

（二）发展布局

构建"两区、两中心"的商务服务业发展格局。打造章贡区商务中心。结合南门广场整体改造，规划设计建设一栋功能齐全的智能化商务中心。努力吸引本市名牌企业、上市公司和赣州籍在外商会、企业等在总部经济区设立企业总部或商务运营中心、结算中心等分支机构入驻。积极引导经济鉴证类、市场经营类、信息和咨询类、投资与资产管理类、技术创新类及法律类专业服务企业和服务机构入驻，进一步发展和繁荣"楼宇经济"。

大力建设章江新区滨江金融商务办公区、总部经济区。集中打造"总部经济"，加快规划建设现代商务运营中心和商务总部大厦，营造人文化、便捷化、国际化的商务环境，吸引境内外的银行、保险公司、证券公司等金融机构的分支机构和办事处进驻。积极引入本市名牌企业、上市公司和赣州籍在外商会、企业等在总部经济区设立企业总部或商务运营中心、结算中心等分支机构，鼓励境外跨国公司、国内大企业在总部经济区设立采购中心、营销中心等分支机构。

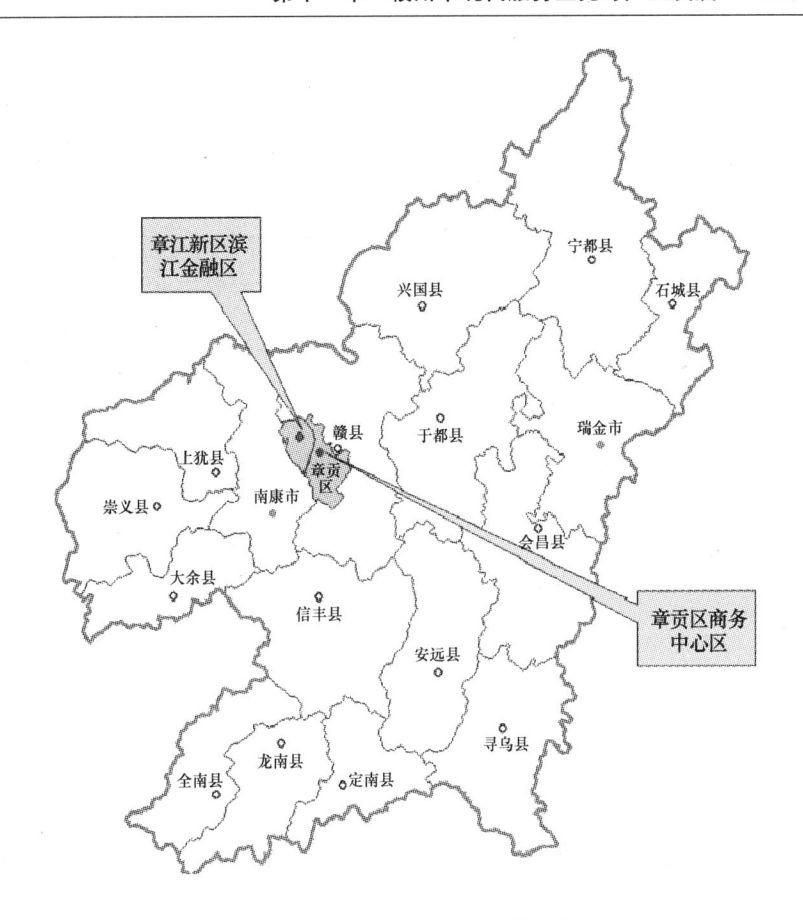

图 11－2　赣州市商务服务业发展布局

资料来源：《赣州市统计年鉴》(2013)。

（三）发展重点

1. 努力提升商务服务业发展水平

结合赣州市建设的需要，用科学发展观统领商务服务的全局，在原有商务服务发展的基础上，注重吸收和利用外资的质量和水平，发挥商务服务的集散辐射能力和内在活力，充分发挥赣州市中心城区的综合优势，提高服务功能，增强影响力、带动力和辐射力，扩大人流、物流、资金流，努力培育新优势，促进商务大发展，力争总量上一个新台阶，并逐步缩小地区间差别。

2. 完善商务中介服务体系

大力培育生产性中介服务业和经济鉴证中介服务业，基本形成种类齐全、布局合理、运作规范、功能完善的现代社会商务中介服务业体系；培育优秀商务中介服务机构。加大开放力度，降低商务服务机构市场准入条件，引进一批国内外知名的商务中介机构在赣州市设立分支机构，提升整体服务能力。选择一些具有较雄厚专业实力、有一定市场基础的商务服务机构作为重点扶持对象。通过政府的重点扶持和政策倾斜，使这些商务服务机构成为商务服务行业的重点骨干，把这些商务服务企业培养并造就成为国内外有一定知名度的商务服务机构；全面促进商务中介服务产品创新，进一步培育和发展有较大潜力的投资咨询、形象设计、企业形象包装、市场营销与策划、专业技术培训等专业服务，培育一批在国内有一定知名度的商务服务企业，推进中介服务向市场化、规模化、国际化方向发展。建立各类中介服务行业协会，规范中介行为，促进行业发展。

3. 大力发展资讯服务业

重点发展会计、审计、资产评估、法律事务等专业服务。推进公共关系、商业咨询、市场调查和包装策划等领域加快发展。引进和培育人力资源咨询、市场开拓与销售咨询、公司与组织发展咨询、产品和营运管理咨询等服务机构。

4. 培育科技服务业

充分发挥和调动周边科研机构及高校的积极性，规划建设赣州市职业教育园区，依托江西理工大学、赣南师范学院等科研院所，大力扶持区域内的创业服务中心，探索建立包含科技企业孵化器、科技咨询机构、科技风险中心、科技评估机构、技术转移中心等层次和结构合理的科技服务体系，建设四省边际区域科技服务中心。

5. 大力拓展农村商务服务

力争农村商务服务在服务的品种上不断扩大，服务领域不断拓宽，服务质量不断提高，逐步提升赣州市农村商务服务业整体服务能力，特别是发展法律、信息咨询、农产品交易中介、职业中介等新兴行业，使之更好地服务于新农村建设。

6. 大力实施总部经济带动战略

围绕章江新区滨江金融总部经济区的建设，着力延伸总部经济产业链，重点引进国内外企业的管理总部、投资总部、研发总部、营销总部、采购总部和结算总部等，建成立足江西、辐射周边的"赣粤闽湘四省通衢的区域总部经济摇篮"。

7. 打造商务服务集聚区

鼓励各类社会商务中介服务企业根据自身优势和市场需要，整合资金、人才、信息等资源，采取内部改制扩股分权、外部兼并扩张、吸引外资合作等手段做大做强企业。引导各类社会商务中介服务组织集聚发展，规划发展现代中介服务街区，打造具有赣州特色的商务服务街。

【深度阅读】

商务服务业是生产性服务业的一个重要组成部分，主要是为生产、商务活动提供服务。商务服务业是社会化分工深化的结果，通过专业化程度的不断提高，降低了交易费用，提高了生产效率。市场经济的发达程度越高、社会分工越细、国际化程度越高，对商务服务的需求就越大。随着我国国际化程度的提高和工农业产业化的快速发展，对各类专业化的商务服务需求也快速增长，商务服务业的作用日益突出。能否有效发展商务服务业直接关系到我国服务业的结构升级和服务贸易的国际竞争力，也关系到我国制造业专业化水平和竞争力的提高，同时进一步快速发展商务服务业有利于缓解我国知识性人才的就业压力。

一 商务服务业的内涵与外延

商务服务业是 2002 年国民经济行业分类的新增门类，是我国国家统计局 2002 年大范围修订国民经济行业分类标准后提出的一个行业名称。在我国《国民经济行业分类》（GB/T4754－2002）具体行业分类中，商务服务业属于第 L 门类，包括九个中类：企业管理服务、法律服务、咨询与调查、广告业、知识产权服务、职业中介服务、市场管理、旅行社、会议及展览等其他商务服务，共包括 20 个具体小类。

我国的商务服务业与世界贸易组织服务贸易 12 大分类中的商业服务业相对应，主要是指在商业活动中涉及的服务交换活动，既包括个人消费服务，也包括企业和政府消费服务。具体细类分为专业性（包括咨询）服务、计算机及相关服务、研发服务、不动产服务、设备租赁服务、展览管理等其他服务。可以看出，世界贸易组织服务贸易商业服务业的内涵和外延都比我国统计分类中的商务服务业广泛。

二 商务服务业的特点

从国家统计分类的内涵和外延来看，我国的商务服务业主要属于生产性服务业，所以具有生产性服务业的典型特征。

（一）商务服务业属于知识密集型行业

国外研究者指出，知识密集型服务业主要有三个特点：（1）知识是服务的重要投入；（2）服务高度依赖于专业能力和知识；（3）服务提供商和客户之间有高度的互动，为知识的扩散和新知识的产生提供可能性。经济合作与发展组织（OECD）认为，知识密集型服务业是那些技术及人力资本投入密度较高、附加值大的服务行业。商务服务业包括的企业管理服务、法律服务、咨询与调查、广告业、知识产权服务等众多的商务服务专业化程度都比较高，大多数都需要从业者具有较强的专业知识，商务服务业是典型的知识密集型服务行业。

（二）商务服务提供者与消费者在空间上具有较强的可分离性

企业管理服务、法律服务、咨询与调查、广告业、知识产权服务、职业中介服务、市场管理、旅行社、会议及展览等业务的开展和生产者紧密联系，但是在空间上却具有较强的可分性，即商务服务业在很大程度上不受生产者所在空间因素的限制，服务提供者和服务消费者可以相互分离，可以跨地区、跨国界，特别是在当今电信、网络等通信方式发达的时代，商务服务与其服务对象的空间可分性更强。

（三）商务服务业具有较强溢出效应的集聚经济特征

从世界城市发展趋势来看，大城市是服务业导向，小城市是制造业导向，世界大城市中生产性服务业逐渐取代传统制造业成为主导性产业，目前世界上几乎所有大城市的中心区都已由过去的"工业中心"转型为"生产性服务业中心"。国外学者研究发现：生产性服务业大都集中于大都市地区，本身具有规模报酬递增的特性，具有较强的溢出效应，与聚集经济密切相关。

三 我国商务服务业发展现状

（一）我国商务服务业进入加速发展阶段

从国家统计局近几年的统计数据来看，增加值增长速度绝对值比全国第三产业低，但其增长速度却不断提高，是加速发展的趋势。

2007年，我国商务服务业增加值达到了4694.9亿元，2008年达到5608.2亿元，增长率为19.45%，2009年增加值为6191.4亿元，增长率为10.4%，增加值稳中有升。但是，与第三产业的其他行业对比，增长率明显较低，导致了租赁和商务服务业在第三产业增加值中的比重从2007年的4.22%下降到了2010年的4.28%。

值得注意的是，我国商务服务业属于加速度较快的行业，2010年的增长率减去2009年的增长率绝对差值为10.38%，增长率的增幅高达94.09%，在第三产业增长率增幅排名中位列第三，商务服务业增长速度不断加快，按照2009年增长率对第三产业14个行业进行排名，商务服务业排在第6名，2010年增长率排名已经上升1位，排在第4名。

（二）吸纳就业的功能强大

我国商务服务业吸纳就业处于高增长状态，吸纳就业从2004年的479.85万人迅速增加到了2007年的772.2万人，平均每年净增就业人数近百万人，其中2005年增长率高达26.0%，2006年15.6%，2007年10.5%，远远高于同期的第三产业和全国的就业增长率，2007年商务服务业的就业增长率是第三产业就业增长率的8.75倍，是全国就业增长率的13.13倍。

我国商务服务业近几年显示出了强大的吸纳就业功能，其吸纳的就业人数占第三产业的比重从2004年的2.1%上升到了2007年的3.1%，占全国的比重也从2004年的0.6%上升到了1%。目前，我国经济正处于快速成长阶段，随着我国经济规模的进一步发展和经济结构的进一步优化，商务服务业将获得更大的发展空间，其吸纳就业的功能将更加强大。

（三）全国商务服务业内的主体及活动规模日趋扩大

从国家统计局《2011年中国第三产业统计年鉴》的统计数据来看，商务服务业内的法人单位数从2006年的331904个增加到了2010年的562643个。商务服务业法人单位数总体增长速度2006年达到了13.9%，2010年15.2%，是同期第三产业法人单位数总体增长速度的两倍多。

（四）商务服务业缺乏国际性的自主品牌，竞争力还较弱

与发达国家相比，虽然我国市场广大，但由于目前我国经济整体上仍处于工业化的成长期，服务业在国民经济中所占比重仍很小，进入21世纪以来，我国第三产业增加值占全国GDP的比重一直维持在43%—46.5%，2011年是43.1%，2012年是44.6%，2013年是46.1%，说明我国国内的服务业发展程度整体不高，国际竞争力需要以国内的强大产业基础支撑，目前，包括商务服务业在内，我国的生产性服务业在国际竞争中明显处于劣势，没有形成强大的国际品牌集群，国际竞争力还较弱。如在管理咨询业，美国有兰德公司（Research and Development）、麦肯锡公司（Mckinsey & Company）等超级国际品牌，德国有罗兰·贝格咨询公司

(Roland Berger)，中国企业管理咨询现在还没有一家世界级的咨询公司。

四 我国商务服务业发展策略建议

(一) 提升商务服务业在产业发展中的地位

加速发展商务服务业是我国服务业产业结构升级的迫切需要，也是实现生产性服务业和制造业互动发展，进一步提升整体竞争力的需要，是我国北京、上海等相对较发达城市解决中低端制造业转移出去后"产业空心化"的现实选择，同时，发展商务服务业能迅速扩大就业空间，成为吸纳大量大学毕业生的一个重要渠道。因此，必须进一步提升商务服务业在我国产业发展中的地位，把商务服务业作为重点鼓励类行业加以发展。

(二) 产业化、市场化、国际化发展策略

坚持产业化、市场化和国际化的发展方向，为商务服务业的发展创造一个良好的制度环境。推进商务服务业的产业化进程，把企业管理服务、法律服务、咨询与调查、广告业、知识产权服务、职业中介服务、市场管理、旅行社、会议及展览等作为独立的行业加以分类发展，做好行业发展规划和公共信息平台建设，制定相关的行业服务指标体系、规范和标准，出台用电、用水、用地、金融和财政支持等多方面的优惠政策。加快知识产权服务、会展等多个具体细分行业的立法进程，完善市场机制，形成内外资统一适用的市场准入政策，建立公平竞争的市场环境，加快培育商务服务业市场主体发展。进一步通过引进外资、国际合作、走出去等多种方式，通过学习、竞争，提高我国商务服务业的国际竞争力。

(三) 聚集发展策略

由于商务服务业的高度可分离性和聚集效应，在我国商务服务业发展过程中，要科学引导其聚集发展，即在某一地理区域内高密度分布大量相互关联的商务服务业及其支撑机构，通过知识外部性和公共基础设施的共用，降低交易费用，形成支撑产业发展的规模经济和范围经济效应，提高产出效率和竞争力。同时，在省市之间也可以考虑区域合作发展，相互分工定位，追求区域经济效益最大化，在整个经济区域内实现合作共赢的可持续发展。现在我国的环渤海地区、长三角、珠三角、北部湾等区域合作不断深化，为我国的商务服务业区域化聚集发展创造了有利条件。

(四) 品牌发展策略

目前，我国商务服务业内的国内品牌少，国际品牌更少，管理咨询业里没有麦肯锡，会展业里没有汉诺威，会计业里没有普华永道，广告业里没有奥姆尼康。商务服务业内的品牌具有重大价值,品牌的价值是一种超越企业实体和产品以外的价值,是与品牌的知名度、认同度、美誉度、忠诚度等消费者对品牌的印象紧密相关的,能给企业和消费者带来效用的价值。品牌化发展是我国商务服务业增值和提升竞争力的有效途径,为促进商务服务业品牌化发展,需要进一步建设品牌促进体系、完善品牌保护体系,规范和鼓励业内企业从服务质量、服务方式、服务技术、服务文化、服务信誉等多方面不断改进提高,打造商务服务品牌。

(五)创新发展策略

改革开放以来,我国各省市在很长时间内强调发展制造业,"中国制造"的原始创新、集成创新、引进吸收再创新取得了较大进步,但是"中国服务"的创新支持力度相对较小,忽视了服务业,特别是商务服务业的发展及对提升制造业核心竞争力的重大促进作用。国家和地方都应加大鼓励和支持商务服务企业进行创新的力度,出台促进服务创新政策,鼓励业内企业加大创新投入,广泛开展服务种类创新、服务内容创新、服务过程创新、文化创新、组织创新、营销创新、品牌创新、发展战略创新等等;同时加强公共信息平台建设和交流机制创新,促进各种形式的知识流动与技术转移,为创新提供条件。

第十二章　赣州市现代服务业支柱产业发展

支柱产业是现代服务业体系的主体，它提供现代服务业中的大部分国民收入，相对于其他产业对现代服务业经济增长贡献份额最大。因此，有效地对现代服务业支柱产业进行支持对整个地区的经济发展意义重大，它可以促进支柱产业的企业直接利用先进国家和地区的高新技术，实现产业结构的跳跃式非均衡转换，加快由主导产业向支柱产业的转换，增加支柱产业的技术开发能力和创新能力，以延长产业本身的生命周期。

根据对赣州市现代服务业中所有产业进行分析，根据经济增长贡献率、市场需求份额比重、企业市场集中度、产业发展的成熟度等因素，确定现代金融业、现代旅游业及现代商贸会展业为赣州市现代服务业中的支柱产业。

第一节　现代金融业

一　理论基础

（一）现代金融业的定义

理论界对现代金融业一直存在争议，到目前为止，尚无一个确切的、统一的定义。英国学者亚瑟·梅丹（2000）将现代金融业界定为："金融机构运用货币交易手段，融通有价物品，向金融活动参与者或者是顾客提供的共同收益、获得满足的活动。"美国国会1999年通过的《金融服务现代化法》认为，金融业包括银行、证券公司、保险公司、储蓄协会、住宅贷款协会及其经纪人等中介服务。在我国，按照《国民经济行业分类（GB/T4754-2002）》的界定，现代金融业包括银行业、证券业、保险业和其他金融活动4个大类。

（二）现代金融业在经济中的作用

金融在现代经济中的作用体现在以下几个方面：

首先，金融在现代经济中的核心地位，是由其自身的特殊性质和作用所决定的。现代经济是市场经济，市场经济从本质上讲就是一种发达的货币信用经济或金融经济，它的运行表现为价值流导向实物流，货币资金运动导向物质资源运动。金融运行的正常有效，则货币资金的筹集、融通和使用充分而有效，社会资源的配置也就合理，对国民经济走向良性循环所起的作用也就十分明显。

其次，金融是现代经济中调节宏观经济的重要杠杆。现代经济是由市场机制对资源配置起基础性作用的经济，其显著特征之一是宏观调控的间接化。而金融在建立和完善国家宏观调控体系中具有十分重要的地位。金融业是联结国民经济各方面的纽带，它能够比较深入、全面地反映成千上万个企事业单位的经济活动，同时，利率、汇率、信贷、结算等金融手段又对微观经济主体有着直接的影响，国家可以根据宏观经济政策的需求，通过中央银行制定货币政策，运用各种金融调控手段，适时地调控货币供应的数量、结构和利率，从而调节经济发展的规模、速度和结构，在稳定物价的基础上，促进经济发展。

最后，在现代经济生活中，货币资金作为重要的经济资源和财富，成为沟通整个社会经济生活的命脉和媒介。现代一切经济活动几乎都离不开货币资金运动。从国内看，金融连接着各部门、各行业、各单位的生产经营，联系每个社会成员和千家万户，成为国家管理、监督和调控国民经济运行的重要杠杆和手段；从国际看，金融成为国际政治经济文化交往，实现国际贸易、引进外资、加强国际经济技术合作的纽带。

（三）加快金融业发展的基本思路

加快现代金融业的发展，需要从观念、体制及资本市场结构几个方面来实现。

1. 创新金融业发展理念

树立金融业是现代经济核心的理念。确立现代经济发展中金融业先导的价值观，注重发挥金融配置资源、调节经济、服务发展的功能，加快经济的货币化、信用化、金融化进程，形成价值流导向实物流的超前定位范式，使金融业成为深化经济体制改革的助推器和引致经济发展的放大器。

树立把金融业作为重要的现代产业来发展的理念。树立金融业是现代经济的龙头产业的理念,把金融业作为独立的产业来整体、系统地规划和研究,增强全市金融业的综合实力、竞争力、抗风险能力和服务水平,加快构建与省域副中心城市相适应的现代金融服务体系,做大做强区域性金融产业。

树立金融业全面发展的理念。树立金融产业全面发展的理念,就必须促进银行业、证券业、保险业及其他金融业态的同步发展,真正建立起资本市场、保险市场与货币市场协调发展,全面、多层次的金融市场体系。

树立金融引导转变经济发展方式的理念。要深刻认识到,"从紧"不是抑制发展而是促进科学发展,不是一味限制投资,而是通过优化信贷结构,抑制对高耗能、高排放和产能过剩行业的投资,从而成为加快转变经济发展方式的一个新契机。要紧紧抓住这个契机,引导金融资源优化配置。

2. 加速金融体制改革

以建设现代银行制度为目标,继续支持各类银行深化改革。应积极创造条件,引导和支持国有商业银行将改革引向深入,将股份制改革的成果落实到增强提高自身的创新能力、竞争力和效益上去。

把农村金融改革发展作为金融工作的重点,健全农村金融基础服务体系。要把农村信用社的改革作为重点,把信用社逐步办成由农民、农村工商户和各类经济组织入股,为农民、农村和农业经济发展服务的社区性地方金融机构,同时支持邮政储蓄银行在广大农村拓展业务。要大力引导国有商业银行、政策性银行的金融资源向农村配置,鼓励发展各种贷款公司、村镇银行和民间资金互助社等新型农村金融机构,逐步形成多层次、广覆盖、可持续的农村金融体系。

大力优化银行业格局。大力优化银行结构,一方面加快市商行改制步伐,提高市商行竞争力;另一方面,大力引进外地各类型商业银行,探索发展乡村银行等新型金融组织,改善银行业整体结构,提升银行业经营水平。

3. 优化资本市场结构

大力推动本地企业上市。应当抓住有利时机,支持已上市企业扩大股票市场融资比例,迅速做大做强;建立对未上市股份制企业的培育和辅导机制,帮助它们尽快进入资本市场;大力扶持中小企业和创业型企业,实现中小企业创业板上市的突破。

着力发展债券市场。要尽早研究资本市场的发展态势，密切关注国家在发展债券市场上的政策走向，大力支持和鼓励具备条件的企业通过公开发行债券融资。

用力拓展保险市场。首要的就是要提高市场主体的经营水平，促进保险业主体不断提高从业人员素质，提升经营水平和实力；其次，要加强保险教育，增强市民保险意识；同时，要大力培育保险中介，逐步形成保险代理人、保险经纪人和保险公估人协调发展的模式。

4. 开发金融特色产品

开发特色金融产品，必须坚持人性化、个性化、特色化和社会化的原则。必须以客户为本，充分体现消费者需求，直接服务于公众需求最强烈的领域；既要注重吸纳性和移植性的产品创新，更要注重原创性的金融产品创新；要促进金融产品创新面向社会、面向大众，积极开展投资咨询、项目评估、市场调查、信息分析等多方面配套业务，不断拓展金融业务的广度和深度。

优化银行网点布局。对银行业发展进行系统研究和整体规划，引导各类银行合理布局，增加业务多样、产品丰富的精品网点和便利快捷的自助银行，拓展农村金融网点覆盖面，促进银行业经营水平的整体提高。

5. 突破中小企业融资难点

目前，在我国大部分地区，中小企业融资难问题已成为制约中小企业发展的"瓶颈"。当务之急是积极推进信用担保体系建设，建立起包括政策性担保、多元化投资的商业担保以及再担保公司构成的信用担保体系，加强政策引导和扶持，增强担保功能，通过信用担保分散和化解银行信用风险；其次是通过建立起担保公司、中小企业协会、银行三位一体的担保平台，将协会会员的互助性担保、担保公司的市场性担保和政府的政策性支持紧密结合在一起，较好地解决中小企业贷款难问题。

6. 营造良好金融生态环境

适宜的金融生态环境是金融业健康发展的重要基础，也是吸引金融资源进入的最重要"资源"。一是增强全社会诚信意识，树立良好形象。通过政府、银行、企业以及全社会的共同努力，共建、共享一个诚实守信、人人有责的健康金融生态环境。二是积极推进征信体系建设，不断完善企业和个人征信系统，逐步建立信用评价制度机制，为信用环境和金融生态建设提供良好的硬件支撑。三是加快完善市场主体信用管理制度，发挥信用制度在规范市场行为、防范金融风险中的积极作用。

二　赣州市现代金融业发展实例研究

（一）发展现状

过去五年，赣州市金融工作取得了突出成绩。全市上下积极应对国际金融危机的冲击，保增长、调结构、惠民生，经济社会保持平稳较快发展，经济总量、财政收入分别跃上千亿元、百亿元大台阶。在取得成绩的同时，赣州市金融工作还存在一些亟待解决和需要高度关注的问题，离区域性金融中心的目标还有很大差距，仍然存在金融总量偏小、创新不足、直接融资占比过低、人才严重缺乏等多种困难。

（二）发展目标

到2019年，金融业增加值将达到362亿元，年均增长39%，占全市GDP的比重达到7.35%，金融业地位进一步增强，努力把赣州市建设成为赣粤闽湘四省边际区域性金融中心，构建大金融格局。大力培育总部金融，建成金融机构齐全、金融市场发达、金融辐射功能强劲的金融企业总部集聚中心。

（三）发展布局

以章江新城区为核心，形成"一核、两点"的现代金融业布局。

一核：在章江新城区建立金融总部商务区，引导各类金融机构将其区域性总部或分行向金融区集中、集聚，形成规模效应和集合效应，形成投资机构密集、要素市场完备、集散功能强大的金融集聚区。以赣州中心城区红旗大道、文清路为主体线路，大力发展银行、证券、基金、信托、保险以及与之配套的商务服务，加快建设机构密集、市场完善、创新活跃、科技先进、服务高效的现代金融体系，建立赣州金融交易中心，成为区域性票据交易中心，集货币市场、股票市场、债券市场、担保抵押市场一体，实现货币、外汇、资本等金融市场的互联互通，强化中心城区经济圈金融业的辐射功能。形成以金融创新、金融信息服务等金融衍生服务创新为主的金融集聚发展区。

两点：在瑞金、龙南两个次中心城市建立金融网点，与章江新区金融中心对接。

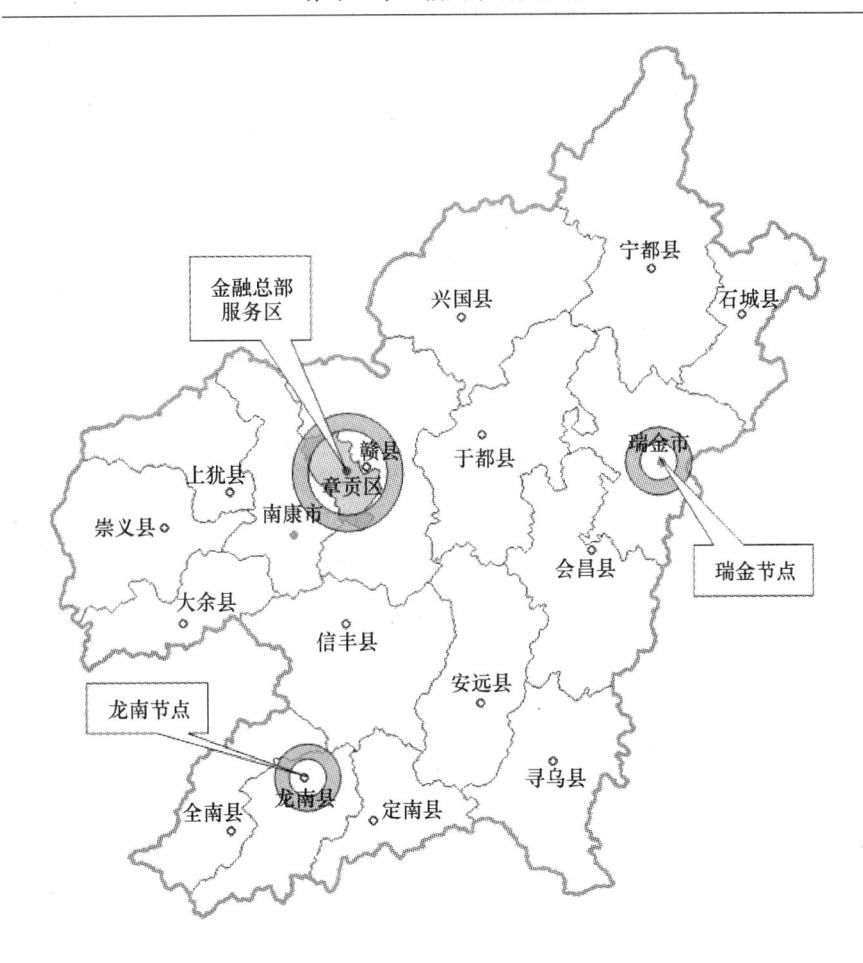

图 12-1 赣州市现代金融业布局

资料来源：《赣州市统计年鉴》(2013)。

(四) 发展重点

1. 健全金融组织体系

推进以赣州市金融商务核心区为主体的工程建设，加大金融机构引进力度，积极引进股份制银行、外资银行及域外银行等金融机构，吸引和支持其金融机构在章江新区设立营销总部、地区总部、票据中心、研发中心和人才培训基地等，使章江新区成为中外金融机构集聚之地；积极培育地方法人金融机构，支持地方商业银行做大做强，推动地方银行业金融机构重组升级，引导推动有实力的大企业参股、控股或出资组建地方金融机构，发挥各类金融机构服务当地经济建设和社会发展的重要作用；鼓励大企业集团在达到条件的前提下设立财务公司;积极扶持证券、信托、期货、货币经纪、金融租赁、基金管理等非银行金融机构设立和完善分支机构,支持企业通过股票市场、债券市场、基金市场和产权市场进行直接融资,帮助和扶持具备条件的企业完成上市;争取金融监管部门和金融机构总部的支持,将已具有发展规模和潜力的金融分支机构发展为区域管辖机构;创新信贷管理机制。出台现代服务业信贷管理办法、制度或操作规程,落实服务业信贷奖励措施,根据现代服务业类型分类完善贷款利率定价机制,充分发挥信贷管理运营机制的引导、激励作用;创新担保运营方式。银行主动扩大抵(质)押物范围,引入存货、应收账款、收费权等现金流比较稳定的抵(质)押物,创新担保抵押方式。同时,银行加大与商业性担保机构合作,推行联保、"银行+保险"等担保新方式,运用基于现金流、货物流和盈利能力分析等贷款新技术。

2. 优化金融服务体系

对现代服务业提供全方位的金融服务和金融支持,从整体上把握现代服务业的金融服务需求,搭建涵盖资金信贷、支付清算、现金供应、社会信用、外汇管理、企业咨询的现代金融服务体系,为现代服务业发展营造良好的金融服务环境。提供多元化的金融服务方式。既提供信贷、结算、现金等传统服务,又提供利率、汇率、咨询等新型服务。指导企业运用新型金融工具,降低融资成本;优化中小企业生存的金融生态环境。完善现代服务中小企业信用信息基础数据库建设,加快培育现代服务业信用评级市场,提高企业贷款资质水平;加紧建设和完善现代化支付体系。大力发展电子银行、网上银行、电话银行业务,优化对现代服务企业的结算服务,提高资金运转效率;积极创新金融产品。积极开办中短期流动资金贷款、商业票据、票据贴现等业务。对具有一定还贷能力的水利开发项目、城市环保、供水、供热、公交等公共服务业,逐步探索开办以项目收益权或收费权为质押的贷款业务。

3. 发展新兴金融业态

积极发展财务公司、金融租赁、小额贷款、融资性担保等新兴金融业态。着力扩大金融总量,改善区域金融服务环境。积极支持和引导金融机构创新产品和服务,重点加强对商贸流通、现代物流、信息服务等现代服务业的支持和帮助,扩大对现代服务业的保障范围和力度。做大做强金融服务业,紧紧围绕把赣州市建设成区域性金融中心目标,抓住国家金融政策开放难得机遇,以做强地方金融机构、健全金融服务体系、优化金融结构、促进金融创新、引导聚集民间资本、维护金融安全稳定为着力点,将赣州中心城区建设成为资金流、信息流、人气流融通交汇的四省边际区域性金融中心,实现金融与经济的良性互动和协调发展。

4. 加快保险市场的培育和发展

进一步发挥保险业在社会管理、经济补偿和资金融通等功能,规范发展保险业,提高公众的保险意识,扩展保险的覆盖面,提升保险业的服务水平和档次。围绕将赣州市建成区域性保险机构聚集中心、保险人才交流培训中心的目标,做大企业财产保险、货物运输保险、出口信用保险等传统险种。加大结构调整力度,注重发展保障型保险品种,大力发展养老保险、健康保险、意外伤害保险,促进医疗保险发展,不断扩大商业养老保险和健康保险的覆盖面。大力发展适应民营企业需要的保险产品,为高新技术企业风险投资提供保险服务。

5. 营造有利于金融业发展的外部环境

以保持金融市场安全稳健运行、防范和化解金融风险为前提,逐步建立起诚实守信、资金流动畅通、经济金融和谐良性互动发展的环境。扎实推进社会信用体系建设,健全完善企业和个人征信系统,大力推进企业资信评级工作,建立不良企业信息查询机制,构建统一高效的信息平台。优化区域金融生态环境,稳步推进创建金融安全区工作,完善金融生态环境评价体系,形成金融生态环境建设的长效机制,进一步积聚资本要素市场,将章江新区打造为金融核心区,使赣州市成为名副其实的赣粤闽湘四省边际区域性金融中心。

第二节 现代旅游业

一 理论基础

(一) 现代旅游业的定义

世界旅游组织规定:旅游是指人们为休闲,商务或其他目的离开惯常环境,到其他地方访问,连续停留时间不超过一年的活动。在此定义的基础上,从事旅游活动的这些人不会导致在旅游目的地定居和就业。所谓现代旅游业,即是指第二次世界大战以后,特别是20世纪60年代以来迅速普及于世界各地的社会化大众旅游。大众旅游时代的到来，使旅游日益成为现代人类社会主要的生活方式和社会经济活动，旅游业也以其强劲的势头而成为全球经济产业中最具火力的"朝阳产业"。

（二）现代旅游业的新特征

现代旅游业是对传统旅游业的继承、创新和提升，但又具有与传统旅游业所没有的新特征、新业态、新功能。

1. 旅游资源

传统旅游业主要依托自然生态资源和历史文化资源，而现代旅游业更注重挖掘当代各种社会资源（工业、农业、文化、科技、教育、康体、重大节事、现代科技成就、军事工程等），依托整个现代城乡环境，依托日新月异的现代科技无限创造，不断地扩大旅游供给的品种和质量。社会旅游资源以现代社会、经济、文化和科技军事成果为旅游吸引物，其核心是人，即人的生活、人的风情、人的精神、人的创造，因而可以不断创造、不断挖掘、不断利用、永无穷尽的。传统旅游资源观的有限论观念应该重新审视。社会资源无限论为旅游的可持续发展开辟了无限广阔的前景。

2. 旅游产品

传统旅游业主要提供观光、度假和康体健身等休闲娱乐等产品，通常被认定为生活性服务产品。现代旅游业进一步扩展到公务、商务、会议、展览、人才培训和企业推广等产品，具有生产性服务的功能。以工业旅游为例，既有为旅游者提供观光、休闲、增智、娱乐等生活性服务的功能，又有为工矿企业宣传企业形象、培育企业品牌、扩大企业社会影响的生产性服务的功能。

3. 客源市场

传统旅游业的市场半径较短，主要在国内和周边邻近地区，而现代旅游业进一步扩展到全球。每年有八九亿人次的国际游客在世界各地进行跨洲、跨国旅游活动。传统旅游业的市场群体有限，主要是贵族、富商和名流等社会上层富裕阶层。随着社会福利的普及、公民带薪休假制度的建立，休闲权被国际公认为人权的内容之一，旅游休闲已从少数群体的奢侈性消费成为大众化的文明生活方式的一部分。

4. 科技支撑

传统旅游业主要依托近代以蒸汽机发明使用为标志的第一次产业革命成果（火车、汽车、轮船等）、以电气发明使用为标志的第二次产业革命的成果（电话、传真等），而现代旅游业则是在以数字电子为标志的第三次产业革命成果的基础上，广泛地吸收、利用现代科技的各方面成果，从而使旅游的生产、营销、服务和管理等各个领域发生革命性的变革，极地旅游、太空旅游、海底旅游以及虚拟景观、网络营销、网上预定与结算等电子商务形式等层出不穷。

5. 旅游企业

从近代欧美出现旅游服务业以来，旅游业一直在市场经济基础上以企业作为经营主体。传统旅游企业一般在国内或洲内从事经营活动，由旅行社、宾馆旅店、餐饮店、商店、娱乐机构和运输公司等不同类型的企业各自承担相应的旅游服务环节，形成招徕、组织、客运、观光、住宿、餐饮、娱乐、购物等旅游服务链。在科技现代化、经济全球化、区域一体化深度推进的背景下，现代旅游业逐步形成了跨地区、跨国家、跨洲界、跨行业（旅行商、饭店、航空公司、游船公司、娱乐公司、度假村等）的全球性旅游集团，产生了一大批各有专长、各具特色的著名国际、国家旅游品牌企业。在这些著名旅游集团的主导下，形成了由批发、代理、零售组成的全球性旅游产销体系。

6. 产业队伍

传统旅游业主要是劳动密集型产业，就业门槛相对较低。现代旅游业以高新科技为支撑、知识经济为依托，拥有一支优秀的企业家队伍、高素质的管理团队、各种技术专长的专家群体以及训练有素的员工队伍。像迪士尼这样的全球性休闲娱乐、旅游度假品牌，无疑集合着一支从策划创意、设计制作、经营管理和市场营销各方面的专家和高素质的员工队伍。在世界范围内，旅游已经成为重要的就业渠道（约占就业总量的1/9），旅游从业者已成为一支重要的产业队伍。

7. 产业形态

传统旅游业主要由客运、风景、住宿、餐饮等行业组成，配套的有通信、购物、娱乐、康疗等行业，产业构成较为简单。现代旅游业由于其地域延伸、规模扩张和产品深化，与国民经济的众多产业具有千丝万缕的联系。它以行、游、住、食、购、娱为核心，由旅游服务行业和与该行业直接、间接相关的第一、第二、第三产业共同构成的旅游产业，由众多行业链（或行业群）组成的产业集合体。有些行业和部门，由于旅游业发展的巨大需求，已形成某些相对独立的分支行业，如旅游教育业、旅游咨询业、旅游广告业、旅游农业等。

8. 与自然环境关系

传统旅游业依托良好的生态环境和优美奇特的自然风光，侧重对自然生态环境的利用开发，更多地对自然生态环境的"索取"。现代旅游业在依托生态环境和自然风光的同时，更注重对自然生态环境的保护、培育和优化，主张开发绿色产品、推广绿色经营、提倡绿色消费、开展绿色宣传，提高旅游管理者、经营者、旅游者和旅游目的地居民的环境意识、生态意识和绿色旅游意识，建立绿色旅游管理体制，日益成为资源节约型、环境友好型产业。

9. 政府引导

欧美国家传统旅游业一般从国内旅游起步，主要利用原有的风景园林、文化博览和体育医疗等观光休闲、娱乐康体资源，依托日趋完善的交通客运、邮电通信、商业服务设施和相关的商法体系，在市场经济的环境中自然发展，政府对旅游行业的行政干预较少。发展中国家旅游业大多从接待入境游客起步，交通客运、邮电通信、商业服务设施和相关消费法规又很不完善，为了处理和协调接待入境游客中面临的众多问题，在发展旅游业的初期政府采取较多的行政干预措施，甚至直接开发旅游接待设施、经营旅游企业。随着现代旅游业的普遍深入发展，市场经济的发育与成熟，越来越多的国家设立了专门的旅游行政管理机构，将引导旅游业的发展列入政府的职能范围。同时，中央政府与地方政府的旅游管理分权化趋向，政府主管机构与旅游行业组织及企业之间"公私合作伙伴"关系的形成，国有旅游企业民营化或国有民营的趋势，旅游行业组织规范、协调、自律和服务功能的强化，政府对旅游业的管理方式也不断改变。政府逐步从直接开发、经营和管辖具体的旅游服务运行中退出，而主要采取政策指导、社会协调、信息引导和法律规范等手段，规范市场秩序、推进市场促销、提升产业素质。

10. 国际协调

第二次世界大战以前，旅游业的国际联系与协调主要由旅游企业自发进行，各国政府间的官方协调微乎其微。1946年在伦敦召开的首届国家旅游组织国际大会基础上成立的世界旅游组织，1969年正成被联合国大会批准，现今已有139个国家、6个区域性和350个公司会员，其成员遍及全球，在协调各国政府旅游政策、制定旅游规范标准、促进各国旅游合作等方面开展了卓有成效的活动。还有国际研究机构世界旅行旅游理事会（WTTC），区域性的国际合作组织有欧洲旅游委员会（ETC）、亚太旅游协会（PATA）、东盟贸易和旅游委员会（ASEAN – TTC）、拉丁美洲旅游组织联盟（CTOLA）等，还有各旅游服务行业（航空、饭店、旅行社、度假村等）的世界性和区域性的国际旅游商组织，国际协调逐步加强，旅游经济的全球国际化、区域一体化程度越来越高。

总之，现代旅游业的实质是传统旅游业的现代化，其国际背景是科技现代化、经济全球化、区域一体化和文化多元化，其国内基础是经济现代化、社会城市化、服务体验化和休闲大众化。

（三）影响我国现代旅游业发展的因素

1. 积极因素

（1）和平与发展成为当今世界主题。现在人类社会正处在飞速前进的大潮中，和平与发展是最重要的两个主题。世界旅游业是自二次大战以后得到迅猛地发展，中国旅游业是由改革开放起步发展的，二者都有一个共同的基础——和平与发展的国际国内环境。和平与发展的大环境对旅游的发展具有重要的意义与促进作用。因此，从旅游业的总体发展速度和趋势看，把握时代脉搏，谋求更快发展，这是今后时期的任务，也会是必然的结果。人类需要和平，人类需要发展，旅游促进和平，旅游推动发展，这是人们逐步形成的共识，也使世界旅游业未来更加辉煌。

（2）信息技术的广泛运用。现代信息技术已经成为影响人类生活和经济活动的重要力量。旅游业是信息依托型产业，信息技术的迅速发展和应用对未来旅游业发展有着深远的影响。旅游者通过使用信息技术，可以方便地获取各方面信息，从而安排自己的行程，使旅游更加科学化。旅游企业通过信息技术实行科学管理，降低经营成本，提高劳动效率，有助于旅游服务质量的提高、旅游产品的开发和经营理念的创新，从而提高企业的竞争力。同时，信息技术的广泛运用，也促使旅游产业结构调整步伐加快和市场进一步细分，甚至引起旅游业的重组，有利于旅游市场经营更加科学合理。

（3）节庆会展孕育新机。旅游吸引物分为场所吸引物和时间吸引物，而大型事件活动目前已日益成为各地发展旅游业，振兴旅游经济的重要方式。事件活动的举办不仅集中了大众媒体的传播报道，能迅速提升旅游目的地的知名度和美誉度，从而大大增强旅游吸引力和鲜明的城市形象，而且事件旅游活动对举办地具有深远的经济意义和社会意义。以2008年奥运会为例,北京奥运会的举办受到全世界的瞩目,北京的文化优势以及本身具有的旅游资源,在吸引大量游客的同时,给酒店服务业、餐饮业及与旅游相关的产业带来巨大的收入。在奥运会准备期的七年内,每年旅游者增加20%,旅游收入每年增加20亿美元,七年增加140亿美元左右,奥运期间再增加100万人,50亿美元收入,则由于奥运而增加的旅游总需求为1700亿人民币。由于旅游业的拉动作用,对其他行业的消费刺激,包括飞机和汽车运输、食宿和购物等消费乘数都很高。假如消费乘数为每3.7年增加1700亿人民币的旅游需求,则可增加国内需求5000亿人民币。此外"奥运旅游热"不仅热了北京,还向全国各地的名胜景区扩散。使天津、大连、青岛等一些周边城市的所谓蓝领、白领有更多的选择,他们都是很大的消费群体。同时,刺激国内的旅游业和交通业进一步发展,如黄山旅游、西安旅游、泰山旅游等国内黄金旅游点是奥运游客的必经之地,伴随而来的是巨大的收入。

(4) 旅游企业的创新发展。知识经济是新世纪发展的主流,旅游业作为未来的支柱产业,必然与知识经济紧密结合,作为旅游活动媒介的旅游企业也必然如此。如今,旅游企业依靠科技进步,采用新的科技,特别是新的信息传输,让这些成为旅游业发展的推动力,而且旅游企业在牢固树立传统的服务观念基础上,不断创新出新的思路、新的理念。同时,国家和企业在优化旅游市场、提高旅游形象方面创新发展制度,不断探索新的经验,以求寻找促进发展的最佳机制。旅游企业在技术、观念和制度上不断创新,使旅游业融入知识经济求得发展。

(5) 旅游时间常年化。目前我国旅游市场状况淡旺季已逐步淡化,很多地方感觉淡季不淡、旺季较旺。我国已基本形成了春节黄金周、"五一"黄金周、暑假和"十一"黄金周四个旅游高峰,这四个旅游高峰使旅游业旺季时应接不暇,淡季时门可罗雀,从接待能力等方面都产生了许多浪费和分配不均。后来,随着我国带薪休假的政策实施之后,居民旅游时间的常年化可以得到保证,伴随奖励旅游制度、福利旅游制度的逐步推行和完善,旅游时间逐步走向常年化,有利于旅游资源的合理分配和旅游环境的发展。

2. 消极因素

(1) 不可抗力。进入21世纪以来,局部战争、恐怖主义等对旅游业的影响不容忽视,经济全球化更使得这些恶性事件的后果扩大至世界范围。继"9·11"恐怖袭击事件后,进行了一系列反恐战争。以美国为主要客源市场的旅游目的地损失惨重,加勒比海地区的游客减少了65%,2003年伊拉克战争使全球出境旅游业出现了剧烈波动。2008年美国次贷危机的爆发,很快便席卷了全球的经济金融业,全球经济增长减缓,经济发展不稳定,严重打击了消费者信心。在和平与发展为背景下的不和谐因素,时刻在影响着旅游业的发展。近年来,世界旅游业多受到SARA、禽流感和地震海啸等自然灾害的突发影响。以SARS为例,2003年春天开始在我国蔓延的SARS疫情沉重打击了我国旅游业,使我国旅游业陷入历史上最为低迷的发展时期之一。2002年11月,广州发现了首例SARA疫情,但是,当时并没有对我国旅游业造成太大的影响。从2002年11月到2003年3月,我国入境旅游人数都保持了正常水平。从3月中旬开始,入境人数开始大幅下跌,至5月,入境旅游人次的累计量较2002年同期下降10.48%,而旅游外汇收入下降20.03%。为了防止非典通过旅游活动扩散,国内旅游活动全面停顿。直到5—6月仍然处于停滞状态,减少收入约648亿元人民币。因此,突发的自然灾害对旅游业的影响是不容小觑的。

(2)旅游资源的不合理开发。在我国旅游资源开发过程中,不少地区不顾本地的实际情况,不考虑本地区的旅游资源优势,不经过充分的市场调研论证就将本地区的山水作为重大旅游资源,开始大力招商引资予以开发,花费了大量的人力、财力,结果却收效甚微。另外,有些地方在没有考虑市场容量、发展潜力的情况下,过于乐观估计旅游形势,兴办高级宾馆、饭店等高消费场所,盲目开发旅游资源,造成短期旅游市场火爆长期却难以为继的局面。同时,在整个旅游开发中,浪费资源,以环境换取经济效益的行为大量存在。

(3)旅游监管体系不完善。由于旅游法规不健全,经营秩序混乱,旅游者的正当权益得不到保护。国内旅游者"花钱买罪受",被宰被骗,屡见不鲜。由于旅游资源的稀缺和不可再生性,容易导致垄断价格,有些地方保护主义严重,自行定价,巧立名目,价格多变。如报纸上披露的庐山、华山垄断旅游景点,旅游者拍照要收费。广西桂林"野马"宰客十分厉害。有的甚至规定只准本地车辆上山接送客,外地车辆严禁上山(如山西省五台山)。价格变化多端,乱涨价严重,存在着"质次价高,质价不符"的现象。这些混乱的市场秩序严重侵害消费者权益,阻碍了当地旅游业以及旅游业整体的健康快速发展。

（4）旅游设施与旅游服务不完善。我国国内旅游的配套设施和服务设施进一步完善，各级政府和主管部门采取了不少措施，但是，我国国内旅游市场庞大，由于财政困难，我国对旅游设施的物质投入少，基本上是贯彻"以旅游养旅游"的方针，花钱多的项目上不去，只能因陋就简，以致设施不全。位于我国中、西部的有些旅游景点，交通不够便捷，民航不能直接到达，或由于航班限制，客运能力差；铁路也经常处于超载状态运营；加上邮电传递、信息通信也欠完善，这些都严重制约着我国旅游业的发展。

（四）现代旅游业的发展趋势

从全球经济和政治发展的趋势来看，世界经济不断发展，和平环境也日益稳定，现代旅游业也相继得到了发展。随着现代旅游理念的转变，人们对之前的大众旅游进行了深刻反思，倡导可持续旅游并且从"人类中心论"转变为"生态中心论"，在新的理念的指导下，消费模式也发生了巨大变化：参与型专项旅游受到推崇，团队旅游向散客旅游转变，背包游和自驾车游兴起等。这些理念与消费模式的转变给旅游业带来新的发展。

1. 旅游多样化、大众化趋势

旅游目的的不同，使目前占统治性地位的观光型旅游向多样化发展，如商务会展旅游、文化宗教旅游、专项旅游和新兴高端旅游等。旅游不再是高消费活动而是作为日常生活进入了千家万户。旅游有广泛的群众基础，人们的工作、生活都可能是远距离的长途旅行方式，形成空前广泛而庞大的人群交流和迁移，传统的地域观念、民族观念被进一步打破，旅游的淡旺季已不再明显。

2. 文化性是旅游业发展的新亮点

旅游本身的文化功能是内在的。旅游企业是生产文化、经营文化和销售文化的企业，旅游者进行旅游，本质上也是购买文化、消费文化、享受文化。在旅游开发、管理和经营的过程之中没有文化就没有竞争力。因此，旅游业发展首先要注重文化内涵。无论是文化性、生态性、探险性还是度假性的旅游项目，也无论是办旅行社，还是建饭店，都要充分挖掘文化内涵。可以说，对文化内涵的注重已经成为旅游业竞争的起点，起点高则发展余地大。

3. 形式与内容的多元化是旅游业发展的主旋律

在旅游发展的初级阶段，人们主要以游览名胜古迹和自然景观为目标。但随着经济、文化和教育的发展，人们不再满足于单纯的"观山看水"，而更多的是要求在旅游的过程中获取知识和体验生活。人们旅游需求的多层次发展势必迫使旅游业无论在形式上还是在内容上均呈现出多元化的特点。从形式上讲，自助游等旅游形式将越来越普遍；从内容上讲，工业旅游、农业旅游、会展旅游等将会成为新的热点，内容相继多元化。

4. 旅游服务逐渐向人性化和社会化方向发展

随着旅游业从经验管理走向科学管理，标准化服务的实施使服务质量有了很大提高。然而由于旅游需求的多样性、多变性等特点，标准化服务的弊端逐渐显露。因此，未来旅游服务将通过人性化的服务满足不同游客的需要，努力使所有的游客满意。一方面通过开展度假游等继续为旅游者提供服务；另一方面通过积极开展商务游、会展游扩大对企业、政府的服务。通过承揽各种专项旅游服务，真正实现旅游服务全面化、社会化。

5. 旅游业科技化趋势日益突出

高科技在旅游业中的应用范围十分广泛。旅游资源开发的高科技化，海底游、南北极游、太空游等旅游方式已成为可能；旅游服务的高科技化，比如，旅游目的地信息系统、计算机预订系统、饭店管理系统、开张与结算计划等信息网络技术能够极大地促进旅游业的发展。

二　赣州市现代旅游业发展实例研究

（一）发展目标

通过多方面的共同努力，全面提升赣州市旅游产业素质和旅游业整体形象，推进旅游产业又好又快发展，实现江西品牌旅游目的地和精品名牌旅游产品建设的重大突破；实现旅游经济增长方式的重大转变，推动旅游发展走上质量效益型增长之路；实现旅游资源大市向旅游经济大市的跨越和旅游业在江西省乃至中部地区的逐步崛起，把赣州建成海内外"旅游休闲后花园"、"观光度假胜地"和红色旅游强市、生态旅游强市、旅游经济大市，旅游业成为赣州市国民经济的重要支柱产业，为全市经济社会发展做出新的更大的贡献。力争到2019年，高星级旅游饭店达到30家以上，旅游接待人数突破8000万人次，旅游总收入突破700亿元。

（二）发展布局

紧紧围绕"打造旅游休闲后花园"、"观光度假胜地"与建设红色旅游强市、生态旅游强市、旅游经济大市的战略目标,以市场需求为导向,以产品开发为中心,以建设旅游目的地、打造旅游精品为重点,提升旅游整体品位,坚持红色旅游与多彩旅游相融合,城市旅游与乡村旅游相促进,国际旅游与国内旅游相协调,质量效益与规模速度相统一,服务质量与设施水准相对应,体制机制与经营管理相适应,旅游经济功能与社会功能相彰显的原则,以对接"长珠闽"、联通"港澳台"、融入全球化为抓手,以红色旅游为龙头引领绿色、古色旅游全面发展。

通过全面整合旅游资源、产业、体制、机制,全面优化旅游产业结构,提高旅游管理和服务水平,提升旅游产业整体素质,形成大旅游、大产业、大市场、大发展的格局,加快建设赣州"五大旅游圈",即:红色经典旅游圈、江南宋城旅游圈、客家风情旅游圈、生态旅游圈和堪舆宗教文化旅游圈。同时,打造一条旅游精品线路,包括:在河套老城区,依托古城墙、八境台、郁孤台、蒋经国故居、古浮桥、福寿沟等旅游资源,重点发展江南宋城游;在章江新区,依托城市中央公园、城展馆、自然博物馆、市民中心、章江南岸滨江公园、章江大桥桥头公园,以及将兴建的钨与稀土集散中心、商务中心和流转中心,大力发展商务休闲游;在水东片区,依托马祖岩文化生态公园,建设集文化生态旅游、休闲养生、佛教朝圣于一体的风景区,成为全省乃至全国、东南亚有影响的佛教文化圣地;在峰山片区,依托赣州植物园、中国(赣州)国际花木城、体育公园和赣州美食城,为市民及游客提供一个集休闲、观光、购物于一体的理想场所;在陡水湖景区,依托陡水湖国家森林公园、赣南树木园、京明度假村、上犹圆村省级乡村旅游示范点、森林小火车等旅游资源,打造中国的"月亮湖"。

(三)发展重点

1. 乡村休闲旅游

发展乡村休闲旅游,是在原生态环境相对较好、城市化水平相对较低的赣州市探索新城镇建设和发展山区经济的一条新路,是新农村建设的重要内容与途径,是缩小城乡差别的有力举措,是促进社会和谐的"润滑剂"。赣州市应依托历史文化丰厚、古村资源丰富、民俗事象多样、田园风光优美、山水环境宜人的优势,积极发展乡村休闲旅游。重点开发竹乡、莲乡、橙乡、茶乡、傩舞之乡、客家围屋之乡等特色旅游村镇;培育一批"农家乐"特色乡村旅游产品和旅游项目,形成休闲农业旅游的

"一县一特"和"一镇一品"的产业发展格局。鼓励农民以土地使用权、固定资产、资金、技术等资源投资入股，以股份合作的方式兴办休闲农业旅游，支持农业企业兴办现代农业园区旅游项目，实行政府、企业多方合作建设集聚型农业旅游基地。

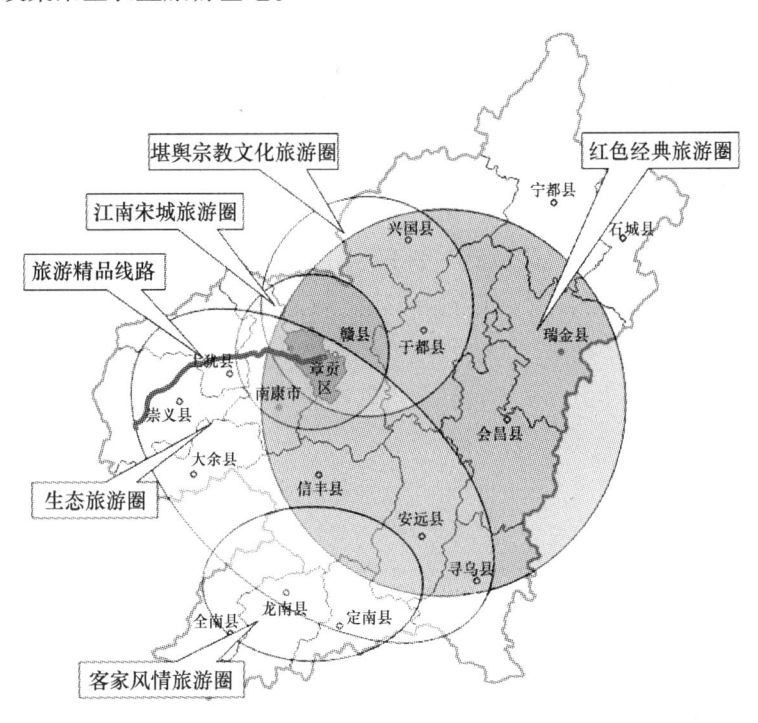

图 12-2　赣州市旅游发展布局

资料来源：《赣州市统计年鉴》(2013)。

2. 山水度假旅游

发展山水度假旅游，是依托赣州市的名山胜水，依靠赣州市优良的生态环境而发展的山水经济。赣州市山清水秀，森林覆盖率达 76.2%，山岳风光优美，山地环境宜人，山里气候温和，且大多是山水相依，应该大力发展山水度假旅游，做足山水资源文章。重点将崇义、上犹、大余、安远、寻乌、定南、赣县等打造成为绿色山水休闲度假胜地，将瑞金、兴国、宁都、大余打造成为文化山水休闲度假旅游胜地，将宁都、石城打造成为丹霞山水观光休闲旅游经典，将定南打造成东江源生态休闲旅游点。

3. 文化旅游和红色旅游

充分利用赣州市丰富且极具特色的红色文化、客家文化、宋城文化、风水文化等文化资源,大力发展各具特色的文化旅游,尤其是要抓住国家发展红色旅游的机遇,加快实现红色旅游上水平、上质量,将红色旅游作为赣州市旅游产业发展的着力点和领跑器。高标准建设好一批重点红色旅游景区,打造出一批在国内具有震撼力的红色旅游精品,把赣州市建成红色旅游强市,使赣州市主要红色旅游区成为国内外旅游热点,使红色旅游产业成为推动全市经济社会发展的重要动力。重点建设好瑞金红色故都景区、陈毅三年游击战争景区、于都长征始发地景区、兴国将军县景区、宁都起义和中央苏区反"围剿"战争纪念景区、寻乌调查纪念馆、南方红军三年游击战纪念园等景区,并注意连片开发,形成红色旅游精品线路。在发展好市内红色旅游区域的基础上,与周边省市加强红色旅游合作,逐步建设好"中央苏区"红色旅游协作区和江西红色旅游协作区。在大力发展红色旅游的基础上,努力拓展红色旅游产品链,提高红色旅游的影响力、招揽力、带动力、辐射力,促进红色旅游形成规模效益和整体效应。

4. 政府扶持发展

制定扶持旅游业发展的政策,特别是产业培育、市场营销的奖励性政策。政府应有计划地对发展乡村旅游的村庄进行卫生、环境和基础设施建设的重点投入,对旅游业可考虑适当减免税收,启动农户旅游发展的小额贷款,支持乡村旅游发展;鼓励民间资本、外资进入赣州旅游业;开发具有赣州特色、文化内涵、纪念意义的旅游商品,可举办由政府参与的旅游商品设计和制作大奖赛,推出一系列优质品牌;加强导游队伍建设,定期举办全市导游大赛,推出一批市级优秀导游员。积极探讨采用租赁制、股份制、合作制的方式,吸引外资投资旅游景区、景点和旅游基础设施的建设。加大旅游景区管理体制创新力度,对旅游景区实行统一管理,对资源开发、产品包装、宣传促销等实行统一运作、整体推进。

5. 对旅游资源进行整合

以突出赣州市的地域特色、进行适度性开发、保证各区域均衡发展、力争旅游资源开发适度超前为区域旅游资源整合的基本原则,在空间上和功能上实现旅游资源的整合。确定并强化旅游据点,选取资源丰富、基础设施良好、交通便利、信息富集的旅游地作为据点,使其加强和积聚周边各旅游地的资源优势,实现优势互补,形成一定范围内旅游地的吸引力合力,带动周边地区旅游业的发展,同时通过各据点之间在区域的相互连接,形成各具特色的旅游单元,并通过多样化、特色化旅游项目的推出,形成对旅游者的持久吸引力,促进区域旅游的整体发展;构筑旅游网络,进一步强化已有的旅游区并开发新的特色旅游带,打造更多的精品旅游线路,实现红色旅游、宋城旅游、客家旅游、生态旅游及堪舆文化旅游在空间和功能上的整合,提升旅游产品质量;抓好旅游商品开发,建设购物旅游品牌,在重点旅游区建立完善的购物网点,在全市培育建设几个规模大、拉动力强、辐射面广的大型旅游商品市场,聚集赣州市乃至江西的重点优势旅游商品和纪念品,满足游客的购物需求,打响"购物旅游"品牌;确定资源开发序列,将那些旅游资源价值高、区位条件好、社会经济发展水平较高的旅游风景区或中心城镇作为旅游增长极进行重点开发培育。

6. 提高旅游企业核心竞争力

积极推进国有旅游企业的改革,建立起符合现代科学的企业水平分工和垂直分工管理的体制,努力提升行业整体素质,使之走上健康良性发展的道路。加快企业改组改制步伐,引导和支持不同行业、不同所有制的旅游企业参与改革和重组,促进旅游企业向市场化、品牌化和集约化方向发展,推进旅游饭店连锁化、景区集团化、旅游运输联合化和导游服务公司化,促进市场主体规范化、市场分工合理化、市场竞争有序化。积极组建区域性、专业性旅游集团,使其在全市旅游产业发展中发挥龙头和骨干作用,努力促进中小企业向专、精、特方向发展,做精一批中小旅游企业,形成以大旅游企业与中小旅游企业协调发展的良好格局。扶持和培育农民旅游经济服务组织;发展同业合作联盟,推进利益共享的连锁经营和集约式服务;优化旅行社行业结构,切实解决赣州市旅行社行业规模小、组织结构松散、竞争实力弱、适应市场和开发市场的能力差的问题;支持具备条件的旅游企业,通过股票上市、发行债券、项目融资、股权置换等方式,拓展融资渠道,尽快做大做强。

第三节 现代商贸会展业

一 理论基础

(一) 现代商贸会展业的定义

在西方,会展业是会议与展览行业的总称(Convention and Exhibition Industry)。所谓会展业是通过举办各种形式的会议和展览展销,并能够带来直接或间接经济效益和社会效益的一种经济现象和经济行为,被称为会展产业或会展市场。会展业是集信息通信、交通运输、城市建设、旅游发展等在内的,综合性和关联度非常高的服务贸易行业。由于它能够创造高额的经济价值,提供广泛的就业机会和对社会综合经济指数增长起拉动作用,并表现出一种经济现象的多种形态,因而可以作为会展经济来对待。

商贸会展业是一个新兴的服务行业,影响面广,关联度高。以商贸为主要目的的会展业称为商贸会展业。现代商贸会展业逐步发展成为新的经济增长点,而且商贸会展业是发展潜力大的行业之一。在新时期,必须大力发展商贸会展业,全面提升会展经济。

(二)会展经济的界定与功能

1. 会展经济的界定

会展经济的概念在中国出现是最近五六年的事,国内学术界对会展经济也做了界定,主要有以下几种:

会展经济是以会展业为支撑点,通过举办各种形式的展览会、博览会和国际会议,传递信息、提供服务、创造商机,并利用其产业连带效应带动相关产业如运输业、电信业、广告业、印刷业、餐饮业、饭店业、旅游业、咨询业、礼仪服务等发展的一种经济。

会展经济是以会展业为依托,通过举办各种形式的展览会、博览会和专题会议,形成信息流、资金流、物流、人流,创造商机,拉动相关产业发展的一种经济。

所谓会展经济就是通过举办各种形式的会议和展览展销,能够带来直接或间接经济效益和社会效益的一种经济现象和经济行为,也被称为会展产业或会展业。

会展经济是指以各类展会形式(包括博览会、展览会、展示会以及专题会议等)所辐射出的经济效应,其核心概念不仅是针对展会本身产生的经济效益,而是包括了所涉及的相关行业产生的间接经济效应和社会影响。

综合上述几种概念,可以认为会展经济至少应包括以下三层含义:(1)会展经济是一种新的经济形式或现象,它具有巨大的综合效益;(2)实现会展经济发展的途径是举办各种形式的会议或展览、博览活动;(3)会展经济具有明显的产业关联性,但其有序发展也需要相关部门的协调与配合。综上所述,可以认为会展经济是指以现代化的会展场馆为基础,以完善的城市设施和健全的服务体系为支撑，通过举办各种形式的会议或展览活动，吸引大批与会、参展人员进行经贸洽谈、文化交流或一般观众前来参观展览，在获得直接经济效益的同时带动相关产业发展的一种经济现象。

会展经济是一种新的经济形式，其发展状况不仅会直接影响城市经济的长足发展，还将关系到社会的诸多方面。一般认为，会展经济具有综合效益大、产业关联强、互动性能好、投资回收快、游客数量多等特点。

2. 会展经济的功能

会展经济的功能就是指会展业依据自身成长机制，在实现自我发展的过程中，对会展举办地社会进步、经济发展与环境改善的综合贡献。会展经济是一种客观存在，是商务交流、城市发展和第三产业共同发展的产物。从会展经济在发展过程中的具体表现来看，它主要具有以下五种功能：

（1）整合功能。由于会展与旅游活动一样都涉及食、住、行、游、购、娱以及运输、通信、广告等众多行业，因而一次策划成功的会议或展览能有效整合举办地的各类相关资源，如会展场馆、旅游景点、旅游配套设施、城市基础设施等。由此可见，会展活动的组织对城市发展至关重要，因为资源的有机整合能有效提高一个城市的综合竞争力。

（2）纽带功能。大规模的会展活动尤其是国际性会议或博览会能为众多参展商提供理想的交易平台，并有助于加强会展举办地与国内外的经济、技术交流与合作，推动城市间的人员互访和文化交流。另外，通过积极参展，企业可以了解有关产品技术的最新动态，学习和借鉴发达国家的先进技术和管理经验。

（3）展示功能。通过举办大型会议或展览会，举办地可以向全国甚至世界各地的与会者、参展商、经营人员和游客宣传本地的经济建设成就与科技发展水平，充分展示城市的现代风貌。同时，通过为参展商和观展人员提供高品质的服务，能有效提高城市的美誉度。

（4）连带功能。会展业的连带功能指的是除其本身所带来的高额收入外，会展活动还将推动旅游业、展览业、商务、运输业、电信业、广告业等产业的发展，并能创造大量的就业机会，从而使会展举办地的综合竞争力得到全面提升。

（5）促销功能。在以城市整体形象为依托的前提下，展会促销与旅游营销活动等有机结合起来，可以提高整个城市的国际影响力。当然，最重要的还是会展活动为本地企业提供了一个充分展示自己的舞台，企业可以借机宣传自己的经营理念和产品品牌，加强同行之间的交流与合作，从而将产品推向国际市场。

（三）会展经济依托的经济学原理

加速原理最早于1913年由法国经济学家阿夫塔旱昂和1917年由美国经济学家约翰·克拉克分别提出的。1939年萨缪尔森在牛津大学出版社出版的《经济统计评论》中提出了"乘数分析与加速原理之间的相互作用"，解释了国民收入和消费与投资的相互影响。凯恩斯在1936年提出的乘数理论，仅仅说明投资的增加如何引起国民收入和社会就业的成倍增长，但乘数理论并没有说明国民收入和消费的变动如何反过来引起投资的变化。按照加速原理，投资一方面可以对国民收入增长有很强的促进作用，但是反过来，国民收入总量的增减，又会导致投资数量的变动。

加速原理是假设资本与产量保持固定比例，即加速系数是固定常数，并不存在过剩生产能力。如果产量增加的数量与由此而新增的资本量的比率，即得到一个系数，成为加速系数。加速原理表明，投资净额不取决于产量的绝对值量，而取决于产量的变动量。

加速系数 = 资本增量/产量增量 = 投资数量/产量增量

会展业的投资和消费规模扩大，带动了相关产业的迅速发展，提高产业的收益水平，收益水平的提高反过来加速会展业的新增投资的力度，进一步促进会展产业规模的扩大，产生新一轮的乘数效应。

二　赣州市现代商贸会展业发展实例研究

（一）发展目标

继续巩固和强化现代商贸业既有优势，进一步拉开发展框架，优化现代商贸业空间布局，加快各种商贸集聚区块建设，提升对外辐射能力。着力增强各类商品市场发展的动力和活力，建立健全资本和产权、人力资源、信息等要素市场，大力发展独立公正、规范运作的专业化市场中介服务机构，在省内率先建立起统一开放、竞争有序、高效运行的现代市场体系。2015年，预计全市社会消费品零售总额年均增长16%，总额达到1400亿元。

（二）发展布局

按照建设赣粤闽湘边界商贸中心目标定位，构建"一圈、多点"的商业空间体系，并全力打造以信丰、龙南为主要依托的两个会展中心。

一圈：以章贡区、南康市为核心商贸圈。以文清路步行街、南康家具市场、南康纺织服装市场为发展重点，高品位规划、改造提升现有市场群，依托赣县仓储物流产业优势，重点打造现代化的家具、纺织服装及农副产品交易专业市场。

多点：市县级区域商业中心。依托各县（市、区）已有的以及在建的特色商业街，大力发展区域商贸产业，形成若干商业中心。

图12-3　赣州市现代商贸会展发展布局示意

资料来源：《赣州市统计年鉴》(2013)。

（三）发展重点

1. 加大资源整合力度，加速引进与培育大型流通企业

以存量盘活、增资配股、上市募集、股权转让等为手段，加快农副产品批发和加工业、纺织服装业及家具建材业等大型商贸流通集团的建设步伐；吸引著名批发、零售和贸易企业以及国际著名品牌工厂、商业连锁巨头，来赣州市开设大型连锁商业网点。

2. 优化商业布局，形成功能完善、互为补充的三级商业网络体系

积极推进章贡中心商贸区建设，努力建成人流、信息流、资金流高度集聚的现代化新城。强化城中商业区购物、休闲、娱乐、美食、都市旅游等功能，突出休闲娱乐主题，为"体验消费"等服务型消费增长及综合功能的开发提供基础和条件，营造独特的消费文化，力争把该章贡区打造成为赣州商业购物、餐饮、文化娱乐最繁华的商业地段和零售中心；全方位建设县（市、区）级商业中心及城镇商业网点，按照人口流向、人口结构及分布规律，完善商业网点布局和商业综合配套，形成多家集购物、服务、餐饮、休闲、娱乐为一体的县（市、区）级购物中心；重点建设文清路商业步行街区，一方面继续增强现有各类商业街的集中程度，另一方面通过完善的信息化配套服务、交通服务以及物流服务增强商业街区的集聚和辐射功能。

3. 积极拓展商贸经营特色，引领市民扩大消费

加快"夜间服务业"发展，繁荣夜间经济，拉动消费内需，推进夜间消费设施建设，完善夜间消费配套服务体系，拓展公交线路，实施公交延时服务，开展各类参与性强的娱乐活动，鼓励夜间餐饮、购物、娱乐、休闲、观光、保健以及曲艺业态等的多层次、多元化发展，满足不同消费内容、消费方式的需要；积极发展连锁经营和电子商务等新型商业业态，力争引进和培育一批大型专业店、便利店，加快连锁业向服务业各业延伸的步伐。

4. 立足培育大市场，加快现代市场体系建设

结合赣州市城市建设总体规划，不断优化市场布局，形成以中心城为核心，向外辐射的市场建设规划布局；引导市场对现有资源进行整合和重组，加快建设具有赣州市特色的区域性大市场，创建全国重要的家具、纺织服装、脐橙、有色金属产品等市场集群，鼓励同类市场联合、兼并，形成以资产为纽带的集团型市场，促进市场二次创业和新的发展；加快组织形式和交易方式的创新，全面提升市场档次，逐步形成现代商品物资流通协作共同体，促进传统商品市场与新型业态的有机结合，拓展新型交易方式；完善生产要素价格市场，促进生产要素合理有序流动；加强市场监管，建立社会信用机制，规范市场主体行为，推进"诚信市场"建设，建立健全现代市场经济信用体系，建立常规性市场准入机制和退出机制；加强对市场体系建设的指导服务，加大调控力度，提高协调能力，培育和发展各类新兴市场，规范新建市场的规模、数量、功能等。

5. 加快会展业产业化，扶持品牌会展业发展

完善会展基础设施，合理规划会展场馆，充分考虑城市会展业发展迅速的特点，着眼长远、科学规划、整体布局、功能合理，有效结合适用性和观赏性，发挥赣州市旅游资源优势，对场馆及周边设施的建设给予前瞻性的考虑；充分发挥赣州市有色金属、脐橙等特色产业比较优势，重点发展专业性的会展服务，努力培育定期定点举办的会展品牌，全力打造有色金属展览交易中心、家具博览交易中心以及脐橙展览交易中心。加强有关会展场馆与政府部门、社团组织、大型集团企业的协调与合作，力争形成若干持久性的自主品牌展会。大力引进和培育上规模上水平的专业会展企业。

第十三章　赣州市现代服务业新兴产业发展

新兴产业产生的原因大致为：

第一，通过新技术产业化形成新型产业。新技术一开始，属于一种知识形态，在发展过程中其成果逐步产业化，最后形成一种产业，如信息产业，由于数字技术的发展，被认为是一个新的朝阳产业。

第二，用高新技术改造传统产业，形成新产业。例如，钢铁行业通过新技术改造，形成了新材料产业，生产复合材料以及抗酸、抗碱、耐磨、柔韧性好的新兴材料。同样，用新技术改造传统的商业，变成现代物流产业。这些产业改造的核心，使经济效益比传统产业有较大幅度的提高。

第三，对原社会公益事业的行业进行产业化运作。以往人们把传媒当作事业来看待，需要各级部门的拨款。如我国的电影产业，以几十家电影厂为基础，国家不间断地拨款。相反，美国仅一个好莱坞，通过几个大的传媒公司运作，每年产生几十亿、上百亿美元的利润。社会主义经济的目的是满足人民群众日益增长的物质文化生活的需要，当前发展新兴产业具有重要的意义。

伴随着信息技术的发展和知识经济的出现、伴随着社会分工的细化和消费结构的升级，利用现代化的新技术、新业态和新的服务方式改造提升传统服务业，产生了高附加值、满足社会高层次和多样化需求的众多现代服务业新兴产业，如文化与创意产业、计算机服务业、软件服务业、科技交流业、推广服务业、居民服务业、社会福利业等。结合赣州市经济与社会发展基础，赣州市应大力发展文化创意产业、信息和科技服务业和社区服务业。

第一节 文化创意产业

一 文化创意产业的核心和内涵

文化创意产业（Cultural and Creative Industries），是一种在经济全球化背景下产生的以创造力为核心的新兴产业，强调一种主体文化或文化因素依靠个人（团队）通过技术、创意和产业化的方式开发、营销知识产权的行业。文化创意产业主要包括广播影视、动漫、音像、传媒、视觉艺术、表演艺术、工艺与设计、雕塑、环境艺术、广告装潢、服装设计、软件和计算机服务等方面的创意群体。[①]《国家"十二五"时期文化改革发展规划纲要》明确提出了国家发展文化创意产业的主要任务，全国各大城市也都推出相关政策支持和推动文化创意产业的发展。

（一）文化创意产业产生和发展的社会背景

创意产业的概念最早出现在1998年出台的《英国创意产业路径文件》中，该文件明确提出："所谓创意产业，就是指那些从个人的创造力、技能和天分中获取发展动力的企业，以及那些通过对知识产权的开发可创造潜在财富和就业机会的活动。"

创意产业概念的出现有三个大的历史背景：第一，欧美发达国家完成了工业化，开始向服务业、高附加值的制造业转变。他们一方面把一些粗加工工业、重工业生产向低成本的发展中国家转移，另一方面这些国家很多传统产业、传统工业城市出现了衰落，这时候就出现了经济转型的实际需要。第二，20世纪60年代，欧美出现了大规模的社会运动，亚文化、流行文化、社会思潮等风起云涌，对传统的工业社会结构有很大的冲击。人们更重视差异，反对主流文化，张扬个性的解放，对以前普遍认为怪异的多元文化逐渐开始承认，社会文化更加多样和多元，形成了有利于发挥个人创造力的氛围。第三，20世纪80年代英国首相撒切尔夫人、美国总统里根上台以后的经济政策更加鼓励私有化和自由竞争，企业和个人要创新，有差异化才能有市场，这样也刺激了创意产业的发展。

在此时代背景下，创意产业在西方发达国家得以萌生和不断发展。就

---

① 凯夫斯：《创意产业经济学》，新华出版社2004年版。

世界范围来说，美国的文化产业最为发达，美国文化产业在其国内 GDP 中所占的比重非常大。在 21 世纪头十年，全球无线电视和基础有线电视收入的 75%、付费电视收入的 85% 依靠美国电视节目。全球 55% 的电影票房收入和 55% 的家庭录像收入也依靠美国产品，美国的 CD 和录音带大约占全球录音产业收入的一半。美国的图书市场占全球图书市场的 35%。文化创意产业在给美国带来巨大的经济效益的同时，也将美国的文化价值体系迅速地向世界其他国家和民族进行推广，美国的价值观念通过美国的影视作品在全世界范围内得到了传播。此外，亚洲的韩国和日本在发展文化创意产业方面也取得了巨大的成绩。

在全球化的维度下，经济日趋一体化，互联网的迅速发展，形成了麦克卢汉所说的"地球村"；其他产业，尤其是高科技行业，已经日益因全球化而趋同，但文化无法替代。每个民族每个国家都有自己独特的文化历史，各个民族的差异化很明显。然而如果没有关注自身的文化资源，没有对本土文化进行产业化发展，本土文化就会受到其他国家文化产业浪潮的冲击。文化产业发达的西方国家的生活模式和价值观全球传播，尤其是冷战后美国文化对发展中国家的大量渗入，全球文化的同质化现象日趋明显。近 30 年来，以美国为首的西方国家对发展中国家的文化传播力度有加大趋势，文化帝国主义现象加重，即指发达国家（尤其是美国）确实在有意或无意地控制发展中国家的媒介系统和文化生活。即使意识形态相对淡薄的纯粹娱乐性节目，也因有意无意间展示、倡导了西方社会的生活方式，对发展中国家的人们尤其是年轻人产生了重大影响。改革开放以来，我们既引进了西方先进的生产技术设备，同时也引进了大批的文化产品。以可口可乐、麦当劳等具有象征意义的美国文化一方面改变了我们的生活方式，也改变了我们的生活观念。而另一方面，它们极大地冲击了中国的文化行业。美国由于历史短暂，该国的文化历史资源有限，于是经常采取"拿来主义"将其他国家的文化经典进行美国化的包装和制作，在知识产权零成本的情况下获利，并且借此推行美国的价值观。如电影《卧虎藏龙》、动画片《花木兰》等，虽然文化素材和资源取自中国，但表达方式是西方的。由于中国文化产业化程度不高，版权归属美国公司，美国公司自然获利。所以，我们的"文化创意产业"必须加快发展速度，加大资金投入、培养文化创意人才，把中国文化推向世界。

当今世界，创意产业已不再仅仅是一个理念，而是有着巨大经济效益的直接现实。全世界创意产业每天创造价值（产值）220亿美元，并以5%的速度递增。① 一些国家增长的速度更快，美国达14%，英国为12%。

（二）文化创意产业的核心

文化创意产业在发达国家也称作"文化产业"或"创意产业"。称"创意产业"的有英国、韩国。欧洲其他国家称之为"文化产业"。在美国没有"文化创意产业"的概念。美国是一个高度法治的国家，一切创造力产生的产品都有知识产权，因此把相关行业叫做"版权产业"。因此，在发达国家文化创意产业的概念和内涵也有不同的表述。

我们认为，文化创意产业最核心的就是"创意"，即创造力。文化创意产业的核心其实就在于人的创造力以及最大限度地发挥人的创造力。"创意"是产生新事物的能力，这些创意必须是独特的、原创的以及有意义的。在"内容为一切"的时代，无论是电视影像这样的传统媒介产品，还是数码动漫等新兴产业，所有资本运作的基础就是优良的产品，而在竞争中脱颖而出的优良产品恰恰来源于人的丰富的创造力。因此文化创意产业其本质就是一种"创意经济"，其核心竞争力就是人自身的创造力。由原创激发的"差异"和"个性"是文化创意产业的根基和生命。创造力和高技术含量已经是现代经济活动最为显著的特征，美国已经发出"资本的时代已经过去，创意的时代已经来临"的宣言。②

"创意"或者"创造力"包括两个方面：一是"原创"，这个东西是前人和其他人没有的，完全是自己首创的。二是"创新"，它的意义在于虽然是别人首先创造的，但将它进一步地改造，形成一个新的东西，就给人以新的感觉。

文化创意产业的发展，依靠的是人，最核心的就是人的创造力的释放和解放。中国文化产业真正发达需要充分释放中国人的创造力，提高人的素质，打开人的视野，让人看得多、知道得多，人的无限创新能力才可能被最大限度地激发出来。任何文化遗产或资源并不能天然地成为产品或商品，只有经过一定形式的再创造，才能成为具有丰厚知识产权的文化产品。文化人、艺术家的创作能力可以说就是文化创造的"技术因素"，个

---

① John Howkins, *The Creative Economy*. The Penguin Press, 2007.
② 阿特金森和科特明确指出，新经济就是知识经济，而创意经济则是知识经济的核心和动力。

人的创造力与素养是整个文化创意产业的最关键环节，是产业链条的基础，但同时，他们的创造所需的社会氛围、制度条件也是这类"技术"的组成部分。

新经济时代的创意产业对物质基础和自然资源依赖度不高。文化创意产业高度依赖文化的创新意识，对文化创造力和创造型人才有更迫切的需求。为加快我国文化创意产业发展，一定要解放人的创造力，努力营造鼓励创新的宽松的社会环境，鼓励文化生活的多元化。

二 赣州市文化创意产业发展

（一）发展目标

按照"全面建设小康社会，必须大力发展社会主义文化"的指导思路，实施"文化大市"和小康文化工程，整合文化资源，做大做强文化创意产业，加快知名品牌和特色文化创意产业的发展。初步建立与社会主义市场经济体制相适应、政府调控市场、市场引导企业的文化创意产业运行框架，积极推进文化与经济的协调发展与融合，切实发展经营性的文化创意产业。到2019年，文化创意产业将成为赣州市新的经济增长点和新兴支柱产业。

（二）发展布局

充分利用赣州市文化资源优势和特色，突出重点，以点带面，形成"一核两点三带"的产业发展格局。

"一核"是指按照"全力打造赣州中心城区特色文化创意服务中心"的要求，突出章贡区历史文化名城和多元文化中心的优势，推进发展文化创意产业，培育文化创意品牌，基本形成公益性文化事业和经营性文化产业协调发展、互为补充、相互促进的文化创意产业体系。重点建设印刷包装产业园和文化创意产业园、客家文化体验主题公园、杨仙岭风水文化体验主题公园、宋城历史文化区、娱乐休闲文化体验区等。

"两点"是指形成瑞金和龙南两个文化创意产业节点。（1）瑞金要进一步深化文化体制改革，不断解放和发展文化生产力，切实做大做强文化产业。组建报业、广播电视集团；加快红色文化创意产业园建设，承载更多的文化产业项目；推进红色影视业发展，努力把瑞金发展成为中国南方主要的红色题材影视产业的主创和拍摄基地；加快演艺业发展，重视演艺人员的培养和引进，推出一批具有重大影响和市场开拓潜力的舞台艺术精品，力争使《八子参军》入围国家"五个一"工程。（2）龙南要以塑造客家名城为目标，以商业文化中心为龙头，规划建设二三条客家特色消费街，扶持一批上档次、上规模的娱乐文化企业，重点发展歌舞、茶庄、餐饮、购物、保健服务产业，培植城市茶庄、餐饮、娱乐消费品牌，打造辐射赣州南部的消费娱乐产业群，建设赣粤边界消费娱乐中心。

"三带"是指构建红色文化产业带和客家文化产业带、古色文化产业带三个文化产业带。（1）红色文化产业带：赣州、瑞金、于都、兴国、宁都、信丰、寻乌、石城等地，重点发展以红色文化为主要题材的文化创意产业园、影视业、演艺业等。（2）客家文化产业带：涵盖几乎全市所有县区（市），主要以章贡区、赣县、石城、龙南、定南等为代表，重点建设体验客家文化的主题公园、民俗村、客家风情大舞台、客家庙会等。（3）古色文化产业带：以章贡区、兴国为代表，重点开发以发掘、整理、展示风水文化和宋城历史文化为主要内容的体验主题公园和历史文化区等。

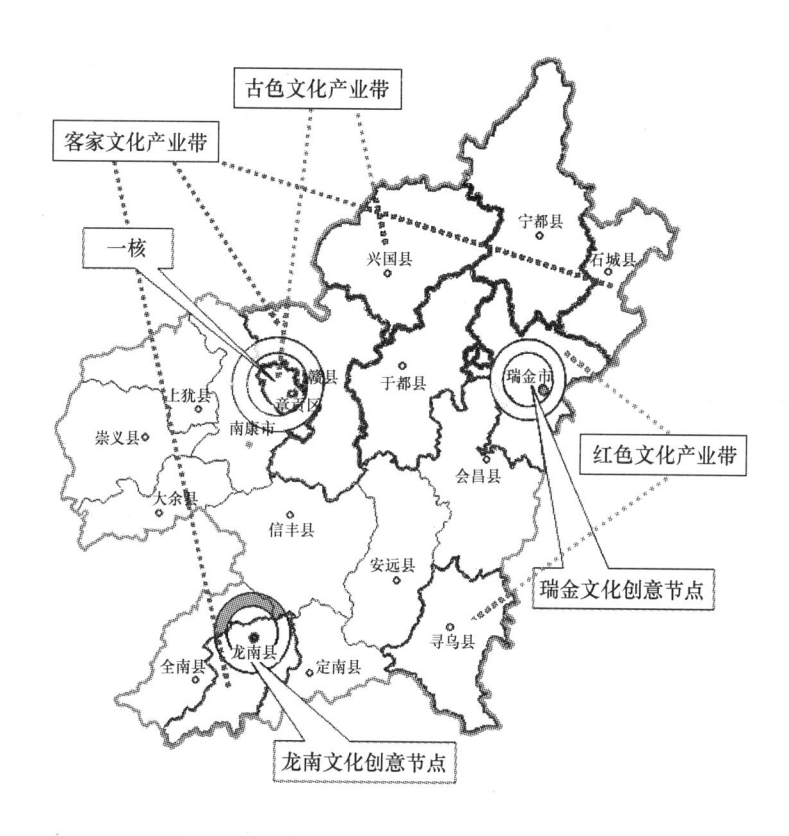

图 13-1　赣州市文化创意产业发展布局示意

资料来源：《赣州市统计年鉴》（2013）。

(三) 发展重点

1. 加快文化创意产业园建设

加快完善基础设施建设，重点建设一个文化创意产业园，完善相关基础设施，进一步完善创意产业园区的服务功能，鼓励周边玩具、动漫企业将研发设计总部进驻文化创意产业园。

2. 以特色资源创造文化品牌

集中打造赣州市红博会精品文化品牌，整合中央苏区、古宋城、赣南围屋及傩舞等文化资源，提升红博会品味，形成赣州市文化品牌。实施以大品牌促大发展战略，发展相关衍生产业和子品牌，构建赣州市文化创意产业品牌发展体系。

3. 大力发展文化创意行业

大力发展传媒业，做大做强"存量"媒体，新办或引进"增量媒体"，创办有影响力的全国发行的报纸或杂志。积极发展演艺娱乐业，丰富文化演艺市场，培育高端娱乐消费市场。大力发展广告业，在提高三大传统传媒广告承载能力的基础上，着力推进移动电视、网络、楼宇等多种新型媒体广告业发展。积极培育工业外观设计、生产工艺设计、建筑艺术设计、艺术创作策划、民间艺术设计、广告创意设计等创意设计产业；加强知识产权保护，完善版权服务体系，进一步依法开放文化创意市场，营造良好的文化创意产业发展环境。

4. 实现价值创造链条化

文化创意产业的发展涉及多个环节，根据已有的文化资源，进行创作、制作，形成产品，然后通过渠道进行展示，将产品推向市场创造价值。整个文化创意产业环节的关键在于两个方面：一个是内容；另一个是渠道。一方面，在已有的文化资源基础上，进一步挖掘赣州市的文化资源，为文化产业的发展提供素材；另一方面，通过合理的运作，拓宽营销渠道，将文化产品最终推向市场。

5. 支持文化与旅游的融合促进，推动文化产品向旅游产品转化

丰富赣州市的旅游文化内涵，提升旅游产品的文化创意水平和旅游服务的人文特质，开启独具魅力的赣州市文化体验之旅。依托中央苏区等"红色"文化资源，大力发展"红色"旅游；依托赣南围屋等客家文化资源，加快发展客家文化旅游；依托章贡区及兴国的古宋城文化资源，推动发展历史文化型旅游；依托赣南的脐橙及相关生态资源、温泉及优美的自然景观等环境资源，积极发展生态休闲旅游；依托兴国等地的堪舆文化资源，促进发展堪舆文化旅游。不断发掘本地人文历史、客家文化和特色古建筑的潜在价值，开发提升赣州市内博物馆、纪念馆及历史旧址等场馆的旅游功能，形成文化旅游业的新亮点。以赣州红博会、国际脐橙节及市内其他大型展会、重要文化活动为平台，培育新的文化旅游消费热点。

【深度阅读】

发达地区发展文化创意产业的举措（以湖南省"十一五"服务业发展规划为例）

文化创意产业：立足湖湘文化特色，大力实施精品工程和品牌战略，积极发展大文化创意产业，延伸产业链，促进文化创意产业升级，增强竞争力。

立足构筑"一区（以长沙为重点的文化创意产业中心区）三带（京广线、潇湘流域和大湘西三个特色文化创意产业带）"、"四轮驱动（广电、出版、报业、娱乐）"、"两翼齐飞（动漫游戏产业、会展业）"的产业格局，加快发展广播影视、新闻出版、文娱演艺、体育服务、动漫游戏、会展六大产业，提升电视湘军、出版湘军、体育湘军、蓝猫卡通等品牌影响力，将金鹰电视文化艺术节打造为国内外知名品牌。抓紧建设金鹰卡通科技园、湖南报业文化城、湖南省美术馆等重点文化工程，进一步壮大湖南出版投资控股集团、广电集团、湖南日报和长沙晚报报业集团的实力，推动有条件的文化体育机构发展成为产业集团。努力把湖南省特别是长株潭地区建设成为全国最具大众化的综合性文化娱乐中心。

第二节 信息和科技服务业

一 信息服务业与科技服务业

（一）信息服务业

信息和科技服务业是信息与科学技术产业的重要组成部分，具有知识、技术、人才密集和高成长等特性，在推动各行业领域信息化建设和创新发展方面具有重要的支撑引领作用。当前，大力发展以信息与科技服务为主要内容的信息与研发服务业已成为世界各国提升本国经济社会发展水平和国际竞争力的必然选择。

21世纪以来，全球各主要发达国家的产业结构均呈现由"工业型"向"服务型"的导向转变。有了较高发展水平的工业为依托，应运而生的现代服务业以信息和技术密集为特征，涵盖了金融、通信、信息服务等领域。

　　信息技术服务业是伴随着当今快速推进的信息技术革命浪潮而出现的新型现代服务业。一方面，现代服务业的发展，离不开科学技术，尤其是信息技术的重要支撑和引导作用，只有依托信息网络的传播和信息技术的广泛应用才能得到快速的发展；另一方面，服务业是信息技术应用的重要领域，现代服务业的高级阶段就是信息化为特征的阶段。信息技术服务业是信息技术和现代服务业高度融合的产物。

　　当前一般将信息技术服务定义为：为支持组织用户的业务运营或个人用户任务，贯穿信息技术应用系统整个生命周期的各项服务的统称。信息技术服务对象多元化的用户任务目标，其服务是依靠信息技术应用系统的效能发挥而实现的。

　　对信息技术服务进行划分，可以概括为以下两类业务：

　　一类是传统的信息技术支持与维护业务。具体包括：（1）硬件产品支持。主要是指对信息传递硬件设施的维修和优化。包括基本安装、依照服务条款进行的日常维护以及故障维修。电话热线解决问题和收费的升级维护也包括在硬件产品支持范围内。（2）软件产品支持。主要指对信息传递软件设施的维护和更新。包括依照服务协议进行的软件产品的安装、调试、维护、更新升级等。

　　另一类是新兴的信息技术咨询与外包业务。具体包括：（1）信息技术咨询。主要是指协助客户对各种技术策略进行评估，从而将技术策略同用户的商业及生产策略结合起来，为用户提供具备可实施性的规则。如信息技术战略规划、信息技术工程管理及监理等服务。（2）信息技术系统集成与开发。主要指信息技术服务提供者为客户专门开发定制，将不同的软硬件产品集成起来，最终完成满足客户需要的信息技术应用系统。如定制软件开发、应用软件平台转换、新增功能的开发等。（3）信息数据处理。主要指向客户提供的数据（包括数值的和非数值的）分析、整理、计算、编辑、恢复等加工和处理服务。（4）信息技术测试。主要指信息技术服务提供者（包括第三方测试机构）提供的对软件、硬件、网络及信息安全等是否满足规定要求而进行的测试和检验服务。如：网络测试服务、信息安全测试服务等。(5) 信息技术培训。主要指针对信息技术系统的概念、使用、管理等方面知识所进行的培训。(6) 信息技术外包业务。主要指企业利用外部专业技术和资源以取代内部部门和人员承担企业信息技术系统的运营维护的相关服务,其核心业务是业务流程外包(BPO)。业务流程外包是指客户出于降低成本、提升核心业务能力的考虑,而将支持性职能或核心业务流程中的某项任务的管理与执行责任转移给外部服务供应商的一种组织运营方式。其内容通常包括客服、人力资源、采购、财会、单据处理等。

随着信息技术的迅猛发展、信息技术应用广度和深度的不断拓展,信息技术与科学技术服务业发展进入了新的阶段,市场需求持续旺盛,业务领域不断细分。当前,我国正处于经济结构调整和发展方式转变的关键时期,"两化融合"[①] 进程不断推进和信息化建设向纵深发展都为信息技术服务业提供了巨大的发展空间,也对提升信息服务业发展水平提出了客观要求。我国必须进一步加大对信息服务业的支持力度,推动产业向专业化、高端化、规范化方向发展。

(二) 科技服务业

科技服务业是在研究开发链和科技产业链中,不可缺少的服务性机构和服务性活动的总和。科技服务业包括研究开发、工业设计、技术转移、知识产权服务、科技风险投资等业务,具有知识密集型、高度专业化分工、高附加值等特征。科技服务业本身具有高成长性、巨大市场需求和引领带动作用,是培育发展战略性新兴产业的主攻方向之一。

科技服务业涵盖的业务范围非常广泛,包括科学计划、成果评审、科技信息、科研条件、科技金融、专利技术、技术标准化、计量、科技咨询、技术贸易、专业人才培训等围绕着科技成果产业化进程的各种服务。可以按服务内容的差异性、服务对象的差异性、服务方式的差异性、组织性质的差异性等进行分类。

根据我国现行科技管理体制特征和市场运行特征,我们按服务内容的差异性将科技服务业系统划分为科技信息、科技设施、科技贸易、科技金融和企业孵化器五个子系统,每一子系统以自身服务内容特征构成相对独

---

① 两化融合是信息化和工业化的高层次的深度结合,是指以信息化带动工业化、以工业化促进信息化,走新型工业化道路;其核心就是信息化支撑,追求可持续发展模式。

立的服务平台,即科技信息服务平台、科技设施服务平台、科技贸易服务平台、科技金融服务平台和企业孵化器服务平台。其中,科技信息服务平台提供科学数据、信息情报、计量与标准化、评估、论证、培训、会展、技术论坛等服务;科技设施服务平台提供科技成果产业化各阶段基础设施条件服务,包括大型仪器设备等硬件设施、大型尖端软件技术设施等服务;科技贸易服务平台提供有形和无形技术产品的交易、产权交易、技术扩散等所需的服务;科技金融服务平台提供科技成果产业化所需的政府科技基金、风险投资、商业融资等服务;企业孵化器服务平台为高新技术中小企业的成长提供从硬件到政策环境方面的服务。五个服务平台既独立运行又相互协作。

二 赣州市信息和科技服务业发展

(一) 发展目标

广泛应用现代信息技术,进一步完善通信、计算机、广播电视等基础网络,深度开发利用信息资源,不断拓展服务领域,推进信息服务业的产业化、集约化和现代化,建设一批信息服务产业基地与综合信息平台,逐步建立门类齐全、完整高效的信息服务产业体系。围绕赣州市主导产业发展,构建以企业为主体的产学研技术创新联盟,发展一批国家级、省级工程技术研究中心、重点实验室等科技服务平台,着力打造钨和稀土等重点产业类的工程研究中心。加快发展一批科技评估、技术产权交易、工业设计和节能服务等专业化科技服务机构。

(二) 发展布局

形成"一个平台、两个中心、若干基地"的产业发展布局。"一个平台"是打造赣州市公共信息服务平台,以"智能赣州"建设为契机,推进"无线城市"和"智慧工程"建设,全面提高全市信息化及其服务水平。"两个中心"是建立国家钨和稀土产品检测检验中心和江西省脐橙工程技术研究中心,为钨和稀土标准的制定和国际品牌的数量提供智力支持。积极推进国家脐橙工程(技术)研究中心建设,研究建立脐橙交易中心;围绕赣州市开发区硬质合金及刀钻具生产基地、稀土永磁材料及永磁电机产业基地、电子信息、生物制药、氟化工新材料、LED 照明、脐橙技术研究基地等一批特色产业基地,为其提供科技咨询和中介信息服务。

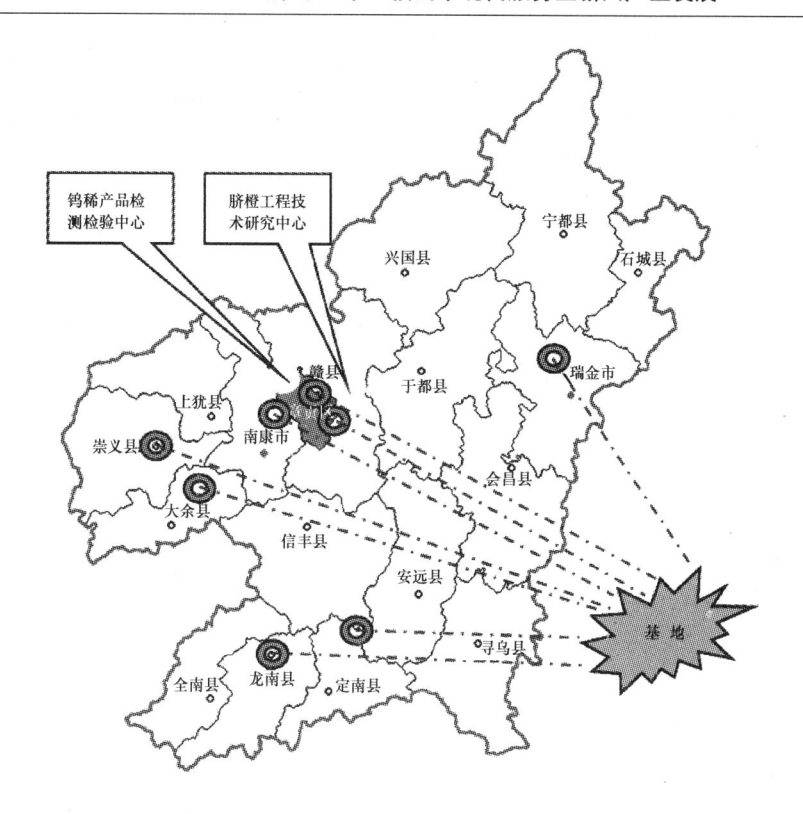

图 13-2 赣州市信息和科技服务业发展布局示意

资料来源：《赣州市统计年鉴》(2013)。

（三）发展重点

1. 加强信息基础设施建设

构建统一的网络传输体系——数据资源与传输体系、信息安全体系和信息化应用支撑体系，加大核心技术和先进适用技术的开发应用，为产业发展提供技术支持，推进"智能赣州"、"无线城市"和"智慧工程"、电子政务外网平台、数字电视服务平台、制造业信息化服务平台、城市综合信息服务平台、信息技术综合服务平台等工程建设，全面提高全市信息化水平。

2. 引进国内外知名中介服务机构

努力吸引国内外知名的会计、法律、咨询、评估等市场中介组织设立分支机构，大力引进和培育科技研发中心、设计中心、科创中心。

3. 推动公共科技服务平台建设

促进人力、智力和优势科技资源向园区、基地聚集，以赣州市开发区硬质合金及刀钻具、稀土永磁材料及永磁电机产业基地、新能源汽车及动力电池基地等一批特色产业基地为重点，为赣州市战略性新兴产业提供优质科技咨询和中介信息服务，促进一批重点企业拥有关键技术与自主知识产权、培育自主品牌和提升科技、产品研发能力，使科技和信息服务成为推动赣州经济发展新的增长极。

4. 拓展信息服务和科技应用领域

建设完善各领域的重点数据库，积极推进金融、商贸等领域的电子交易，大力推进教育培训、医疗保健、文化娱乐、社区服务等社会事业信息化步伐。支持和鼓励社会性信息咨询业的发展，开展培训、咨询、方案推介、软硬件选型、项目监理、设备租赁、业务委托、网络安全等各种类型的增值服务。

【深度阅读】

"智能城市"系统

"智能城市"系统是一个人地（地理环境）关系系统，它体现人与人、地与地、人与地相互作用和相互关系，系统由政府、企业、市民、地理环境等，既相对独立又密切相关的子系统构成。政府管理、企业的商业活动、市民的生产生活无不体现出城市的这种人地关系。CUDI 国际城市发展研究院认为城市的信息化实质上是城市人地关系系统的智能化，它体现"人"的主导地位，通过城市信息化更好地把握城市系统的运动状态和规律，对城市人地关系进行调控，实现系统优化，使城市成为有利于人类生存与可持续发展的空间。城市信息化过程表现为地球表面测绘与统计的信息化（数字调查与地图），政府管理与决策的信息化（智能政府），企业管理、决策与服务的信息化（智能企业），市民生活的信息化（智能城市生活），以上四个信息化进程即智能城市。

一 智能城市的实现基础

"智能城市"的基础主要有三项。第一项是信息基础设施，要有高速宽带网络和支撑的计算机服务系统和网络交换系统。也就是说，"智能城市"的第一项任务是解决"修路"的问题。但是，光有路不行，还必须有第二项基础——数据，特别是"空间数据"。据统计人类生活和生产的信息有80%与空间位置有关，"智能地球"的基本概念也是定义在地球空间框架上集成和展示各种数据，智能地图和智能影像是"智能城市"的基础框架。为什么我们要叫"智能城市"，而不叫"网络城市"？网络城市只能说明铺设了多少光缆,而不能衡量城市的信息化水平。衡量"智能城市"的指标,除宽带网里程以外,另一个重要指标是数据量的大小,特别是各类基础空间数据的数据量。"智能城市"第三项基础是人,管理"智能城市"和使用"智能城市"的人。与管理我们的"现实城市"相对应,管理"智能城市"要逐渐建立起相应的机构和规范,要不断对网络系统和数据进行建设、更新、维护和升级,并协调用户的访问。除管理"智能城市"的人以外,培养使用"智能城市"的人也是一项重要的基础工作。只是建了"智能城市"而没有人用,是一种浪费,也产生不了社会、经济效益。只有成千上万的企业,成百万、上千万的市民应用"智能城市"才可以产生巨大的社会经济效益,促进国民经济的快速发展。前几年,世界经济的快速发展,得益于IT产业的硬软件技术,今后国民经济的一个重要增长点,将有赖于信息服务业。

二 智能城市的建设内容

(一) 城市设施的智能化

在统一的标准与规范基础上,实现设施的智能化,这些设施包括:城市基础设施——建筑设施、管线设施、环境设施;交通设施——地面交通、地下交通、空中交通;金融业——银行、保险、交易所;文教卫生——教育、科研、医疗卫生、博物馆、科技馆、运动场、体育馆、名胜古迹;安全保卫——消防、公安、环保;政府管理——各级政府、海关税务、户籍管理与房地产;城市规划与管理——背景数据(地质、地貌、气象、水文及自然灾害等)、城市监测、城市规划。

(二) 城市网络化

三网连接:电话网、有线电视网与互联网,三网实现互联互通;通过网络将分散的分布式数据库、信息系统连接起来,建立互操作平台;建立数据仓库与交换中心、数据处理平台、多种数据的融合与立体表达、方正与虚拟技术的数据共享平台。

(三) 城市的智能化

城市智能化包括:电子商务:网上贸易、虚拟商场、网上市场管理;电子金融:网上银行、网上股市、网上期货、网上保险;网上教育:虚拟教室、虚拟试验、虚拟图书馆;网上医院:网上健康咨询、网上会诊、网上护理;网上政务:网上会议等。

第三节 社区服务业

一 社区服务业内涵与我国社区服务业发展现状

(一) 社区服务业的定义和内涵

社区服务业是指在政府的倡导、扶持和推动下，以满足社区成员的物质文化生活需要、保持社会和谐稳定为宗旨，以基层街道（镇）、社区为依托，各类社会主体共同兴办的，具有公益性、地缘性、福利经营性的多元化服务。加快社区服务业发展，对于加强基层政权建设、巩固党的执政基础、提高党的执政能力；对于完善社会福利和社会保障体系、促进社会公正和社会和谐；对于提高居民群众的生活水平和生活质量具有十分重要的意义。

社区服务业是第三产业的重要组成部分，是社会各种力量共同开发、服务的领域。其服务对象包括：社区内的弱势群体、普通居民群众、企事业单位等各类社区成员。服务内容涉及社会福利、社会保障、社区就业、便民商业、物业管理、中介服务、文化体育、家政服务、餐饮、修理等行业。服务形式具有上门入户服务、设点集中服务、低偿服务、有偿经营服务等多种特点。

社区服务业属于政府公共性服务。是从管理型政府向服务型政府转变过程中在社区的表现。新型社会管理模式要求将大多数公共产品的生产交给社会组织、商业组织来承担，并为其提供资源、空间和机会。特别是社区为民的一些公益性服务，如文化、体育、医疗等，是直接面向社区居民开展的服务，主要是为居民创造良好、便利的生活环境。

随着市场经济的发展，人民生活水平的提高以及人口老龄化时代的到来，以社区为载体发展便民服务、家政、保健、休闲、娱乐的社区服务业在社会经济活动中的地位和作用越来越突显出来。一是发挥着"社会保障"和"社会服务"的功能。社区服务业承担了许多由企业剥离出来的社会功能，如卫生保健、离退休人员的管理和服务、婚姻生育等。二是缓解了社会就业压力。社区服务业在开拓社区服务领域的同时，也扩大了再就业渠道。社区服务业中的教育、幼托、医疗卫生、老年人服务、商业、环保等领域，都具有吸纳劳动力的广阔空间。三是促进了社会的和谐稳定。社区服务业覆盖领域宽，面向广大社区居民，满足其多方面、多层次的需求，有利于增强居民对社区的认同感和归属感，营造良好的人际关系，使社会得到和谐稳定发展。

社区服务业主要包括以下内容：

（1）家政服务员、小时工、病人护理、殡葬服务、直接服务于社区居民的老小饭桌、社区便民服务站、社区应急服务站；

（2）拆洗、清洗、洗染、缝补、理发、照相、沐浴、誊写、复印、打字、录音、录像、镌刻、修剪磨刀、社区居民日用品租赁；

（3）劳务介绍、婚介服务、居民法律事务咨询与代理；

（4）社区环境绿化、清扫保洁、社区保安、房屋修缮、社区公共设施维护与管理；

（5）托儿所、幼儿园、少年之家、接送儿童、代管中小学生、家教辅导、临终关怀、家庭托老（幼）与老年公寓、托老所、敬老院及由社区兴办的健身活动站；

（6）家庭病床、初级保健、心理咨询、医疗按摩、计划生育服务、残疾人康复与福利机构提供的育养服务。

（二）我国社区服务业发展情况

目前我国的社区服务主要是社区公共服务。2008年国家民政部的"百城（区）社区建设抽样调查"资料显示，我国已经初步构筑起以社会救助为基础的社区公共服务体系。其中，87%的社区建有服务中心、93%的社区建有劳动保障所（站），80%的社区建有警务室，85%的社区建有卫生服务站（点），70%的社区建有图书室，73%的社区建有一处以上的居民公共活动场所，60%的城区建有社区管理服务信息网络。但我国社区服务业发展仍然滞后：

（1）与国际水平相比，我国社区服务业发展滞后。2009年，世界第三产业占国内生产总值的平均比重为67.7%，第三产业的就业量普遍在60%左右，而我国第三产业的产值只占34.3%，就业量比例只有27.2%，与国际水平相差甚远。

（2）与全行业基本建设投资相比，社区服务业投资明显不足。从投资规模看，2010年，全国城市各行业基本建设投资金额为22908.6亿元，其中居民服务和其他服务业的投资金额为46.24亿元，仅占0.2%。2010年，服务和其他服务业从业人员在国有单位、城镇集体单位和其他单位的就业比例分别为41.9%、29.5%和28.6%，尽管国有单位仍然是社区服务业的主体，但国家产业投资政策对社区服务业缺乏培育和支持。

（3）与国外成熟的企业化运作模式相比，我国目前的社区服务业主体脱离市场机制。2010年，社区服务单位共有7520个，工作人员55866人。其中，社区服务中心6179个，总资产达32.7亿元，职工有55202人，运营收入合计24.3亿元，总资产收益比为74.2%。国家办社区服务中心和街道集体办社区服务中心合计4691个，占总数的75.9%，这些服务中心多数为事业编制。其他民办社区服务中心，也很少有按企业注册、运作的。资产占45.5%的国家办社区服务中心运营收入只占4.2%，资产收益比仅为12.7%。在国外，居民的私人日常需求都由市场提供服务。我国的社区服务中心垄断了政府提供的社区服务资源，但又不能进入市场开展有效服务，严重影响了社区服务业的整体发展生态。

社区服务业对于消费的拉动作用非常明显。来自国家统计局的资料显示，我国大中城市居民家庭目前对社区服务的需求很大，比如在北京、上海、广州、成都、西安、沈阳和青岛这七个城市中，有70%以上的家庭需要各种服务，其中有近240万户居民目前得不到家电维修的服务，127万户居民得不到房屋维修的服务。从便民利民类服务来讲，居民家庭收入中能够或愿意用于这类服务的支出，是决定社区就业量大小的关键指标。根据2010年3—4月劳动和社会保障部与联合国开发计划署在沈阳、青岛、长沙、成都四城市联合进行的社区服务需求状况抽样调查（样本总量1624份），结果显示目前需要社区服务的家庭总计为34.1%，其中只有16.7%的家庭得到了这样的社区服务，还有17.4%的家庭处于等待状态。对于社区服务从业者的来源，以本地为主，希望源于本地的比例为53%；希望来源于外地的比例只有4%。调查还发现目前对社区服务项目的需求比例大致如下：社区清洁为27%，家电维修为24%，上门送报为24%，社区保安为19%，房屋维修为18%，家庭教师为14%，家务小时工为14%，看护小孩为8%，陪伴老人为6%，看护病老为4%，学生送饭为4%，接送小孩为3%，净菜服务为2%，洗衣上门为2%，代人购物为2%，送早餐为2%，送午餐为1%，其他为3%。

社区服务业拉动就业的分析。全社会社区就业容量到底有多大，到底能不能成为下一阶段新的经济增长点，这是人们普遍关注的问题，因为它决定着未来社区就业发展的空间和再就业工程后劲的大小。由于第三产业落后，我国社区就业岗位开发也存在不足。发达国家的社区就业份额为20%—30%，发展中国家的社区就业份额为12%—18%，而我国只有3.9%。此外，社区服务业的发展程度还与居民收入水平的高低和生活方式的取向有很大关系。由此可见，不仅近期发展社区服务的需求潜力是巨大的，而且对社区服务发展进而对城镇下岗职工的需求也是巨大的。累计可为社会提供2000万个就业机会，而目前空缺的就业机会超过了1100万个。这次调查显示四城市中各项服务累计可以提供就业岗位大约200万个，尚空缺100万个。以此推算，全国32个人口在百万以上的特大城市，43个人口在50万—100万的大城市的需求，可提供的就业机会至少应在1500万个以上。再加上192个中等城市和400多个小城市，社区就业需求潜力就更为巨大。

二 赣州市社区服务业发展

（一）发展目标

按照"着力保障和改善民生"的要求，以不断满足社区居民的物质文化生活需要为出发点和归宿，整合社区服务资源，拓宽社区服务领域，完善社区服务设施，健全社区服务网络，创新社区服务方式，强化社区服务功能，提高社区服务质量，积极创建"国家级、省级示范社区"，基本形成覆盖社区全体成员、服务主体多元、服务功能完善、服务质量优质的现代社区服务体系。

（二）发展布局

大力推进社区基础设施和社区服务网络体系建设，打造15分钟社区服务圈，满足居民多层次、多样化的生活需求。通过五年建设，达到赣州市中心城区每个街道拥有一个、县（市）城区拥有两三个建筑面积1000平方米以上的街道（镇）服务中心；每个社区居委会拥有一个建筑面积300平方米以上的社区服务中心，实现社区基础设施建设和社区服务全达标，广覆盖。

（三）发展重点

1. 培育壮大社区服务品牌，推动社区服务业连锁化、规模化发展

重点扶持全国百强服务企业的赣州市江西燕兴物业管理有限公司，全国千户家庭服务企业的赣州佳乐物业管理有限公司、赣州豪德物业服务有限公司、江西客家人物业保洁有限公司等规模较大、管理先进、服务一流的社区服务公司。重点发展家政服务业、养老服务业、社区照料服务业。

在推进优质服务进社区过程中，着力加强社区基本服务、社区发展服务、社区发展娱乐服务。

2. 积极发展便民利民服务

分别组建"社区便利店连锁体系"、"社区家政服务连锁体系"。大力实施以"便利消费进社区，便民消费进家庭"为主题的社区商业"双进"工程，鼓励保洁、烹饪、托幼、老年人护理等家政服务进入家庭，改造、提升、完善社区的商业服务网点，逐步形成方便快捷的社区生活服务圈。大力实施"放心早餐工程"，用五年时间达到向赣州市民每日供应优质卫生的食品20万份的规模。经营网点立足章贡区，向赣县、南康县、宁都县、瑞金县、于都县辐射，实现赣州中心城区放心早餐网点150个，覆盖18个县放心早餐网点350个，满足社区居民日常生活需要。

3. 加强社区卫生服务

组建社区卫生服务连锁集团。以社区家庭和居民为服务对象，主动上门开展健康教育、预防、保健、康复、计划生育技术服务和一般常见病、多发病的诊疗服务，加快社区卫生服务中心和社区卫生服务站建设，基本形成以社区卫生服务中心和社区卫生服务站为主体、以其他基层医疗机构为补充的社区卫生服务网络。

4. 加快发展社区老年服务

建立和健全以社区为中心的老年服务体系，发展老年福利、生活照料、医疗保健、体育健身、文化教育、人力资源开发服务和法律服务等老年服务项目及老年用品的开发与推广。

5. 大力开展社区就业服务

重点开发面向社区居民的便民利民服务岗位和面向社区福利对象的福利服务岗位，积极发展社区治安管理、市场管理、车辆看管、绿化保洁等就业岗位，完善社区就业再就业培训、就业帮扶和退休人员社会化管理体系。

6. 重视发展社区治安服务

加快社区警务室（站）和群防群治队伍建设，推广应用物防、技防等现代科技手段和措施，全面提升社区治安防范水平；健全社区居民内部矛盾纠纷排查、调处机制；建立社区矫正、社区戒毒管理服务机制。

7. 加强社区服务网络和服务设施建设

在社区层面，建设综合性、多功能的社区服务站，居委会及其他各类基层社区组织依托社区服务站和社区公共服务设施，保障各种公共服务覆盖到社区全体居民；在街道层面，建设以"一站式"服务为特点的社区服务中心，街道办事处及社区组织依托社区服务中心开展各种公共服务和专项服务，推进社区服务规范化和网络化。建设政府主导，市场化运作的赣州市家政服务中心。整合各类技术提供商、业务（服务）提供商共同提供的集家政服务预订、家庭信息服务、家庭电子商务、家庭空间于一体的业务中心。通过多网融合的业务手段，向市民提供全方位一体化的产品和服务。

【深度阅读】

发达地区发展社区服务业的举措（以北京市"十一五"服务业发展规划为例）

以创新社区服务、构建和谐社区为目标，坚持以人为本、服务居民的原则，完善社区服务设施，拓宽社区服务领域，增强社区服务功能，满足居民家庭生活服务需要。建立和完善社区服务体系，创新服务手段和方式，鼓励社会资本兴办各类社区服务，促进经营型社区服务产业化。建设社区生活服务设施、安全保障设施、医疗保健服务设施、休闲娱乐健身设施、人际交往场所等基础服务设施。重点发展社区卫生、家政服务、社区保安、养老托幼、食品配送、修理服务和废旧物品回收等便民服务。理顺社区管理体制，推进社区服务网络化、规范化。继续推进政府机关和企事业单位的后勤服务向社会化服务转变。

参考文献

[1] 张雷:《矿产资源开发与国家工业化》,商务印书馆2004年版。

[2] 白永秀主编:《中国经济改革30年》(资源环境卷),重庆大学出版社2008年版。

[3] 吕晓岚、崔彬:《我国资源枯竭型矿业城市面临的问题和发展对策》,《资源与人居环境》2009年第20期。

[4] 刘莹:《资源枯竭型城市的转型与就业》,《经济导刊》2010年第2期。

[5] 刘云刚:《中国资源型城市的发展机制及其调控对策研究》,博士学位论文,东北师范大学,2002年。

[6] 顾朝林:《中国城镇体系——历史·现状·展望》,商务印书馆1992年版。

[7] 周一星:《城市地理学》,商务印书馆1995年版。

[8] 宋冬林、汤吉军等:《资源枯竭型城市可持续发展的政策支持》,《学习与探索》2009年第6期。

[9] 张亲培、孙悦:《资源枯竭型城市转型的个案研究》,《经济纵横》2010年第9期。

[10] 刘国庆:《浅谈资源枯竭型城市实现可持续发展的对策》,《丝绸之路》2010年第14期。

[11] 齐建珍:《资源城市转型学》,人民出版社2004年版。

[12] 柳欣、秦海英主编:《新中国经济学60年》,中国财政经济出版社2010年版。

[13] 孙雅静:《我国资源型城市转型路径分析》,《资源·产业》2003年第5卷第6期。

[14] 徐康宁:《产业聚集形成的源泉》,人民出版社2006年版。

[15] 孟韬:《资源枯竭型城市产业转型的定位与实践》,《社会科学战

线》2007 年第 5 期。

[16] 唐志强等：《资源枯竭型城市接续产业选择问题研究——以甘肃省白银市为例》，《甘肃社会科学》2009 年第 6 期。

[17] 赵新宇等：《论资源枯竭型地区接续替代产业的选择原则》，《当代经济研究》2009 年第 7 期。

[18] 李鸿渐等：《资源枯竭型城市发展接续产业的金融支持问题研究》，《学术论丛》2009 年第 48 期。

[19] 王琼、孙永平：《湖北资源枯竭型城市产业困境形成机理及转型分析》，《江汉论坛》2010 年第 8 期。

[20] 王杨等：《煤炭资源枯竭型城市土地可持续利用动因分析》，《经济地理》2010 年第 7 期。

[21] 郭际、吴先华：《资源枯竭型城市创新体系的模式及选择研究》，《中国矿业》2009 年第 3 期。

[22] 李洁、王琴梅：《人力资本积累视角下的资源枯竭型城市的经济转型》，《中国经贸导刊》2010 年第 14 期。

[23] 王霖琳：《资源枯竭矿区生态环境损害评价指标体系研究》，《煤炭科学技术》2009 年第 9 期。

[24] 唐志强等：《资源枯竭型城市可持续发展的实证研究——以甘肃省白银市为例》，《干旱区资源与环境》2008 年第 11 期。

[25] 杨利雅：《资源枯竭型城市生态补偿法律界定》，《河北法学》2008 年第 8 期。

[26] 黄霞等：《我国资源枯竭型城市转型中生态补偿机制的构建——以湖北大冶市为例》，《中国矿业》2009 年第 2 期。

[27] 梁伟平、王宏：《谈资源枯竭型城市生态补偿法律机制》，《人民论坛》2010 年第 1 期。

[28] 林红：《我国资源枯竭型城市生态补偿法律机制探讨》，《前沿》2010 年第 10 期。

[29] 张秀生、陈慧女：《我国典型资源枯竭型城市的可持续发展——基于九个典型资源枯竭型城市的分析》，《武汉理工大学学报》2009 年第 3 期。

[30] 黄少鹏：《淮北市的可持续发展能力建设与资源枯竭型城市转型》，《中国煤炭》2009 年第 35 卷第 12 期。

[31] 陶晓燕：《我国典型资源枯竭型城市生态系统健康综合评价》，《地域研究与开发》2010年第1期。

[32] 李凤、汪安佑：《资源枯竭型城市历史补偿机制研究》，《科技管理研究》2010年第2期。

[33] 李宏舟：《国外资源枯竭型城市社会稳定问题研究》，《资源与产业》2008年第10卷第3期。

[34] 孙康：《资源枯竭型城市产业结构与就业结构的演化——以阜新市为例》，《资源与产业》2008年第10卷第3期。

[35] 吴宇：《资源枯竭型城市可持续发展转型环境法律问题研究》，《生态经济》2010年第1期。

[36] 黄馨、陈才：《内蒙古阿尔山森林资源枯竭型城市经济转型研究》，《内蒙古社会科学》2009年第30卷第5期。

[37] 武磊：《推进资源枯竭型城市产业转型的若干思考》，《中州学刊》2009年第5期。

[38] 项径渭、瞿春玲：《基于EVS模型的资源枯竭型矿业城市经济转型潜力研究》，《中国煤炭》2010年第2期。

[39] 卢万合等：《给予脆弱性分析的资源枯竭型城市接续产业选择研究——以吉林省辽源市为例》，《科技进步与对策》第27卷第21期。

[40] 吴文洁、白旭科：《资源枯竭型城市承接产业转移的效应分析——以铜川为例》，《资源与产业》2010年第2期。

[41] 朱云莉、邱小麟：《景德镇实现资源枯竭型城市经济转型的对策研究》，《国土与自然资源研究》2010年第2期。

[42] 熊建平等：《资源枯竭型城市产业发展评价与接续选择》，《经济地理》2009年第8期。

[43] 杨涵：《对我国资源型城市产业转型的思考》，《知识经济》2010年第7期。

[44] 张慧琴：《山西煤炭资源型城市发展中的问题和对策》，《大众商务》2010年第2期。

[45] 侯玉英：《山西煤炭资源型城市产业的战略实施》，《山西煤炭》2010年第30卷第3期。

[46] 陆武城：《中国资源型城市工业发展研究》，甘肃人民出版社2002年版。

[47] 陈黎琴：《对我国资源型企业可持续发展的战略思考》，载《中国能源企业的战略选择与管理创新》，中国财政经济出版社 2004 年版。

[48] 《甘肃统计年鉴》(2009)，甘肃文化出版社 2010 年版。

[49] 李建华编著：《资源型城市可持续发展研究》，社会科学文献出版社 2007 年版。

[50] 杨利雅：《资源枯竭型城市生态补偿机制研究》，《东北大学学报》（社会科学版）2008 年第 3 期。

[51] 兰芳：《加快推进资源枯竭型城市转型的对策思考——黄石实证分析》，《金融经济》2010 年第 1 期。

[52] 朱云莉等：《萍乡如何实现资源枯竭型城市经济转型的探讨》，《国土与自然资源研究》2010 年第 4 期。

[53] 孔祥伟等：《以土地的名义——俞孔坚与"土人景观"》，生活·读书·新知三联书店 2009 年版。

[54] 赵淡：《因势利导治理采煤沉陷区——淮北市采煤沉陷区的治理经验》，《发展》2011 年第 3 期。

[55] 张再生：《中国城市社区就业促进研究》，天津大学出版社 2007 年版。

[56] 詹正茂、熊思敏：《创新型国家建设报告 2010》，社会科学文献出版社 2010 年版。

[57] 宋家泰：《城市—区域与城市区域调查研究》，载《城市与区域规划研究》第 2 卷第 3 期，商务印书馆 2009 年版。

[58] 姜玲：《城市经济区划理论、方法与应用》，北京大学出版社 2010 年版。

[59] 饶会林等：《现代城市经济学概论》，上海交通大学出版社 2008 年版。

[60] 刘卫东等：《新时期我国区域空间规划的方法论探讨》，《地理学报》2005 年第 6 期。

[61] 李巨忠：《圆梦蓝天碧水》，《白银经济》2010 年第 6 期。

[62] 蒋省三等：《中国土地政策改革——政策演进与地方实施》，上海三联书店 2010 年版。

[63] 周宏春、刘燕华等：《循环经济学》，中国发展出版社 2005 年版。

[64] 尚杰等：《东北老工业基地循环经济发展模式研究》，人民出版社

2010年版。

[65] 中国21世纪议程管理中心可持续发展战略研究组：《发展的实现方式》，社会科学文献出版社2006年版。

[66] 孔令垂等：《循环经济推进战略研究》，中国时代经济出版社2008年版。

[67] 中国社会科学院工业经济研究所：《中国工业发展报告（2009）》，经济管理出版社2009年版。

[68] 牛彦军等：《金川镍选冶综合回收率居世界先进水平》，《甘肃日报》2011年5月23日第5版。

[69] 黄新建、甘永辉：《工业园区循环经济发展研究》，中国社会科学出版社2009年版。

[70] 武廷海、杨保军、张城国：《中国新城：1979—2009》，载《城市与区域规划研究》第4卷第2期，商务印书馆2011年版。

后　　记

《资源型城市现代服务业发展研究——以赣州市为例》一书，是由我主持的国家自然科学基金项目"我国中部和东部省域城市首位度与区域经济增长：模型、机理与对策"（项目批准号：71263037），赣州市"十二五"规划重大招标项目"赣州市现代服务业发展规划"，以及杨海军副教授主持的国家社会科学基金项目"专业市场发展战略与区域经济协调发展研究"（项目批准号：11BJL069）的阶段性成果。"南昌大学江西发展升级推进长江经济带建设协同创新中心"对本书的出版给予了资金资助。

赣州是蜚声海外、对近代中国经济的发展产生过并正在继续产生重大影响的"客家人"的发祥地，也以稀土及钨的储量而为世界所共知。尽管我已无数次去过赣州从事调查、科研和讲学等活动，但在2011年承担了课题的研究任务之后，以一个赣州区域经济研究者身份到赣州及其下属各区、市、县和企业、山林、农场、果园等地，进行了为期逾半年的调研之后，我才日益深切地感受到"客家精神"对于赣州的深刻影响，感受到赣州人民对区域经济发展所寄托的深厚感情和热切希望。正是这些，促使我和我的合作者杨海军同志竭尽全力写好这本著作。

这本书的写作自始至终是在中共赣州市委、赣州市人民政府主要领导的关心、支持下进行的，尤其是赣州市市长冷新生同志、赣州市发改委主任梁丁盛同志作为课题组指导小组组长对课题的顺利完成和本书的出版起了重要的作用。此外，赣州市发改委谢年财、赖荣同志，以及各县（市、区）主管服务业发展的领导都对本书的写作、出版付出了很多心血，做了多方面的具体指导和帮助。

本书是由我所带领的学术团队共同执笔写作的。我确定了写作的框架和研究思路，杨海军同志负责最后的统稿工作。具体各章节主要撰写分工：绪论，黄新建；第一章、第四章，郑林翔；第二章、第七章，王冰涛；第三章，陈华美、黄新建；第五章，杨海军、王小建；第六章，丁东洋；第八章，杨海军；第九章，杨海军、丁东洋；第十章，杨海军、陈晓璠；第十一章，陈晓璠、戴爱明；第十二章，杨海波、邱文文；第十三章，欧阳有旺、杨海波。

  本书是一个宽领域的学术团队共同研究的结晶。我们尤其要感谢的是江西省政府发展研究中心陈新华研究员、江西财经大学黄建军教授、江西理工大学周运锦教授，他们都是江西区域经济的知名专家。此外，中国社会科学出版社精心编辑本书，在此，我们一并表示深切的谢意。

  我们在研究中感到，现代服务业研究学问博大精深，而我们的研究才刚起步。因此，我们将矢志不渝继续研究下去，以期对赣州市、江西省乃至全国现代服务业的发展做出更大的贡献。本书的疏漏不当之处一定很多，敬请专家、领导和实际工作者指正。

黄新建
于南昌大学
2015 年 7 月